GOLF

GOLF

CHRIS MEADOWS

UNTER MITARBEIT VON

ALLEN F. RICHARDSON

Produktion: terryjeavons&company
Fotos: Bill Johnston
Illustrationen der Golfplätze: Rod Ferring

Queen Street House
4 Queen Street
Bath BA1 1HE, UK

Übersetzung: Scriptorium GbR, Köln;
Jürgen Schiffer, Erftstadt
Satz & Projektkoordination:
trans texas publishing, Köln

ISBN 978-1-4075-2378-1
Printed in U.A.E.

DANKSAGUNGEN

Der Autor dankt The Wisley Golf Club, Surrey, England, und Le Prince de Provence, Vidauban, Frankreich, für die Nutzung ihrer Anlagen. Es sind zwei der besten Golfplätze Europas.

Dank geht auch an meinen Kollegen Daniel Belcher, an Nicola Bustin, meine Frau Kayo, an Allen F. Richardson und Bill Johnston, die beide ein Jahr eng mit mir für dieses Buch zusammengearbeitet haben, und besonders an meinen Lehrer Ian Connelly, der nicht nur meine Liebe zum Golfspielen geweckt hat, sondern auch die Leidenschaft, diesen großartigen Sport zu unterrichten.

Die Herausgeber bedanken sich für die Bereitstellung der folgenden Fotos:

Getty Images: S. 108/109, S. 198/199, S. 200, S. 203, S. 205, S. 208, S. 209, S. 210, S. 213, S. 214, S. 217 und S. 219.

Phil Sheldon Golf Picture Library: S. 207.

INHALT

ÜBER DEN AUTOR

Chris Meadows' Leidenschaft zum Golf wurde vom schottischen Profispieler Ian Connelly geweckt und gefördert. Nach acht Jahren enger Zusammenarbeit als sein Schüler entschied sich Meadows dazu, eine eigene Golfschule zu gründen. 1987 erwarb er die Regent's Park Golf & Tennis School in London, die regen Zulauf erhielt. 1997 eröffnete er das erste Metro Golf Center in London. Diese Golfschulen sind hochmodern ausgerüstet und ermöglichen es jedem Golfer, sein Spiel zu verbessern. Als professioneller Golflehrer ist Meadows ferner als Autor von Lehrbüchern bekannt. Außerdem gibt er sein Wissen in verschiedenen Lehrvideos und auf interaktiven Webseiten weiter.

EINFÜHRUNG

Golfer sind stetig auf der Suche nach dem perfekten Schlag – vom ersten Moment an, in dem sie einen Schläger ergreifen und einen Golfball in den Himmel schlagen. Die Spieler des 21. Jahrhunderts setzen damit eine lange Tradition fort, die mit einem schottischen Schafhirten begann, der erstmals einen Stock in die Hand nahm und einen Stein fortschlug.

Vom ersten Golfschlag an begeben wir uns auf eine lebenslange Suche nach der Verbesserung unseres Spiels – ein Spiel, das für die meisten nicht nur zu einer Liebe, sondern zu einer Obsession wird. Ob Tourprofi, Klubmeister oder Anfänger – alle arbeiten wir an unseren Schwüngen, verfeinern unsere Griffe und Stellungen und versuchen eine endlose Reihe von „Schwunggedanken" in unserem Gehirn zu verankern. Immer in der Hoffnung, dass wir irgendwann eine Traumrunde spielen.

Golfträume

Die Form dieser Traumrunde kann variieren. Vielleicht möchten wir 100 oder 70 brechen, bei einem Putt zwei Schläge unter Par bleiben, die Klubmeisterschaft gewinnen oder am 18. Tee stehen und eine Chance haben, die Open zu gewinnen. Aber zumindest sehnen wir uns nach dem Tag, an dem wir die Wette gewinnen, die wir an der Bar des Klubhauses mit unseren Freunden und Golfpartnern abgeschlossen haben. Dann genießen wir die Erinnerungen an einen schönen Tag.

Jeder spielt seine Runde im Geist noch einmal durch und bewertet die Highlights der anderen Spieler.

Auch dann, wenn wir nicht selbst Golf spielen, nehmen wir „Unterricht", analysieren das Spiel der Profis im Fernsehen oder lesen Artikel über die neuesten Entwicklungen.

Ich habe mein Leben lang Golf gespielt und unterrichtet und versucht, mein Spiel zu verbessern. Dieses Buch ist das Ergebnis all meiner Anstrengungen.

Meine Lehrmethode ist um eine einzige entscheidende Idee herum strukturiert: Statt sich über all die

RECHTS **Die angenehmste Zeit meines Lebens waren für mich die vielen Stunden, die ich in die Verbesserung meines Spiels investiert habe. Dieses Buch möchte dazu beitragen, dass Ihnen die Suche nach der Verbesserung Ihres Spiels Spaß macht.**

OBEN Das Faszinierende am Golf ist, dass wir ein Leben lang lernen. Selbst nach vielen Jahren wird ein Spieler noch immer an seinem Golfschwung arbeiten.

OBEN LINKS Im Laufe der Jahre habe ich mit großen Lehrern gearbeitet, die ihr Wissen mit mir geteilt haben. Es ist mir nun eine Freude, mein Wissen mit Ihnen zu teilen.

Dinge, von denen Sie glauben, dass Sie sie wissen müssen, Gedanken zu machen, ermöglicht Ihnen dieses Buch, sich auf die entscheidenden Dinge zu konzentrieren, auf die Sie nicht verzichten können.

Ein kleiner Schritt

Die lebenslange Reise beginnt mit einem kleinen Schritt. Gehen Sie meinen Weg mit – zumindest für eine gewisse Zeit. Ganz egal, auf welchem Niveau Sie derzeit spielen; ich glaube, dass ich Sie schnell zu dem Ziel führen kann, das Sie gerade verfolgen – und vielleicht sogar über dieses Ziel hinaus.

Das Buch ist so strukturiert, dass jeder – vom einfachen Anfänger bis hin zum fortgeschrittenen Spieler – es verwenden kann. Sie erhalten spezifische Ratschläge für ein Problem oder können es ganz einfach mit Genuss von der ersten bis zur letzten Seite studieren.

Ich beginne mit den Grundlagen, der Ausrüstung, die Sie für das Spiel benötigen, dem richtigen Griff, der richtigen Stellung und Haltung und werde dann die grundlegenden Techniken und die Perfektionierung Ihres so genannten wiederholbaren Schwungs behandeln. Zusätzlich gehe ich ausführlich auf das kurze Spiel auf den Grüns ein, das für etwa 50 Prozent der Schläge in einer Runde entscheidend ist.

Geheimnisse der Profis

Am Ende des Buches habe ich Kapitel zu den komplexeren Golftechniken eingefügt. Ich werde die Geheimnisse der Profis lüften, z. B. wie diese sich aus Problemsituationen, aus dem Rough, dem Wasser oder Sand befreien. Ich werde Ihnen beibringen, wie Sie eine Vielfalt von Spezialschlägen spielen, die oft vom Kurs und den Bedingungen diktiert werden. Ich werde Ihnen auch helfen, eine Kursstrategie zu entwickeln, die es Ihnen ermöglicht, das Spiel innerhalb Ihrer persönlichen Grenzen zu spielen. Und ich werde Ihnen Tipps zu den komplexen Golfregeln geben, die Sie zu Ihrem Vorteil nutzen können.

Vor allem aber zeige ich Ihnen, wie Sie die vielen Probleme beseitigen können, die sich in das Spiel jedes Spielers – auch in meins – einschleichen.

1 AUSRÜSTUNG

Der Kauf einer Golfausrüstung ist vergleichbar mit dem Kauf von Kinderschuhen: Wenn sie nicht richtig passen, sind sie unbequem und schaden langfristig.

AUSRÜSTUNG

Der Besitz einer geeigneten Ausrüstung ist von großer Bedeutung. Selbst Bobby Jones, der amerikanische Meister der 1920er-Jahre, würde seinen Driver mit Hickory-Schaft gegen unsere technisch fortgeschrittene Ausrüstung eintauschen.

Schon immer fertigten die besten Golfspieler, darunter auch Bobby Jones, ihre Schläger komplett selbst an oder ließen diese unter persönlicher Aufsicht von Fachleuten herstellen. Echte Profis verbessern jeden ihrer Schläger kontinuierlich weiter, sodass er ihrem Schwung und den Veränderungen ihres Spiels zunehmend besser gerecht wird. Bei jedem Wettkampf verfügen sie so über die ihren Bedürfnissen am besten entsprechende Ausrüstung.

Die gute Nachricht für Sie: Heutzutage kommt dieser Vorteil allen Golfern zugute.

Ständig Neues

Die Hersteller von Golfartikeln stecken viele Millionen in Forschung und Entwicklung. Ständig neue und bessere Ausrüstungsartikel kommen auf den Markt und werden zu erschwinglichen Preisen angeboten. Diese können leicht den besonderen Anforderungen und Talenten jedes Spielers angepasst werden.

Warum sollte also irgendjemand noch den alten Schlägersatz seines Vaters verwenden? Behalten Sie ihn aus Nostalgiegründen oder benutzen Sie ihn meinetwegen als Türstopper, aber schauen Sie bei der nächsten Gelegenheit im nächsten Profishop, was dort gerade im Angebot ist. Verschaffen Sie sich denselben Vorteil, der nicht nur Bobby Jones zugutekam, sondern ebenso allen heutigen Superstars wie Tiger Woods oder Colin Montgomerie: den Luxus, mit speziell für Sie angefertigten Golfschlägern zu spielen und erfolgreich zu sein.

Preis-Leistungs-Verhältnis

Wie aber sucht man die richtige Ausrüstung aus, fragen Sie sich? Heutzutage können Golfspieler in speziellen Golfläden, preisgünstigen Kaufhäusern oder bei Internetanbietern einkaufen. Der „Kauf von der Stange" ist bestimmt nicht die beste Wahl, wenn Sie Ihr Spiel verbessern wollen. Ich glaube, dass jeder Golfspieler – wenn er sein Spielpotenzial wirklich voll ausreizen möchte – nur Ausrüstungsgegenstände kaufen sollte, die genau an seinen Körperbau und seinen individuellen Schwung angepasst sind.

UNTEN LINKS Ein Handschuh sitzt gut, wenn er eng anliegt, aber dennoch lang genug für Ihre Hand ist.

UNTEN MITTE Selbst die Wahl einer Golftasche muss überlegt sein. Es gibt sie in allen Formen und Größen.

UNTEN RECHTS Eine Golfrunde kann bis zu vier Stunden dauern, daher müssen Sie auf jedes Wetter vorbereitet sein.

DIE RICHTIGE AUSWAHL

Jeder Golfer schwingt seinen Golfschläger anders. Körpergröße, Armlänge, Handgröße, Kraft, Tempo, Schwungschnelligkeit und die Flugbahn der durchschnittlichen Schläge – gerader Schlag, Fade oder Draw – unterscheiden sich zwangsläufig voneinander.

Bei der Auswahl müssen Sie folgende Aspekte berücksichtigen: das Schwunggewicht, den Lie-Winkel (der Anstellwinkel zwischen Schlägersohle und Schaft, wenn der Schlägerkopf flach auf dem Boden aufliegt), den Schafttyp sowie die Größe des Griffs. Länge, Gewicht und Schaftflexibilität können erhebliche Unterschiede in Ihrer Leistung bewirken, ebenso wie Griffdicke und Typ des Schlägerkopfes oder die Verwendung von Edelstahl-, Flussstahl-, Graphit- oder Titan-Schlägerköpfen.

Wenden Sie sich an einen Profi

Wenn Sie Ihren Schwung nicht gut kennen, fühlen Sie sich wahrscheinlich unwohl, wenn Sie Ihre Ausrüstung aus dem großen Angebot im Einzelhandel alleine aussuchen müssen. Ein Golflehrer kann Ihren Schwung und Ihr Fertigkeitsniveau analysieren und Ihnen auf dieser Basis einen Satz Schläger empfehlen.

Bitten Sie um eine Auswahl von Modellen, die die meisten Lehrer potenziellen Käufern gerne leihweise zur Verfügung stellen, bevor Sie einen Schläger kaufen. Der Golflehrer kann Sie beim Üben Ihres Schwungs beobachten und Sie beraten, welcher spezielle Schläger zu Ihrem Spiel passen könnte.

Maßarbeit

Immer mehr große Hersteller bieten individuell angepasste Schläger zu fairen Preisen an. Bitten Sie Ihren Lehrer um eine Empfehlung und lassen Sie einige einfache Messungen vornehmen, sodass ein auf Ihren Körperbau und Schwung wirklich angepasster Schlägersatz angefertigt werden kann.

Einige Hersteller bieten sogar Komponenten an, die vorübergehend zu Vorführschlägern zusammengesetzt werden. Sie können diese Musterschläger dann auf der Range testen, bis Sie ein gutes Gefühl haben und Ihr Lehrer findet, dass alle Schläger – vom Driver bis zum Wedge – gut passen.

Ihre neuen Schläger werden Ihnen helfen, die richtige Ansprechhaltung sowie einen guten Griff und Schwung zu entwickeln – die Schlüssel zu einem besseren Spiel und lebenslangem Spaß.

UNTEN LINKS Die sorgfältige Auswahl der Ausrüstung ist wichtig für alle Golfspieler. Ihr Lehrer kann Ihnen am ehesten Ratschläge geben, denn er hat ein persönliches Interesse an Ihrer Entwicklung.

UNTEN Der konventionelle Satz Golfschläger besteht aus neun Eisen, drei Hölzern, einem Putter und vielleicht einem Utility-Eisen oder -Holz: insgesamt 14 Schläger.

DAS ANFÄNGERSET

Sie brauchen keine Hypothek auf Ihr Haus aufzunehmen, um sich Ihren ersten Satz Golfschläger zu kaufen. Selbst Superstars wie Lee Trevino haben mit wenigen Schlägern begonnen, und der spanische Golfprofi Seve Ballesteros hat nur mit einem Eisen 3 angefangen, um am Strand seine Technik zu verbessern.

UNTEN Suchen Sie die Schläger für einen jungen Spieler sehr sorgfältig aus. Lassen Sie die Schläger individuell fertigen und passen Sie sie dem Heranwachsenden ständig an.

Kaufen Sie einen sogenannten halben Schlägersatz, der entweder aus gerade oder ungerade nummerierten Eisen, einem Holz 3 und 5 und zusätzlich einem Putter besteht. Die meisten halben Schlägersätze bestehen aus ungerade nummerierten Schlägern, einschließlich der Schläger 3, 5, 7 und 9, sowie eines Pitching und eines Sand Wedge.

Halbe Schlägersätze bieten sich besonders für Anfänger und junge Spieler an, die schon bald aus diesen herausgewachsen sind. Die Verwendung eines halben Schlägersatzes wird auch zur Entwicklung Ihrer Fantasie und Ihrer Vielseitigkeit beitragen.

Gebrauchte Schläger

Wenn ein Golfer erst einmal Feuer gefangen hat, tendiert er dazu, ausrüstungssüchtig zu werden. Statt eine Menge Geld auszugeben, ist es oft klüger, einen Schlägersatz aus zweiter Hand zu erwerben. Nehmen Sie aber vor dem Kauf jeden gebrauchten Schlägersatz genau in Augenschein und testen Sie ihn auf der Range. Fragen Sie auch, ob sich die Schläger auf Ihren Körperbau und Ihr Spiel anpassen lassen. Wenn dies nicht möglich ist, lassen Sie die Hände davon.

Prüfung der Eisen

Wenn Sie einen gebrauchten Schlägersatz kaufen möchten, prüfen Sie zuerst die Eisen. Es sollte sich um einen zusammengehörenden Satz handeln, bei dem die Schläger in Herstellung und Modell identisch sind. Schauen Sie nicht so sehr nach Kratzern oder Dellen am Schlägerkopf.

Untersuchen Sie auch die Lofts, indem Sie alle Eisen in einer Reihe aufstellen. Dann sehen Sie, ob der Loft von Schläger zu Schläger allmählich zunimmt. Um zu testen, ob der Schaft gerade ist, halten Sie den Schläger vor sich und sehen am Schaft entlang.

Gut gepflegt

Untersuchen Sie die Stahlschäfte. Das Fehlen von Rost wäre ein Indiz dafür, dass der Schläger von seinem früheren Besitzer gut behandelt worden ist. Bei Graphitschäften sollten Sie nach Dellen suchen, denn Graphitfasern werden leicht beschädigt, was die Lebensdauer des Schlägers begrenzt. Auch bei Metallhölzern können viele deutlich erkennbare Dellen auf mangelnde Pflege hinweisen.

Abgenutzte Griffe sind ein geringeres Problem, denn sie lassen sich leicht ersetzen.

DER SCHLÄGERKOPF

Der Schlägerkopf ist das einzige Teil, das mit dem Ball in Kontakt kommt. Wissenschaft und Raumfahrt haben die Vielfalt der Materialien für Schlägerköpfe erheblich beeinflusst. Früher wurden Schlägerköpfe nur aus Holz, Gusseisen oder Stahl hergestellt; heute sind Design und Konstruktion eine hochkomplexe Angelegenheit.

OBEN Führende Hersteller bieten heute größeren Golfzentren Testkarren mit Schlägern jeden Lie-Winkels, jeder Länge, Schaftflexibilität, Griffgröße usw. an. Perfekt, wenn Sie Schläger kaufen wollen.

GANZ LINKS Eisen gibt es in verschiedenen Formen; dies beeinflusst den Flug des Golfballs nach dem Abschlag.

MITTE Für die Hölzer gilt: Je steiler der Neigungswinkel des Schlägerkopfes, desto niedriger die Flugbahn des Balls und umgekehrt.

Eisen haben entweder Köpfe, die aus einem Blatt bestehen, oder solche, bei denen das Gewicht um den Rand herum verteilt ist. Den traditionellen Blade-Kopf kann man noch immer häufig in den Taschen von Tourprofis sehen oder bei Spielern mit niedrigem Handicap, die die meisten ihrer Bälle mit dem Zentrum des Schlägerkopfes treffen.

Zunehmend werden Schläger mit Blade-Köpfen aber durch die moderneren Schläger mit Köpfen mit peripherer Gewichtsverteilung ersetzt. Diese Schläger fanden vor etwa 20 Jahren allgemeine Verbreitung und besitzen einen übergroßen Kopf mit ausgehöhlter Rückseite. Ursprünglich wurden diese Schläger konstruiert, um Anfängern, die über keinen konstanten Schwung verfügen, zu helfen; heute benutzen aber auch Profis diese Schläger.

Vergrößerter Auftreffpunkt

Da das Gewicht um die Außenseite des Kopfes herum verteilt ist, sind diese Schläger fehlertoleranter. Selbst wenn der Ball nicht mit dem Zentrum des Kopfes getroffen wird, ist das Ergebnis ein relativ guter Schlag. Wie bei den Hölzern werden die Schlägerköpfe heute aus allen möglichen Materialien hergestellt, z. B. aus Stahl, Graphit und Titan – nur nicht aus Holz! Hölzer aus Metall werden heutzutage von Spielern aller Leistungsklassen eingesetzt. Die Schlägerköpfe sind hohl und haben eine periphere Gewichtsverteilung, wodurch sie leichter zu schlagen und zu pflegen sind. Sie nutzen auch nicht schnell ab. Beim Schwunggewicht des Schlägerkopfes handelt es sich um eine individuelle Wahl. Ein Golfspieler sollte viele Schwunggewichte ausprobieren, bevor er sich entscheidet.

LIE-WINKEL

Der Winkel zwischen Schlägerkopf und Schaft wird als Lie-Winkel bezeichnet. Es ist wichtig, dass Ihre Schläger den richtigen Lie-Winkel haben, damit Sie den Ball beim Abschlag optimal treffen.

BESTIMMUNG DES LIE-WINKELS EINES HOLZES

Der Lie-Winkel lässt sich bei den meisten Eisen und einigen Hölzern einstellen. Wenn Sie Ihre Schläger testen wollen, markieren Sie den Ball mit einem geraden Strich, platzieren Sie den Ball so auf dem Boden, dass dieser Strich im rechten Winkel zum Boden steht, und schlagen Sie den Ball. Wenn der Schläger passt, wird die Linie sich gerade von oben nach unten auf dem Schlägerblatt abzeichnen.

ANPASSUNG DES DYNAMISCHEN LIE-WINKELS

Der dynamische Lie-Winkel eines Eisens kann bestimmt werden, indem man ein Stück Klebeband auf die Unterseite des Eisens klebt und den Ball von einem Lie-Brett (aus Hartplastik) abschlägt. Wenn sich das Band in der Mitte abnutzt, ist der Winkel perfekt.

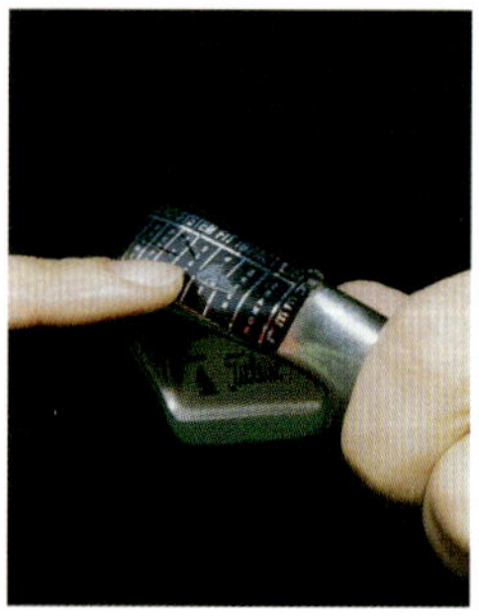

Der Lie-Winkel ist die Stelle, wo der Schaft in den Kopf eintritt. Er sollte an Größe, Statur und Armlänge des Golfers angepasst sein. Die einzig wirksame Methode, den korrekten Lie-Winkel zu bestimmen, ist, Bälle zu schlagen. Es reicht nicht, den Schläger bloß gegen den Boden zu halten.

Zahlreiche Faktoren wirken sich unmittelbar darauf aus, wie der Schläger den Ball beim Abschlag trifft. Folglich kann es einen großen Unterschied in Ihrem Spiel ausmachen, ob der Lie-Winkel des Schlägers an Sie angepasst ist oder nicht. Ein falscher Lie-Winkel kann dazu führen, dass Sie links bzw. rechts am Ziel vorbeischlagen, je nachdem, ob der Lie-Winkel zu flach oder zu steil ist.

Bestimmung des Lie-Winkels

Bitten Sie Ihren Golflehrer darum, Schläger mit unterschiedlichen Lie-Winkeln zu besorgen. Befestigen Sie ein Stück Klebeband an der Unterseite des Schlägerkopfes und führen Sie einige Schläge von einer harten Unterlage aus. Die Art, wie sich das Band abnutzt, hilft, den für Sie richtigen Lie-Winkel zu bestimmen.

Wenn sich das Klebeband z. B. an der Spitze des Schlägerkopfes abnutzt, ist der Schläger für Sie zu flach und der Ball fliegt mit großer Wahrscheinlichkeit zu weit nach rechts. Wenn sich das Band an der Ferse des Schlägerkopfes abnutzt, ist der Schläger für Sie zu aufrecht und Sie schlagen die Bälle möglicherweise zu weit nach links. Ideal ist, wenn sich das Band in der Mitte abnutzt. Dann trifft die Sohle des Schlägerkopfes im Moment des Ballkontakts richtig den Boden. Dies wird die dynamische Lage genannt.

Wenn Ihre Schläger nicht den richtigen Lie-Winkel aufweisen, hat dies eine negative Auswirkung auf Ihr Spiel. Der richtige Lie-Winkel ist also ein entscheidender Faktor, um eine Traumrunde zu realisieren.

SCHAFTFLEX UND -LÄNGE

Die meisten Golfschläger werden nach den durchschnittlichen Werten von Körpergröße, -kraft und Statur hergestellt. Daher sollten Schaftflex und -länge den meisten Golfspielern entsprechen – theoretisch.

Wenn Sie eher groß bzw. klein sind, die Lebensmitte überschritten haben oder zu selten Golf spielen, um einen konstanten Schwung zu entwickeln – also seltener als einmal wöchentlich üben und spielen –, dann entsprechen Sie im Grunde genommen überhaupt nicht dem Durchschnitt.

Anders gesagt: Obwohl die meisten von uns körperlich ihren Mitmenschen ähneln, sind wir beim Golfspiel überhaupt nicht gleich. Folglich müssen Sie die richtige Schaftflex und -länge mit großer Sorgfalt auswählen.

Der richtige Schaft

Die handelsüblichen Schäfte gibt es in vier unterschiedlichen Flexgraden: L (Damen), A (relativ flexibel), R (normal für Männer), S (steif für Männer).

Allerdings wären einige kräftigere Damen gut beraten, A- oder R-Schäfte auszuprobieren. Umgekehrt kommen einige Männer, vor allem wenn sie mit zunehmendem Alter an Handgelenk- und Armkraft verlieren, mit den peitschenähnlichen A-Schäften vielleicht besser zurecht als mit den traditionellen R- oder S-Schäften.

Damenschläger sind etwa 2,5 cm kürzer als Schläger für Männer, wenn es sich um industriell hergestellte Standardsätze handelt. Da auch der weibliche Körperbau nicht einheitlich ist, lassen Sie sich am besten von Ihrem Golflehrer vermessen; er wird die richtige Schaftlänge für Sie bestimmen.

Allgemein gilt, dass jeder Mann, der über 1,90 m groß ist, einen Schaft benötigt, der 1–2,5 cm länger als der Standardschaft ist, während Männer unter 1,65 m einen kürzeren Schaft benötigen.

Für Frauen unter 1,55 m sind kürzere Schäfte besser, während für Frauen mit einer Größe von über 1,70 m längere Schäfte besser sind.

Griffgröße

Unterschätzen Sie nicht die Bedeutung der Griffgröße für Gefühl und Annehmlichkeit wie auch für den Schlag selbst. Zu dicke Griffe können zu einem unangenehmen Slice oder Push führen, wohingegen zu dünne Griffe schnell Pulls und Hooks bewirken.

Legen Sie Ihre linke Hand leicht auf den Griff und schließen Sie dann Ihre Finger. Ihre beiden mittleren Finger sollten jetzt die Handfläche oder den Handballen soeben noch berühren.

Griffe können aus Leder, Gummi oder Kordel sein, obwohl in den letzten Jahren Gummi zur ersten Wahl geworden ist; das gilt für Standardschläger wie für nach Maß gefertigte Schläger. Pflegen Sie Ihre Schlägergriffe, indem Sie sie regelmäßig mit einer milden Seifenlösung waschen.

GANZ OBEN Der Schaft ist im wörtlichen Sinn der Antrieb Ihres Golfschlägers; wählen Sie den falschen, wird der Schläger nicht funktionieren, wenn es darauf ankommt.

OBEN Schlägergriffe gibt es in verschiedenen Größen, mit unterschiedlicher Oberflächenbeschaffenheit, in verschiedenen Designs usw. Probieren Sie mehrere aus, bevor Sie sich entscheiden.

DIE AUSWAHL EINES PUTTERS

Es sind fast so viele Putter auf dem Markt erhältlich, wie es Golfspieler gibt. Das Putting ist der individuellste Aspekt des Golfspiels. Es überrascht also nicht, dass sich auch die Putter erheblich voneinander unterscheiden.

OBEN **Es gibt eine große Vielfalt von Puttern: mit weichem Kopf, Titan-Kopf, Ping, Zing, Wild Thing usw. Stellen Sie sich vor dem Kauf eine Frage: Kann ich den Ball mit diesem Schläger einlochen?**

RECHTS **Bei Puttern ist die Länge oft auf dem Griff angegeben.**

Putter können extrem kurze Schäfte haben oder lang sein wie ein Besenstiel. Das Schlägerblatt kann auf beiden Seiten flach sein oder teilweise rund wie ein Krockethammer. Der Schaft kann im Zentrum oder an der Ferse ansetzen oder der Schlägerkopf kann geringfügig von der Schaftlinie abweichen. Einige haben einen Flansch und viele eine Ziellinie (oder auch zwei), um das Ziel besser anvisieren zu können.

Der kürzeste Schläger

Einige Dinge sind bei Puttern und ihrer Anwendung jedoch immer gleich: Der Putt ist der einzige Schlag, bei dem der Ball keine Distanz in der Luft zurücklegt.

Beim Putten geht es darum, den Ball über das kurze Gras auf den Grüns rollen zu lassen, obwohl man unter gewissen Umständen auch durch das höhere Gras am Rande eines Grüns, von Abschnitten der Spielbahn aus oder sogar aus dem Sand eines Bunkers putten kann. Da der Ball jedoch auf jeden Fall mit dem Untergrund in Kontakt bleibt, ist der Putter nicht nur der kürzeste, sondern auch der geradeste Schläger und der mit dem geringsten Loft – zwischen zwei und vier Grad. Der Kopf ist klein und daher nur für kurze Distanzen bestimmt, und der Griff – obwohl manchmal so rund wie bei den anderen Schlägern – ist vorne häufig flach, damit er leichter auf die für ihn typische Art gehalten werden kann.

Puttermerkmale

Der Schlägerkopf kann drei Positionen haben: hinter den Händen, in einer Ebene mit den Händen oder vor den Händen.

Probieren Sie alle drei Putterarten aus, bevor Sie sich für ein Modell entscheiden, weil Sie hiermit besonders leicht genau zielen sollten. Richtig zu zielen ist die sicherste Methode, konstant einzulochen. Bei vielen Puttern befinden sich auf dem Kopf Linien, um das Zielen zu erleichtern. Die Linienmarkierungen sollten genau im rechten Winkel zur Schlagfläche angebracht sein. Einige dienen auch dem Hinweis auf den Auftreffpunkt des Putters, was für den durchschnittlichen Golfspieler oft eine enorme Hilfe ist.

LINKS Irgendwann werden Sie einen Putter zu Ihrem Lieblingsschläger erklären. Dann kommt es auf eine gute Technik und das Lesen der Puttlinie an.

PROFITIPP

Auch der Putter hat einen Lie-Winkel, wobei es entscheidend für Ihren Erfolg auf dem Grün ist, dass es sich dabei um den für Sie richtigen handelt. Wählen Sie einen Lie-Winkel, bei dem Sie nach Einnahme Ihrer Haltung über den Ball blicken. Das ist das Geheimnis des genauen Zielens.

LINKS Der Lie-Winkel eines Putters ist wichtig. Der Kopf des Putters sollte flach auf dem Boden aufsitzen.

UNTEN Wie bei den anderen Schlägern auch sollten Sie mehrere Putter auf dem Grün ausprobieren, bevor Sie Ihre Entscheidung treffen.

Vorsicht ist bei billigen Puttern geboten. Die Markierungen sind manchmal ungenau – und das kann darüber entscheiden, wie viele Putts Sie machen müssen. Alles, was das erfolgreiche Putten stört, ist ein großer Nachteil für Ihr Spiel, denn nahezu die Hälfte Ihrer Schläge absolvieren Sie auf dem Grün.

Balance und Schwunggewicht

Ein Putter mit einer guten Balance und dem für Sie richtigen Schwunggewicht ist entscheidend für das Ausführen eines flüssigen Putts. Mit Balance ist die Verteilung des Gewichts im Schlägerkopf gemeint; beim Schwunggewicht handelt es sich um die Verteilung des Gewichts über die gesamte Schlägerlänge.

Die Bezeichnung „Ferse und Spitze" (engl. heel and toe) beschreibt die beliebteste Form von Balance bei Puttern. Bei diesen Puttern ist das Hauptgewicht auf die beiden Endpunkte des Schlägerblatts verteilt. Der Putter soll daran gehindert werden, sich in Ihren Händen zu drehen, wenn das Blatt den Ball trifft. Denn ist dies der Fall, weicht der Ball von der Ideallinie ab.

Das Schwunggewicht von Puttern kann zwischen sehr leicht und ziemlich schwer schwanken; viele sehr gute Golfspieler bevorzugen einen schwereren Schläger, weil damit eher eine fließende, rhythmische Bewegung möglich ist.

DER GOLFBALL

Die Hersteller von Golfbällen versprechen bei jedem neuen Modell, es sei erheblich verbessert, es fliege garantiert gerader und rolle weiter oder lande weicher – und zwar mit demselben Drall, den Profis wie Greg Norman oder Phil Mickelson mit einem Sand Wedge zum Grün hin erzielen.

Ebenso wie die Schläger können auch Golfbälle allein keine Traumrunde garantieren. Dennoch kann der richtige Ball Ihnen bei Ihrem Spiel helfen, während der „falsche" Ball Ihrem Spiel schaden kann. Im Laden wird der potenzielle Käufer mit so vielen Alternativen konfrontiert, dass man einerseits begeistert ist, einem andererseits aber ganz schwindelig wird.

Farbe und Material

Farbe hat nichts mit Leistung zu tun. Wählen Sie die Farbe, die Ihnen am besten gefällt. Ein gelber Ball ist aber bei schlechtem Wetter am leichtesten zu sehen.

Golfbälle werden aus einem, zwei oder drei Bestandteilen hergestellt; man bezeichnet sie als One-piece-, Two-piece- und Three-piece-Bälle.

One-piece-Bälle werden am häufigsten auf der Driving Range benutzt, weil sie die schlechte Behandlung durch Anfänger und den einen oder anderen Fehlschlag fortgeschrittener Spieler am besten aushalten. Diese Bälle bestehen aus gummiertem Plastik und sind billig. Ihr Nachteil ist, dass sie weder so weit noch so gut fliegen wie teure Bälle.

Die Mehrheit der Golfer ist der Meinung, Two-piece-Bälle seien für ihr Spiel am besten geeignet. Die Schale besteht normalerweise aus Surlyn, einem extrem robusten und langlebigen Material, während sein Inneres aus Kunstharz besteht, das sich ausdehnt und den geschlagenen Ball nach vorne treibt.

Die meisten Hersteller von Two-piece-Bällen betonen die Flugdauer und Distanz, die diese Bälle bei einem guten Schlag zurücklegen können. Dies ist ein Vorteil gegenüber den One-piece-Bällen und auch gegenüber den Three-piece-Bällen. Sie besitzen aber nicht die Kontrollmöglichkeiten eines Three-piece-Balls, des von Tour-Professionals favorisierten Balltyps.

Drall und Gefühl

Nur Spieler mit einem Handicap unter 10 und Profis schlagen den Ball beständig genug, um die Vorteile von Three-piece-Bällen voll auszunutzen. Diese Bälle haben einen mit Gummifäden umwickelten Flüssigkeitskern und eine Schale aus Surlyn oder Balata.

Balata ist dünn und weich und vermittelt das beste Gefühl und den besten Drall, wird aber auch leicht durch den kleinsten Fehlschlag beschädigt. Selbst Profis ersetzen ihren Ball daher alle paar Löcher – manche sogar bei jedem Loch.

Sie sollten auch den Kompressionsfaktor eines Balls berücksichtigen, der meist auf der Ballschachtel mit 80, 90 oder 100 angegeben ist. Ein Kompressionsfaktor von 90 ist für die meisten Golfer am besten. Damen und ältere Golfer kommen vielleicht mit der niedrigeren Kompression von 80 besser zurecht. Ein Kompressionsfaktor von 100 ist für Profis und Spieler mit niedrigem Handicap an heißen Tagen bestimmt.

UNTEN LINKS Bälle mit Logo sind leichter zu identifizieren. Oder markieren Sie Ihren Ball mit einem Filzstift.

UNTEN RECHTS Wenn Sie an großer Flugweite interessiert sind, wählen Sie einen Two-piece-Ball mit einer Surlyn-Schale.

DIE GOLFSCHUHE

Eine durchschnittliche Golfrunde dauert mehrere Stunden, während derer man häufig über unterschiedliche Untergründe marschiert – und das bei oft unvorhersagbaren Wetterbedingungen. Richtige Golfschuhe sind nicht nur bequem, sondern bilden auch die Grundlage für Ihren Schwung.

Die korrekte Aufstellung und ein erfolgreicher Schwung hängen von einem sicheren Stand und konstantem Gleichgewicht ab. Golfschuhe besitzen Metall- oder Hartgummispikes, die Bodenhaftung geben und seitliche Bewegungen der Füße verhindern.

Bequemlichkeit

In den meisten Golfklubs gelten für das Schuhwerk sehr strenge Regeln. Ohne geeignete Schuhe und die richtigen Spikes dürfen Sie oft nicht spielen.

- Tragen Sie dicke Socken, wenn Sie ein neues Paar anprobieren. Ihre Füße schwellen möglicherweise während des Spiels an.
- Die Schuhe sollten eine gepolsterte Innensohle, eine gute Senkfußeinlage sowie einen gepolsterten Schaftabschluss besitzen.
- Laufen Sie Ihre Schuhe vor dem Spiel ein.

Faktor Wetter

Wenn Sie davon ausgehen müssen, oft im Regen zu spielen, sind aus einem Stück gefertigte Schuhe aus wasserdichtem Synthetikmaterial eine Überlegung wert. Derartige Schuhe sind pflegeleicht, jedoch nicht sehr luftdurchlässig; bei trockenen und warmen Wetterbedingungen werden Ihre Füße schwitzen.

Traditionelle Schuhe aus Vollleder sind für heiße und trockene Bedingungen ideal, da sie atmungsaktiv sind. Sie sind jedoch schwerer als Synthetikschuhe, was Ihr Gleichgewicht negativ beeinflussen kann. Lederschuhe müssen regelmäßig poliert und hin und wieder gegen Feuchtigkeit imprägniert werden, um Schäden und Rissen vorzubeugen.

Ein Kompromiss sind Schuhe mit atmungsaktivem Obermaterial aus Leder und wasserabweisender synthetischer Sohle.

Weiche Spikes

In den letzten Jahren ist man auf vielen Golfplätzen – vor allem in den USA und auch in Deutschland – dazu übergegangen, Metallspikes zu verbieten. Dieses Verbot gilt häufig für öffentliche und stark bespielte private Plätze, auf denen man die Grüns schützen möchte. Klären Sie stets im Vorfeld ab, wie das auf einem für Sie neuen Platz gehandhabt wird.

Vielleicht fühlen Sie sich auch mit weichen Spikes oder mit Gummistollensohlen auf trockenem, hartem Untergrund ohnehin wohler. Sie können diese Schuhe auch bedenkenlos drinnen tragen.

OBEN Manche Golfplätze bestehen heute auf weichen Spikes, da diese den Grüns weniger schaden. Wenn auf Ihrem Platz Metallspikes erlaubt sind, eignen sich diese besser für winterliche Bedingungen, wenn der Boden rutschig ist.

LINKS Wenn Sie ein neues Paar Schuhe kaufen, entfernen Sie zuerst alle Spikes und fetten Sie jedes Gewinde ein (Vaseline ist ideal). Das erleichtert das spätere Auswechseln der Spikes.

2 VORBEREITUNG

Ein Golfschwung dauert etwa eine Sekunde. Die richtige Vorbereitung entscheidet daher über Erfolg oder Misserfolg.

DIE GRUNDLAGEN DES GOLFSPIELS

Früher galten Golfspieler nicht als Sportler – schließlich wird Golf von Männern und Frauen und manchmal Kindern in allen Altersstufen in eher gemütlichem Tempo gespielt. Ausdauer ist kaum notwendig, auch Laufen, Springen oder schweres Heben spielen keine Rolle.

Beim Golfspielen muss man tatsächlich nur einige wenige Kilometer in drei bis vier Stunden zu Fuß zurücklegen – und manchmal sogar nicht einmal zu Fuß. Viele (vor allem amerikanische, aber auch bessere deutsche) Golfplätze versorgen ihre Kundschaft mit einem motorisierten Golfwagen oder einem Caddie, der ihre Ausrüstung trägt.

Beobachtet man professionelle Spieler vom legendären Ben Hogan bis zu den heutigen Superstars wie Tiger Woods und Lee Westwood in Zeitlupenaufnahmen, erkennt man aber die sportliche Leistung eines Golfspielers und wird eines Besseren belehrt.

Der richtige Schwung umfasst eine Reihe sehr fein abgestimmter und höchst athletischer Bewegungen, die ohne die richtige Aufstellung unmöglich sind.

Die Beherrschung der Grundlagen wie richtiger Stand, Haltung und Griff macht den Unterschied zwischen einem sauberen Schlag und einer Blamage.

Der Griff

Die meisten Golfspieler messen dem Griff keine allzu große Bedeutung bei – das ist ein Fehler. Der richtige Griff ist nicht nur ein höchst ästhetischer Anblick (achten Sie einmal besonders auf den sportlich kraftvollen Griff der echten Profis im Fernsehen), sondern auch der unerlässliche Ausgangspunkt einer erfolgreichen Runde.

So wie der Schlägerkopf die einzige Verbindung zum Ball darstellt, ist der Griff die einzige Verbindung zwischen dem Körper des Spielers und dem Schläger.

Der Golfer überträgt also seine gesamte Kraft und sein Können auf den Gegenstand, der den Ball zum Loch befördert. Verstehen Sie jetzt, was ich meine?

DEN SCHLÄGER GREIFEN

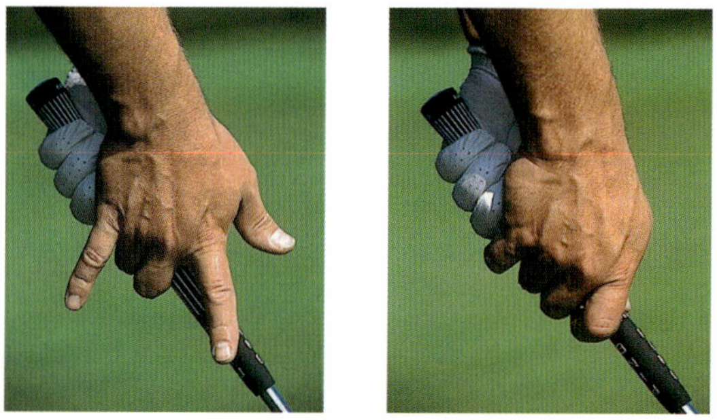

Sobald der Schläger ausgerichtet ist, legen Sie die Hände an den Griff. Rechtshänder beginnen immer mit der linken Hand.

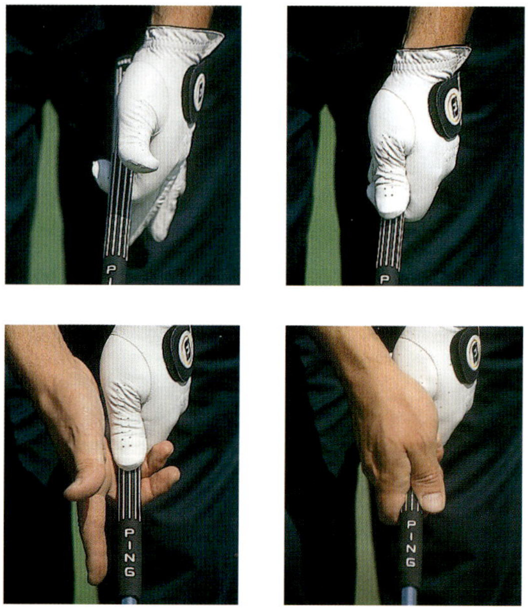

Der Griff des Schlägers liegt zunächst zwischen dem Mittelgelenk des linken Zeigefingers und dem Daumenballen. Der linke Daumen sollte leicht rechts von der Mittellinie liegen, der linke Handrücken und die rechte Handfläche weisen zum anvisierten Ziel.

Der korrekte Griff

Es heißt häufig, dass keine zwei Golfspieler den Griff gleich gestalten, ebenso wie sich ihre Schwünge nicht gleichen, sondern sehr individuell sind. Dem kann man schwerlich widersprechen. Allerdings gibt es bestimmte Grundlagen, die es zu verstehen und zu meistern gilt, bevor man seinen eigenen Griff entwickeln und verfeinern kann.

Zu Anfang gleich eine Warnung: Die Entwicklung des richtigen Golfgriffs kann Wochen oder sogar Monate der Übung erfordern, bis man ihn ohne nachzudenken anwendet. Der Golfgriff zählt nun mal nicht zu den natürlichen Handhaltungen. Deswegen müssen Sie ihn immer wieder üben. Jederzeit und an jedem Ort. Ich kann entschlossenen Golfern nur empfehlen, zu Hause und nach Möglichkeit auch bei der Arbeit immer einen Schläger zur Hand zu haben.

Und wenn Sie Ihren Griff gerade umstellen, rate ich Ihnen dringend davon ab, Bälle zu spielen, bis Sie mit der neuen Haltung hundertprozentig vertraut sind.

Die linke Hand

Lassen Sie die Arme locker und natürlich an den Seiten Ihres Körpers herabhängen, sodass die Ferse des Schlägers locker auf dem Boden ruht.

Nun umfasst die linke Hand den Griff so, dass etwa die letzten 1,5 cm oben herausragen. Der Schläger soll eine Diagonale zwischen dem mittleren Gelenk des Zeige- und dem unteren Gelenk des kleinen Fingers bilden und am äußeren Handballen ruhen.

Schließen Sie die Finger um den Griff und lassen Sie den Daumen etwas rechts von der Mittellinie unten auf dem Griff ruhen.

Sie sollten jetzt von oben zwei Fingerknöchel auf dem Handrücken und ein „V“ zwischen Zeigefinger und Daumen sehen, dessen Spitze in Richtung Ihres rechten Ohres oder Ihrer Schulter weist.

EINHEIT AUS ZWEI HÄNDEN

Jetzt umfassen Sie den Griff mit den beiden mittleren Fingern der rechten Hand. Der Schläger muss mit den Fingern gehalten werden, nicht mit der Handfläche. Der kleine Finger liegt zwischen Zeige- und Mittelfinger der linken Hand.

DIE POSITION DER RECHTEN HAND

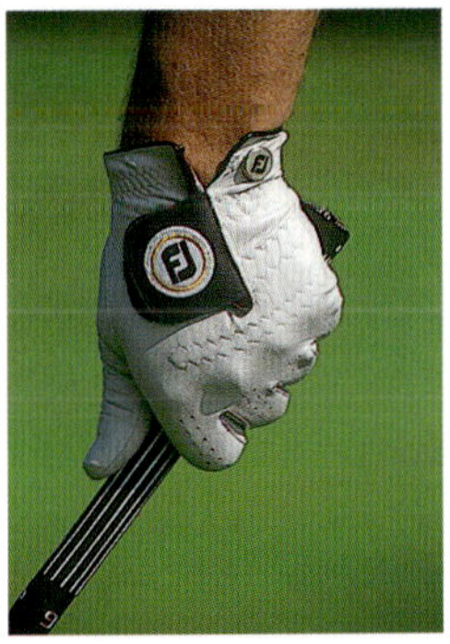

Schließen Sie jetzt die rechte Hand über dem linken Daumen. Daumen und Zeigefinger der rechten Hand berühren den Griff nur leicht.

DIE RECHTE HAND AM GRIFF

Jetzt kommt Ihre rechte Hand ins Spiel. Hier müssen Sie, vor allem wenn Sie Rechtshänder sind, darauf achten, dass die rechte Hand nicht dazu übergeht, den Griff zu kontrollieren und die linke Hand zu dominieren.

Der Golfgriff unterscheidet sich in vielem von dem, was wir im Alltag mit unseren Händen tun. Hier müssen beide Hände gleichberechtigt im Interesse eines besseren Schlages zusammenarbeiten, ganz ähnlich wie beim Klatschen.

Das Bild vom Klatschen wird beim vollständigen Griff noch deutlicher. Bei einem guten Griff liegen die Handflächen einander gegenüber, während der linke Handrücken und die rechte Handfläche zum Ziel weisen.

Die rechte Hand

Die rechte Hand kann auf drei unterschiedliche Arten den Griff der linken Hand vervollständigen, je nach Position des kleinen und letzten Fingers. Die drei prinzipiellen Golfgriffe sind:

- Der traditionelle Overlapping- oder Vardon-Griff, bei dem der kleine Finger zwischen Zeige- und Mittelfinger der linken Hand liegt.
- Der Interlocking-Griff, bei dem der rechte kleine Finger zwischen den ersten beiden Fingern der linken Hand und der linke Zeigefinger auf dem Rücken der rechten Hand liegt.
- Der Zehnfinger- oder Baseball-Griff, bei dem jede Hand den Griff getrennt umfasst und die Hände sich nur leicht berühren.
- Die meisten Golfer, egal, ob Amateur oder Profi, bevorzugen den Vardon-Griff wegen der Bequemlichkeit und Mühelosigkeit, mit der die Hände zu einer Einheit finden.
- Der Interlocking-Griff eignet sich besonders für Golfer mit kleinen Händen. Der Baseball-Griff ist ideal für junge Spieler und Menschen mit wenig Kraft in den Händen. Allerdings bevorzugte auch der frühere Profigolfer Art Wall diesen Griff.

DIE DREI GRIFFE

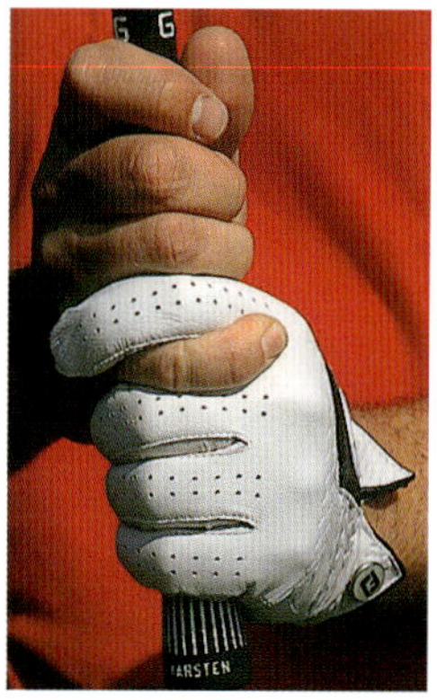

Interlocking-Griff

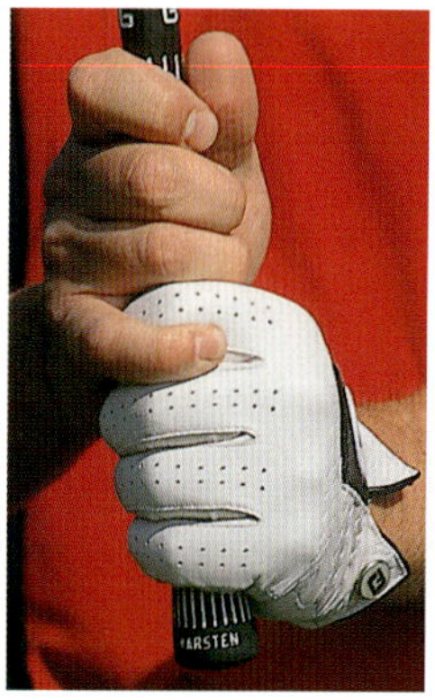

Overlapping-Griff

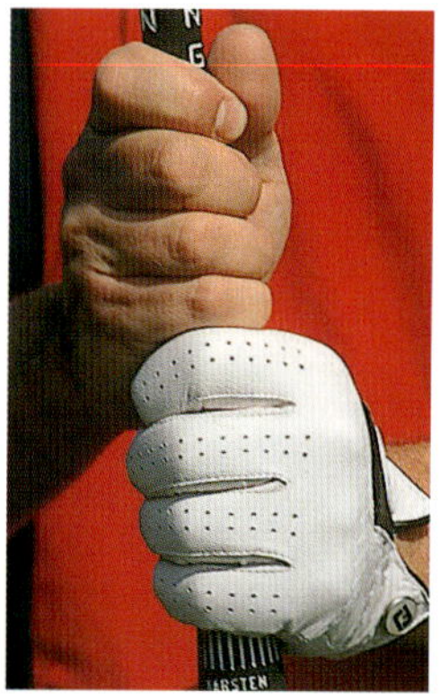

Baseball-Griff

DIE NATÜRLICHE POSITION DER HÄNDE

Beim richtigen Griff weisen der linke Handrücken und die rechte Handfläche immer zum Ziel.

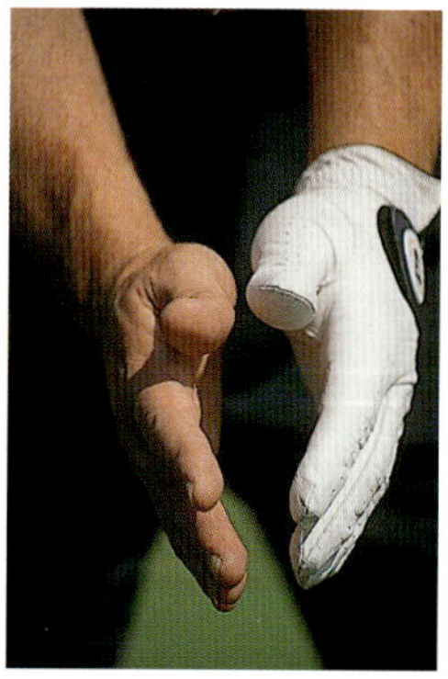

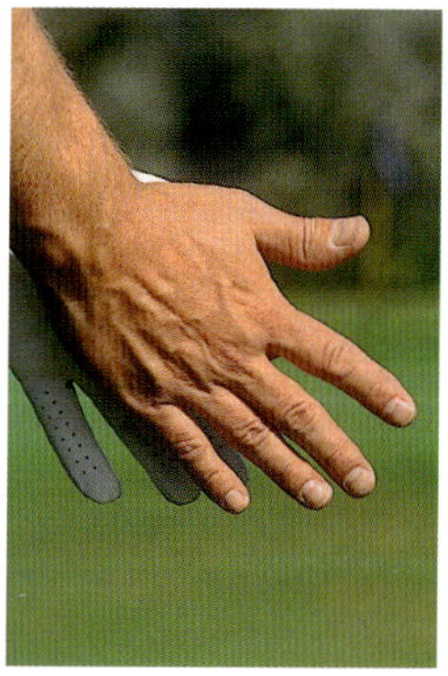

Die letzte Stufe

Die letzte Stufe des Griffs ist einfach. Die rechte Hand hält den Schläger mit den Fingern – niemals mit der Handfläche! Legen Sie zunächst den kleinen Finger der rechten Hand zwischen Zeige- und Mittelfinger der linken Hand und legen Sie dann die Finger der rechten Hand mit dem unteren Gelenk um den Griff. Schließlich bedecken Sie den linken Daumen mit der Querfalte Ihrer rechten Handfläche.

Der rechte Daumen liegt diagonal obenauf und die Daumenspitze ruht leicht nahe oder am rechten Zeigefinger. Das „V" von Daumen und Zeigefinger der rechten Hand sollte zwischen rechter Schulter und Kinn zielen.

Festigkeit des Griffs

Ein letztes Wort zum Griffdruck. Ein häufiger Anfängerfehler ist, den Schläger mit zu viel Kraft zu fassen. Anfänger glauben oft, dass sie den Ball umso härter treffen, je fester sie den Schläger fassen. Das genaue Gegenteil ist aber der Fall.

Jahrelang haben Golflehrer nach einem passenden bildlichen Vergleich für die richtige Druckkraft gesucht; heute empfehlen viele erfahrene Lehrer ihren Schülern, den Schläger nicht fester als einen Füllfederhalter, eine offene Zahnpastatube oder einen kleinen Vogel zu halten.

Natürliche Haltung

Meine Empfehlung ist, den Schläger natürlich zu halten, das heißt nicht zu fest und nicht zu locker. Der Griff sollte fest genug sein, damit der Schläger nicht aus der Hand fliegt und nicht beim Ausholen oder Durchschwingen durch die Finger rutscht.

Der Griff sollte aber auch locker genug sein, damit man sich vor allem in den Unterarmen nicht verspannt. Jede Verspannung in den Händen, den Armen oder den Schultern verhindert einen flüssigen Schwung beim Schlag – und den wollen wir ja gerade erreichen, nicht wahr?

Kurz gesagt: Üben Sie nur so viel Druck auf den Griff aus, wie Sie für einen sportlichen Schwung unbedingt benötigen. Alles andere schadet eher einem flüssigen Schwung.

DIE PASSIVE RECHTE SEITE

Wenn die rechte Hand den Schläger greift, liegt die rechte Schulter tiefer als die linke. Das unterstützt die korrekte Haltung von Körper und Kopf bei der Aufstellung.

EHRE, WEM EHRE GEBÜHRT

Harry Vardon hat den nach ihm benannten Griff gar nicht erfunden. Diese Ehre gebührt Johnny Laidlay, dem British-Amateur-Champion von 1889 und 1891. Vardon war aber mit sechs Open-Championship-Siegen zwischen 1896 und 1914 der berühmteste Spieler seiner Zeit und hatte Laidlays Innovation übernommen. So versuchten Golfer in aller Welt, Vardons Griff zu imitieren.

DIE AUFSTELLUNG

Die richtige Stellung des Körpers zum Ball und zum Ziel nennt man die Aufstellung oder den Stand. Bei dieser Ausgangsposition hängt alles von der Balance ab.

UNTEN Die Aufstellung ist die Grundlage für einen guten Golfschwung. Die Zeit, die Sie in das Einüben einer guten Stellung und Balance investieren, zahlt sich beim Schwung aus.

Stellen Sie sich als Beispiel einen Fußballer vor dem Elfmeter oder einen Tennisspieler vor seinem Aufschlag vor. Beide Sportler müssen ihre Füße optimal positionieren und sich so dynamisch aufstellen, dass sie ihr Gewicht leicht verlagern und einen Ball in Richtung Ziel beschleunigen können. Dasselbe gilt auch für den Golfschlag.

IN STELLUNG GEHEN

Parallelen

Fangen wir ganz vorne an. Typisch für das Golfspiel ist, dass wir unseren Körper parallel zu einer imaginären Linie zwischen Ball und Ziel ausrichten.

Beim Golf nennen wir das in der Regel den Frontalstand. Als hilfreiches Bild können wir uns zwei Schienen vorstellen, wobei der Spieler parallel zu der einen Schiene steht, während Schlägerkopf, Ball und Ziel auf der gegenüberliegenden Schiene liegen. In der Ferne laufen beide Schienen wie Fluchtlinien im Ziel zusammen.

Jede Abweichung von diesem parallelen Aufbau zwingt uns, beim Schwung eine beliebige Reihe von Fehlern zu kompensieren, was schließlich zu einem Fehlschlag führt.

Damit werden wir uns im nächsten Kapitel ausführlicher beschäftigen und lernen, einen Punkt auf dem Fairway oder den Flaggenstock entlang den imaginären Schienen anzuspielen.

Körperwinkel

Bei allem, was der Golfspieler oder die -spielerin bei der Aufstellung unternimmt, geht es darum, den richtigen Stand in Beziehung zur späteren Flugbahn des Balls einzunehmen – das, was der berühmte Golfguru David Leadbetter „gute, ausgewogene Körperwinkel" nennt. Dabei beginnt man selbstverständlich mit den Füßen.

Seit Jahrzehnten diskutieren Golflehrer über die richtige Position der Füße im Verhältnis zu dieser Linie. Einige, wie etwa Ben Hogan, setzten den hinteren Fuß rechtwinklig zur Flugbahn und den vorderen Fuß um etwa 20–30 Grad zum Ziel hin gedreht. Das funktioniert zwar bei den meisten professionellen Tourspielern, verkürzt aber bei weniger erfahrenen Golfern die Körperdrehung beim Schwung.

Natürliche Position

Ich setze die Füße lieber in einer natürlichen oder auch sportlichen Stellung. Das heißt, sie stehen parallel wie zwei Schienen vor der imaginären Linie, sind aber um etwa 20–30 Grad nach außen gestellt.

Stellen Sie sich eine Uhr mit dem Ball in der 12-Uhr-Position vor. Ihr linker Fuß zeigt auf 11 Uhr, der rechte Fuß auf 1 Uhr. Dadurch erreichen Sie eine ausgewogene und natürliche Stellung und einen Stand, den Leadbetter wiederum als „dynamische Balance" bezeichnet.

Denken Sie daran, dass Ihre Füße beim Schwung Ihr einziger Kontakt mit dem Boden sind. Die richtige Stellung verhindert, dass Sie vom Ball wegschwanken oder gar ins Taumeln geraten, wenn Sie den Schlägerkopf mit etwa 160 km/h um Ihren Körper schwingen.

Anders gesagt: Eine verlorene Balance bedeutet einen verlorenen Schlag – denken Sie daran!

SCHLÄGERKOPF UND KÖRPER

LINKS: Positionieren Sie die Schlagfläche des Schlägers im rechten Winkel zur Zielflugbahn des Balls. Richten Sie dann Füße, Hüften und Schultern parallel zu dieser Linie aus. Beim Üben hilft es, zwei Schläger parallel zur Ziellinie auf den Boden zu legen.

FUSSSTELLUNG

OBEN Eine nach außen gedrehte Fußstellung verhilft zu besserer Balance und einem guten Durchschwung.

BALLPOSITION

LINKS: Ein rechtwinklig zu den beiden Schlägern gelegter dritter Schläger hilft, die Ballposition zu visualisieren.

GEWICHTSVERTEILUNG

Der Schlüssel zu einer erfolgreichen Aufstellung ist die Verteilung des Körpergewichts auf beide Füße. Außer bei einem kurzen Pitch oder Chip sollte kein Fuß stärker belastet werden als der andere.

AUSGEWOGENE AUFSTELLUNG

Die Standbreite und die Position des Balls im Verhältnis zu Ihren Füßen sind zwei sehr wichtige Faktoren einer guten Aufstellung.

Kurze Eisen

Mittlere Eisen

Lange Eisen

Holz

Eine Grundregel, die für jeden Golfspieler gilt, lautet, dass die Füße immer etwa schulterbreit auseinander stehen sollten. Was die meisten Golfer aber vergessen oder nicht wissen: Die Schulterbreite wird zwischen den Innenseiten der Fersen gemessen. Außerdem variiert die Breite leicht je nach verwendetem Schläger, vom Driver bis zum Sand Wedge.

Die Schulterbreite-Regel geht von dem Eisen 5 aus. Bei dieser Aufstellung würden zwei von den Außenseiten der Schultern gefällte Lote an den Ferseninnenseiten enden. Diese Breite vergrößert sich bei Eisen für weitere Entfernungen sowie Hölzer und verringert sich bei Eisen für kürzere Distanzen.

Die drei Positionen oben zeigen von links nach rechts die Lagen des Golfballs für kurze Eisen, für mittlere Eisen und für lange Eisen sowie für Hölzer.

Experimentieren Sie mit der Lage dicht neben der linken Ferse für alle Schläge.

Traditionelle Argumente

Kommen wir zur Ballposition – ebenfalls ein Thema, das von den sogenannten Golfgurus immer wieder diskutiert wird. Jack Nicklaus bevorzugte jahrelang für alle Schläge eine Position auf einer Linie knapp entlang der Innenseite der linken Ferse, während andere darauf bestanden, dass der Abstand des Balls vom vorderen Fuß je nach Schlagkraft des verwendeten Schlägers variieren sollte.

Beide Methoden funktionieren in der Praxis, deshalb sollten Sie durch Ausprobieren herausfinden, welche die für Sie persönlich am besten geeignete ist. Legen Sie den Ball für einen Driver zunächst gegenüber dem Spann des linken Fußes ab und versetzen Sie ihn dann für jeden Schläger für kurze Entfernungen jeweils um 1 cm nach hinten, bis er für die Wedges etwa mittig zwischen den Füßen liegt. Oder Sie schlagen wie Nicklaus grundsätzlich jeden Ball neben der linken Ferse.

Diese Regel ändert sich je nachdem, ob Sie den Ball flach unter dem Wind oder hoch über einen Baum spielen wollen.

Kraft und Kontrolle

Richten wir die Aufmerksamkeit nun von den Füßen auf den Körper, denn wir sind noch ganz am Anfang der Aufstellung, so wichtig der Stand auch ist.

Die Aufstellung sollte natürlich und sportlich sein. Dazu müssen Sie den Rest des Körpers so über den Füßen ausbalancieren, dass Sie stabil stehen und gleichzeitig den komplexen und kraftvollen Schwung durchführen können. So bringen Sie Kraft und Kontrolle in Ihr Spiel und erreichen nicht nur einen immer wieder guten und konsistenten Schwung, sondern geraten auch in Stresssituationen nicht aus der Fassung.

AUSGEWOGENER SCHWUNG

LINKS UND UNTEN Die Standbreite nimmt bei langen Schlägern zu. Als Faustregel sollten die Innenseiten der Fersen bei einem mittleren Eisen schulterbreit auseinander stehen, bei einem Holz stehen die Außenseiten der Fersen schulterbreit auseinander.

GANZ LINKS Eine Drehung (auch mit Schläger) zeigt, ob Sie tatsächlich im Gleichgewicht stehen.

LINKS Üben Sie den Rückschwung, um das Fundament Ihres Stands zu testen.

Zur Erklärung möchte ich auf ein Bild zurückgreifen, das der Golfer Jimmy Ballard verwendet. Er erfand das Bild eines Golfspielers, der auf einer erhöhten Bühne steht und eine schwere Golftasche in den Händen hält; darunter steht ein zweiter Golfspieler, der bereit ist, diese Tasche aufzufangen.

In Position gehen

Wahrscheinlich wurde der zweite Golfspieler in dieser Situation instinktiv die Beine etwa schulterbreit aufstellen und seinen Körper in Position bringen. Im festen Stand mit dem gleichmäßig auf Ballen und Fersen verteilten Gewicht würde er auch die Knie beugen – wie ein Boxer kurz vor dem Schlag. Schließlich würde er das Gesäß etwas nach hinten herausstrecken und das Rückgrat durchdrücken, um den Rücken gerade zu halten. Gleichzeitig würde er die Oberarme an die Rippen drücken und so den Oberkörper stützen.

Mit anderen Worten: Die großen Muskeln von Beinen, Brust und Schultern sind angespannt und halten die Körpermitte straff wie die Tragseile einer Brücke. Der zweite Golfspieler ist bereit, die Tasche aufzufangen.

Beweglichkeit und Stärke

Ich finde dieses Bild sehr hilfreich, denn man lernt eine Menge über Balance, Beweglichkeit und Stärke. Aber ich möchte noch etwas anderes betonen. Später werden wir den eigentlichen Schwung in die Aufstellung integrieren, also versteifen Sie sich gedanklich nicht auf das schlichte Fangen einer schweren Last! Wir wollen vielmehr einen Stand erreichen, der sportlich, kraftvoll und dynamisch ist. Für einen wiederholten Golfschwung benötigen wir ein festes und dennoch flexibles Fundament.

DIE RICHTIGE AUFSTELLUNGSHALTUNG

Die richtige Haltung ist der letzte Schritt zu einem gelungenen Golfschwung. Eine zu gerade, starre Haltung behindert die Schulterdrehung und die freie Bewegung der Arme, während eine extreme Hocke die Arme nach oben zwingt und zu schlechtem Ballkontakt führt.

Nehmen Sie ein Eisen 5 mit dem richtigen Griff in die Hände und halten Sie es im 45-Grad-Winkel vor der Taille.

Stehen Sie gerade, aber dennoch entspannt, und beugen Sie die Hüfte – aber nicht die Taille! Dabei sollte sich das Gesäß leicht nach hinten strecken und der Rücken gerade bleiben.

VORBILDER

Achten Sie in Zukunft im Fernsehen einmal auf die Aufstellung der Profis, die etwa die gleiche Größe wie Sie haben. Für große Spieler empfehle ich Ernie Els oder Nick Faldo, während kleinere Golfer sich an Ian Woosnam oder Gary Player orientieren können.

Schwungradius

Beugen Sie schließlich leicht die Knie und setzen Sie den Schlägerkopf auf den Boden auf. Die Arme hängen natürlich herab. Achten Sie darauf, dass der linke Arm eine nahezu gerade Linie von der Schulter bis zum Schlägerkopf bildet.

Diese Linie bestimmt den Radius Ihres Schwungs und sollte während des Schwungs so konstant wie möglich bleiben. Dies wird in den folgenden Kapiteln noch näher erläutert.

Wenn Sie der Anleitung korrekt gefolgt sind, sollte Ihr Gewicht jetzt gleichmäßig auf Fußballen und Fersen verteilt sein. Sie sollten bequem und zentriert stehen und sich doch dynamisch fühlen.

EINE GUTE HALTUNG

Beugen Sie sich für eine gute Haltung aus der Hüfte nach vorne mit aufrechtem Kopf. Setzen Sie sich leicht zurück und beugen Sie die Knie etwas, um das Gleichgewicht zu halten. Das Gewicht sollte knapp hinter der Körperachse liegen.

Jetzt haben Sie auch die richtige Haltung in Ihre Aufstellung integriert. So können Sie einen wirklich kraftvollen und kontrollierten Schwung durchführen.

Dreieck und Turmspitze

Noch ein letztes Wort zur richtigen Aufstellung: Bei geradem, aber flexiblem linken Arm und gestrecktem, aber nicht verspanntem rechten Arm sollten Sie einen Druck unter den Achseln oder im oberen Brustbereich spüren. Dann machen Sie es richtig.

Wir werden später sehen, wie dieses Dreieck aus Armen und Brust zu Beginn des Schwungs zusammenwirkt. Ben Hogan nannte dies ein Dreieck, aus dem der Schläger wie eine Kirchturmspitze herausragt.

Kein schlechtes Bild für etwas so Schönes wie einen gut ausgeführten Golfschwung, finde ich.

OBEN Werfen Sie etwas Schweres in die Luft und fangen Sie es auf, um ein Gefühl für die Stellung des Unterkörpers zu bekommen. Sie werden sich instinktiv wie bei der Ballansprache beugen.

KONTAKT

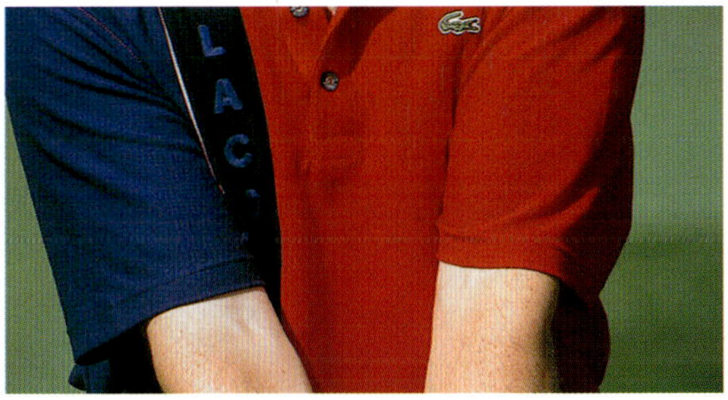

OBEN Ihre Oberarme sollten die Brust leicht berühren.

GEWICHTSVERLAGERUNG

OBEN Bei eingenommener Haltung sollte das Gewicht leicht hinter der Körperachse liegen.

RAUM SCHAFFEN

Wenn Sie Ihr Gesäß nach hinten schieben, schaffen Sie Raum für den Schläger.

SCHWUNGVORBEREITUNG

Konsistenz ist im Golf unerlässlich. Ein verlässlicher, wiederholbarer Schwung verhilft zum Spiel über Fairways und Grüns in der Regelzahl der Schläge.

Gelingt ein Schlag einmal nicht, muss man auch aus Bunkern und Roughs weiterspielen können. Auf dem Grün kommt es auf beständiges Putten an. Dies wird nur durch eine gute Schwungvorbereitung erzielt.

Wenn Sie all dies beherrschen, können Sie ein konsistentes Spiel mit einem niedrigen Spielergebnis und häufigeren Siegen spielen. Machen Sie sich das stets bewusst, wenn Sie an den Ball herantreten. Sie sollten unbedingt eine Routine entwickeln, die Ihnen hilft, sich zu konzentrieren und mit Stresssituationen fertig zu werden. Im besten Fall kann ich Ihnen ein insgesamt besseres Golfspiel garantieren.

UNTEN Eine Visualisierung des Schlags ist wichtig. Das Bild vor dem geistigen Auge sagt dem Körper, was er zu tun hat. Sie sollten den Schlag erst spielen, wenn Sie ein klares Bild von ihm im Kopf haben.

Konsistenz

Wie kann ich Ihnen das garantieren, haben Sie sich gerade gefragt? Da Sie bei einer guten Schwungvorbereitung den Schlag im Geist bereits ausgeführt haben, wissen Sie, welchen Schläger Sie brauchen und wie und wo Sie den Ball treffen müssen. Beobachten Sie die Profis. Wenn allen Golfprofis eines gemeinsam ist, dann ist es die Schwungvorbereitung, die sie – oftmals über ihre gesamte Karriere hinweg – niemals ändern.

Konsistenz ist der Schlüssel zum Golf. Wenn Sie Ihre eigene Schwungvorbereitung entwickeln, haben Sie immer etwas, auf das Sie sich verlassen können. Es ist eine Waffe, die niemals versagt.

Visualisierung

Die Schwungvorbereitung ist eine Mischung aus den körperlichen Fertigkeiten, die Sie bereits über die Vorbereitung gelernt haben (einschließlich Haltung, Ausrichtung und Stand), und mentalen Fertigkeiten, die Ihnen helfen, das Ziel letztlich auch zu treffen.

Dieses Konzept nennt man auch „Visualisierung". Dabei „sehen" Sie nicht nur, wo der Ball hinfliegen soll, sondern auch, wie Sie ihn dahin bringen. Die meisten Anfänger finden das Voraussehen schwierig, aber mit zunehmender Erfahrung und einem wachsenden Arsenal an guten Schlägen, auf die man zurückgreifen kann, wird die Idee der Visualisierung einfacher. Es gibt einige Aspekte des Golfspiels, die mit der Zeit einfacher werden, die Visualisierung zählt dazu, wie jeder erfahrene Golfer bestätigen kann.

Auch wenn Sie dann vielleicht noch immer nicht jeden Schlag perfekt ausführen können, wissen Sie doch zumindest, wie Sie sich ein gutes Ergebnis vorzustellen haben – und das verhilft zu mehr Selbstvertrauen beim nächsten Schlag.

Selbstvertrauen

Damit kommen wir zu einem weiteren Punkt: Offensichtlich kommt es hier auf positives Denken an, vor allem bei der Visualisierung schwieriger Schläge – z. B. aus einem Bunker oder einem Rough heraus. Bleiben Sie aber auch realistisch. Es hat keinen Sinn, wenn Sie sich einen Wunderschlag vorstellen – selbst wenn Ihnen so etwas schon ein paarmal gelungen sein sollte. Auch bei der Visualisierung sollten Sie im Rahmen Ihrer Möglichkeiten bleiben und nicht unrealistisch werden.

Mentale Bilder

Die Schwungvorbereitung beginnt, sobald Sie zum Abschlagplatz oder zum Ball auf dem Fairway gehen. Versuchen Sie zuerst, die Schwierigkeit einzuschätzen, indem Sie Golfplatz und Bedingungen studieren. Dann entscheiden Sie sich für einen Schlag und die Flugbahn des Balls.

Stellen Sie sich schließlich im Kopf vor, wie der Ball den Schlägerkopf verlässt, in der Luft fliegt und den Boden berührt, um anschließend die Spielbahn hinunter oder aufs Grün zu rollen.

Wählen Sie zuerst das Ziel aus. Es muss nicht unbedingt die Fahnenstange sein. Sie können auch einen Baum als Ziel auswählen.

Setzen Sie den Schlägerkopf so auf den Boden auf, dass die Schlagfläche im rechten Winkel zur Ball-Ziel-Linie steht.

Positionieren Sie dann die Füße, Hüften und Schultern, sodass sie parallel zur Ziellinie stehen.

Richten Sie erst Schläger und Körper auf das Ziel aus und platzieren Sie dann die linke Hand.

Jetzt legen Sie die rechte Hand an den Schläger – senken Sie dabei die rechte Schulter.

Ein nahes Ziel kann bei der Ausrichtung helfen. Nehmen Sie ein Divot oder ein Blatt, das höchstens 15 cm vom Ball entfernt auf der Ziellinie liegt.

SCHLAGWEITE EINSCHÄTZEN

Eines der wichtigsten Mittel, Ihr Spiel erfolgreich zu gestalten und das Spielergebnis für eine Runde zu verbessern, ist sicherlich, die Weite jedes Schlags richtig einzuschätzen und den richtigen Schläger zu wählen.

Bevor Sie einen Golfplatz betreten, sollten Sie ausreichend Schläge auf einer Driving Range absolviert haben, denn es ist wichtig, dass Sie Ihre individuellen Schlagweiten mit jedem Schläger ungefähr kennen.

Auf dem Golfplatz orientieren Sie sich, wo die Markierungen – Sträucher, Stangen oder Sprinklerdüsen – sind, die die Entfernung zum Grün anzeigen, und entscheiden, welchen Schläger Sie benötigen.

Einige Golfer können Entfernungen mit einem Blick einschätzen, aber das kann ich nicht empfehlen. Ich halte wesentlich mehr von einem Platzplan. Wenn Sie die Markierungen nicht sehen können und auch keinen Caddie haben, wird Ihnen dieser viele Schläge ersparen und die strategische Planung bezüglich der Entfernung zum Loch und der Wahl des richtigen Schlägers sehr erleichtern. Machen Sie sich deshalb anhand eines Platzplans vor dem Spiel gut mit der Golfbahn vertraut.

Vorüberlegungen

Sobald Sie die Distanz kennen, notieren Sie sich das Gefälle des Geländes und alle Hindernisse, wie etwa die Aus-Markierungen, Roughs, Gräben, Bäume, Bunker, Hügel oder Wasserhindernisse.

Achten Sie aufs Wetter. Ist es vielleicht sehr windig? Wenn ja, aus welcher Richtung kommt der Wind und wie stark ist er? Regnet es oder war es die vergangenen Tage nass? Ist der Boden trocken oder feucht? Eher weich oder hart?

Wenn Sie diese Fragen beantwortet haben, sollten Sie in der Lage sein, die Flugbahn und das Rollverhalten des Balls auf der Spielbahn einzuschätzen.

Der richtige Schlag

Nun müssen Sie sich für den richtigen Schlag entscheiden und sich die Flugbahn vorstellen: Draw oder Fade, hoch oder niedrig.

ENTSCHEIDUNG FÜR EINEN SCHLAG

Die richtige Entscheidung für den Schlag ist ein wichtiger Bestandteil des Spiels. Nehmen Sie sich Zeit für die Einschätzung, vor allem, wenn Sie unter Druck stehen. Spielen Sie dann nur Schläge, die Sie auch geübt haben.

ANSCHNEIDEN

Später werde ich erklären, wie man die unerlässlichen Draws und Fades spielt. Ein Draw fliegt auf einer niedrigen Bahn von rechts nach links und erreicht mit seinem beträchtlichen Auslauf nach der Landung lange Reichweiten. Ein Fade fliegt höher und kürzer von links nach rechts und rollt nur kurz.

Auch hier sind Erfahrung und richtige Einschätzung der eigenen Fähigkeiten entscheidend. Als Anfänger können Sie aber auch auf die Erfahrung eines Caddies oder eines erfahrenen Mitspielers zurückgreifen – es sei denn, Sie spielen gerade ein Turnier. Den Rat eines Mitspielers während eines Turniers einzuholen, verstößt gegen die Regeln, der Tipp eines Caddies hingegen bleibt straffrei.

Jetzt müssen Sie für Ihre Entscheidung alles zusammen bedenken.

Vielleicht steht in 90 m Entfernung ein großer Baum rechts auf der Spielbahn, während sich das Terrain dahinter in die gleiche Richtung zum 150 m entfernten Grün hin deutlich senkt. Eine solche Situation verlangt nach einem Draw, mit dem Sie den Baum umspielen und das lange Rollen des Balls auf dem Abhang ausnutzen können.

Kreatives Spiel

Wenn Ihr natürlicher Schlag aber ein Fade von links nach rechts ist, müssen Sie ein wenig kreativer werden. Eine mögliche Lösung könnte ein Schläger mit größerem Loft sein, um den Baum zu überspielen und das Dogleg abzukürzen.

Jetzt geht es nicht mehr nur um die Entfernung, sondern auch um die richtige Flughöhe, vielleicht sogar mit der Hoffnung verbunden, mit einem Chip und einem Putt Par zu spielen.

Sehen Sie den Schlag vor Ihrem geistigen Auge und „fühlen" Sie, wo der Ball landen wird. Wählen Sie dann den richtigen Schläger, und machen Sie ein paar Übungsschwünge. Streifen Sie nicht einfach nur das Gras mit Ihrem Schläger. Stellen Sie sich dafür wie zum eigentlichen Schlag auf und üben Sie – dabei ein Auge auf den vorgesehenen Schwungweg gerichtet. Hier kommt Ihre Aufstellung wieder ins Spiel.

AUSWAHL DES SCHLAGS

OBEN Einige Schläge sind zwangsläufig schwieriger als andere. Entscheiden Sie sich für einen vertrauten Schlag und glauben Sie daran.

DIE LAGE DES BALLS

OBEN Wenn Sie einen Caddie haben, besprechen Sie den Schlag mit ihm. Achten Sie darauf, dass der Schlag Ihrem Können entspricht.

LINKS Die Lage des Balls kann einen Schlag einfacher oder schwieriger machen. Schätzen Sie die Lage ein, bevor Sie sich für einen Schlag entscheiden.

SCHWUNGVORBEREITUNG: ZWEITE PHASE

Die zweite und letzte Phase der Golfschwungvorbereitung steht an, sobald Sie Ihre Situation eingeschätzt und sich für einen Schlag entschieden haben.

Manche Spieler glauben, sie müssten jetzt nur noch zielen und abziehen. Allerdings fehlen der für ein gutes Golfspiel unerlässlichen Schwungvorbereitung noch zwei kleine, dafür aber umso wichtigere Punkte:

1. Das Finden eines Zwischenziels
2. Das Lösen der Muskelanspannung

Stehen Sie hinter Ihrem Ball und visualisieren Sie die Zielfluglinie. Suchen Sie dabei nach einem nahe gelegenen Merkmal als Zielhilfe. Das kann vielleicht ein Zweig, ein Blatt, ein Divot oder ein Grasbüschel sein. Wichtig ist, dass es nur wenige Zentimeter entfernt ist, weil nahe Ziele einfacher anzupeilen sind als weiter entfernte.

Wenn Sie zur Ballansprache herantreten, halten Sie den Schläger in der rechten Hand und setzen Sie die Schlägersohle hinter dem Ball so auf, dass die Schlagfläche in einer Linie mit Ball und Zwischenziel liegt. Nehmen Sie jetzt die richtige Haltung ein, beugen Sie die Knie und richten Sie Schultern, Hüften und Füße parallel zur kurzen Zielfluglinie aus.

Überprüfen Sie zuletzt erneut die richtige Ausrichtung der Schlagfläche und vervollständigen Sie Ihren Griff.

Spannung lösen

Nun kommt der schwierigste Teil der Golfschwungvorbereitung – und damit meine ich nicht, den Ball zu treffen. Kurz vor dem Schwung steht jeder Spieler unter Anspannung und Druck. Wenn Sie vor einem wichtigen Schlag stehen oder unsicher in Bezug auf Ihr Spiel sind, verspannen sich Ihre Muskeln. Die Folge: Sie ruinieren zwangsläufig Ihren Schwung.

Das Lösen dieser hinderlichen Spannung kann der Unterschied zwischen einem sauberen, knackigen Schlag sein, der Ihre Schlaganzahl reduziert, und einem wilden Hook in die Botanik.

Lösen Sie also Verspannungen in Ihrem Körper, indem Sie den Schläger anheben und ein wenig damit wedeln. Dann wackeln Sie mit den Zehen oder tippen Sie mit den Füßen auf den Boden.

WEDELN

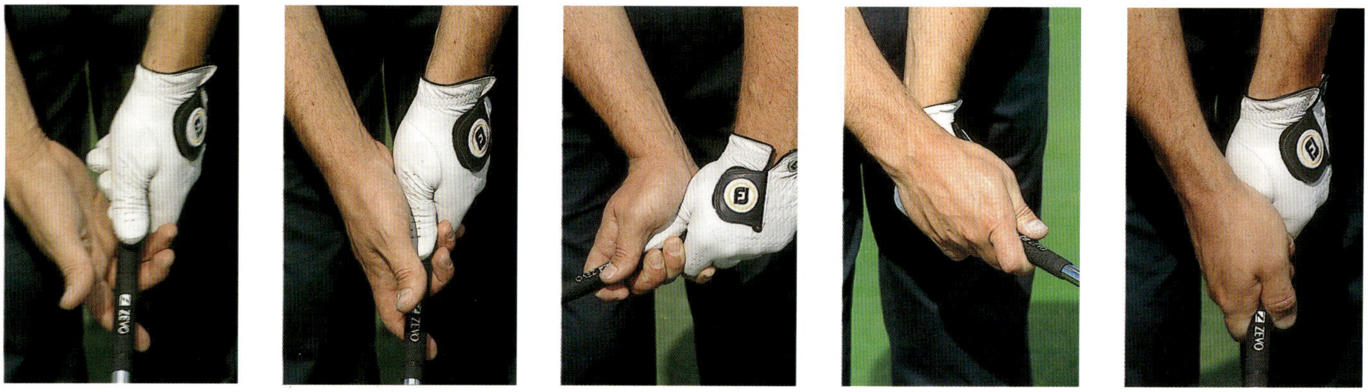

Die Anspannung beginnt meist in den Händen. Das Wedeln mit dem Schläger kurz vor dem Schlag löst die Spannung und hilft, den Schwung vorzubereiten.

SPANNUNG LÖSEN

Das Wedeln kommt aus den Handgelenken. Schultern und Körper bleiben ruhig, damit die korrekte Aufstellungshaltung nicht beeinflusst wird.

LINKS Der Albtraum – Anspannung verhindert einen gelungenen Golfschlag.

UNTEN Bewegen Sie Ihre Füße und Zehen bei der Aufstellung hoch und runter, das hält den ganzen Körper locker.

PROFITIPP

Das Wedeln ist ein wichtiger Teil der Golfschwungvorbereitung, um die Anspannung zu lösen und ein Gefühl für den Schwung zu bekommen. Wenn Sie sich z. B. für einen Draw entschieden haben, empfehle ich, dass Sie das Wedeln als eine andere Form der Generalprobe nutzen. Bringen Sie den Schlägerkopf beim Wedeln leicht auf die Innenseite der Ziellinie – so, als ob Sie den Schwung von innen nach außen beginnen – und nehmen Sie ihn leicht nach außen, bevor Sie die finale Aufstellung einnehmen.

Lockern Sie die Finger und lassen Sie alle Anspannung aus Handgelenken und Unterarmen abfließen. Versuchen Sie dann, auch ein Gefühl der Leichtigkeit und Entspannung in Armen, Schultern, Beinen und Oberkörper zu entwickeln.

Schauen Sie für einen kurzen Moment vor dem Abschlag ein letztes Mal aufs Ziel. Nehmen Sie die normale Kopfhaltung bei der Ballansprache ein.

Generalprobe

Sie haben die Schwungvorbereitung abgeschlossen. Wenn Ihnen das konsistent gelingt, werden Sie automatisch ein besseres Spiel spielen. Schließlich ist die Schwungvorbereitung die Generalprobe für den eigentlichen Schlag und damit ein Schlüsselelement für das erwünschte Gelingen. Eine vorbereitende Routine ist genauso wichtig wie der Schlag selbst.

3 DER SCHWUNG

Der Golfschwung ist das Herzstück des Golfspiels. Ein unter Druck wiederholbarer athletischer Schwung ist beim Golf ein entscheidender Schlüssel zum Erfolg.

DER RÜCKSCHWUNG

Der erste Schritt fällt immer schwer – das gilt für alle Sportarten, besonders aber für den Golfschwung. Wie ein Sprinter im Startblock müssen Sie gespannt und bereit sein, aber auch locker genug, um eine geschmeidige und kraftvolle Bewegung auszuführen.

In den vorangegangenen Kapiteln haben wir den richtigen Griff, die ausgewogene und dynamische Aufstellung und die Schwungvorbereitung als Generalprobe für den eigentlichen Schlag kennengelernt.

Jetzt wird es Zeit für die erste Bewegung des echten Golfschwungs: den Rückschwung. Wenn Sie den beherrschen, besitzen Sie eine solide Grundlage für einen kraftvollen Schlag. Der Rückschwung ist der Schlüssel zum Schwung selbst – das zentrale Element des Golfspiels.

Üben ohne Ball

Wie gehen Sie nun an den ersten Schritt heran? Zunächst müssen Sie wirklich verstehen, was Ihr Körper während des Rückschwungs tut, und ihn dann in vielen Übungsstunden entsprechend „programmieren". Ein Großteil dieser Übungen wird am Anfang vieles beinhalten, nur nicht das Schlagen von Golfbällen. Übereilte Schläge auf der Driving Range führen unvermeidlich in die Katastrophe.

BEGINN DES RÜCKSCHWUNGS

Die erste Bewegung beim Golfschwung ist gleichzeitig auch die wichtigste. Ein tiefer, langsamer Beginn sorgt dafür, dass sich Arme, Hände und Körper koordiniert bewegen.

ÜBUNG 1

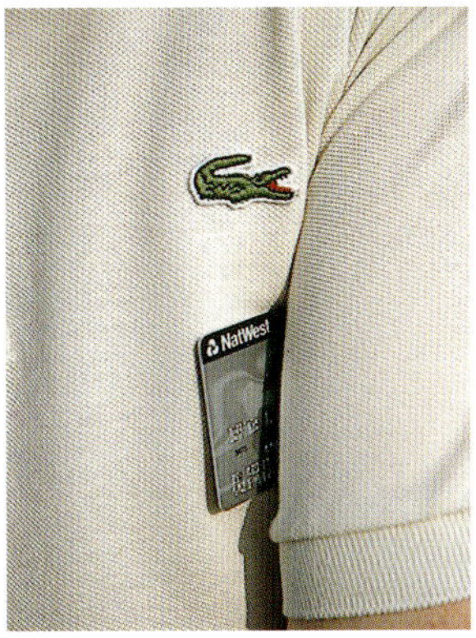

Damit Arme und Körper lernen zusammenzuarbeiten, klemmen Sie eine Kreditkarte zwischen linken Oberarm und Rippen.

ÜBUNG 2

Der rechte Arm sollte lockerer agieren, sodass eine Schlägerhaube unter die rechte Achsel geklemmt werden kann.

RÜCKSCHWUNG

Achten Sie beim Beginn des Rückschwungs darauf, dass Sie den Körper sofort drehen.

Lassen Sie die Bälle also vorerst links liegen. Als Anfänger, der den richtigen Schwung mit dem Schläger erlernen will, ist dies der beste Rat, den ich Ihnen geben kann. Und für den erfahrenen Spieler, der bisher nur begrenzten Erfolg hatte, ist dieser Rat noch wichtiger.

Körperbeherrschung

Versuchen Sie, die Rolle Ihres Körpers beim Schwung zu verstehen – und zwar des gesamten Körpers, nicht nur der Hände, Handgelenke und Arme. Viele Golfer konzentrieren sich nur auf die letztgenannten Bereiche. Solange Sie das Zusammenspiel von Oberkörper, Hüften und Beinen mit Armen, Händen und Schultern nicht verstehen, werden Sie den korrekten Schwung nicht lernen oder gar beherrschen.

Verstehen Sie aber dieses körperliche Zusammenspiel, führen Sie den Beginn des Rückschwungs garantiert so aus, dass Sie sich auf dem Höhepunkt des Rückschwungs in der richtigen Position befinden. Dadurch wiederum können Sie den Durchschwung möglichst effizient und kraftvoll einleiten.

So beschleunigen Sie den Ball mit größtmöglicher Genauigkeit und Weite in Richtung Ziel und bereiten das Feld für ein gutes Spielergebnis. Wenn Sie allerdings die Grundtechnik nicht beherrschen, wird schon der Beginn des Rückschwungs misslingen und Ihr Spiel ruinieren.

NICHT VERSPANNEN

Sobald Sie Ihre Schwungvorbereitung beendet und Ihren Stand eingenommen haben, halten Sie nicht wie so viele Golfer inne, indem Sie den Schläger hinter dem Ball absetzen und die Muskeln durch die Pause verspannen lassen. Ziehen Sie so schnell – und so flüssig – wie möglich ab.

EINEN WIEDERHOLBAREN SCHWUNG ENTWICKELN

Sie kennen vielleicht die Situation: Sie stehen am ersten Tee und Ihr Mitspieler wartet auf Sie, vielleicht haben Sie auch weitere Zuschauer, die darauf warten, selbst abschlagen zu können – und Sie müssen jetzt endlich anfangen ...

In solchen Momenten kann man sich schnell verspannen, vor allem wenn es an Selbstvertrauen schon beim Beginn des Rückschwungs mangelt. Kommt jetzt noch eine fehlerhafte Technik hinzu, wünschen Sie sich, Sie wären lieber zu Hause geblieben.

Wiederholbar heißt verlässlich

Dieser Albtraum ist vermeidbar. Wie Sie immer und immer wieder konstant gute Schläge spielen, erfahren Sie in den folgenden Kapiteln. Wenn Sie den Beginn des Rückschwungs richtig absolvieren, bereiten Sie sich schon auf den gewünschten „wiederholbaren" (und damit verlässlichen) Schwung vor.

Sobald Sie diese Grundbewegung gemeistert haben, sind Sie auf einem guten Weg zum Ziel, eben weil dieser Schwung wiederholbar ist. Es besteht nicht mehr die Gefahr, dass Sie vor Müdigkeit, Aufregung oder Nervosität am Tee versagen. Sie werden insgesamt besser spielen und – mit der richtigen Einstellung – sogar Wettbewerbe gewinnen.

Die Traumrunde ist einen Schritt näher gerückt – wenn Ihnen der Beginn des Rückschwungs gelingt.

Die Ganzheit eines Schwungs

Natürlich besteht der Schwung aus einer durchgehenden Bewegung. Um aber wirklich zu verstehen, wie er funktioniert, möchte ich den Schwung in zwei Teilen betrachten und jedes Element des Rück- und des Durchschwungs gesondert behandeln.

Dann fügen wir die Teile zusammen und betrachten das Produkt – einen Schwung, der sich auf dem Platz sehen lassen kann und der nach und nach zu konsistent niedrigeren Spielergebnissen führen wird.

Der richtige Beginn

Die Beherrschung des korrekten Schwungs ist der einzige Schlüssel zu den grundlegenden Geheimnissen des Golfspiels – das gilt für Anfänger und Profis. Auch die Profis lernen beim Schwung immer wieder hinzu und verfeinern ihre Grundbewegung. Ein Beleg dafür sind Veränderungen, die bei Superstars wie Tiger Woods und Phil Mickelson zu beobachten waren.

Nick Faldo hat sogar seinen erfolgreichen Schwung aufgegeben und die Grundbewegung sehr aufwendig und zeitintensiv völlig neu definiert. Zusammen mit dem Golfguru David Leadbetter gestaltete Faldo seinen Schwung komplett neu und nutzte viele der Ideen und Techniken, die ich in diesem Kapitel beschreiben werde. Das Resultat waren ein besserer Schwung unter Druck und ein größerer Erfolg auf dem Golfplatz.

Das können auch Sie erreichen.

MUTIGER NEUANFANG

In den frühen 1980er-Jahren war Nick Faldo der beste europäische Golfer. Er wusste aber, dass sein Schwung zahlreiche Fehler hatte, die unter dem Druck wichtiger internationaler Turniere zutage treten würden. Also ließ er sich vom britischen Coach Leadbetter dazu überreden, seinen Schwung komplett neu aufzubauen, obwohl er wusste, dass er dafür mindestens zwei Jahre benötigen würde, in denen sein Spiel – und damit sein Einkommen – leiden würde.

Aber Faldo wollte unbedingt einer der besten Golfer der Welt werden, also stürzte er sich in die Arbeit und übte hart. Zwischen 1985 und 1986 gewann er kein einziges Turnier. Im Jahr 1987 aber war er endlich mit seinem neuen Schwung vertraut und die harte Arbeit begann sich auszuzahlen. Nach dem Sieg bei den Spanish Open errang Faldo seinen ersten großen Triumph: Nachdem Faldo drei Schläge zurückgelegen hatte, bezwang er bei der British Open Championship in Muirfield den Amerikaner Paul Azinger.

Danach gewann er mehrere Turniere in Europa und den USA sowie mehrere weitere Majors, darunter zwei weitere Opens und drei US-Masters, was ihn zu einem der weltweit besten Profigolfer seiner Zeit machte.

DER WIEDERHOLBARE SCHWUNG

Ein wiederholbarer Schwung ist das Resultat einer guten Aufstellung in Kombination mit einer geschmeidigen, ruhigen Körperdrehung, bei der die Arme während des gesamten Rück- und Durchschwungs einen weiten Bogen beschreiben. Mit regelmäßiger Übung wird daraus eine konsistente Bewegung.

VERBUNDENER SCHWUNG

Teen Sie den Ball auf, nehmen Sie Griff und Stand ein und führen Sie Ihre Vorbereitung durch. Jetzt sind Sie für den Beginn des Rückschwungs bereit.

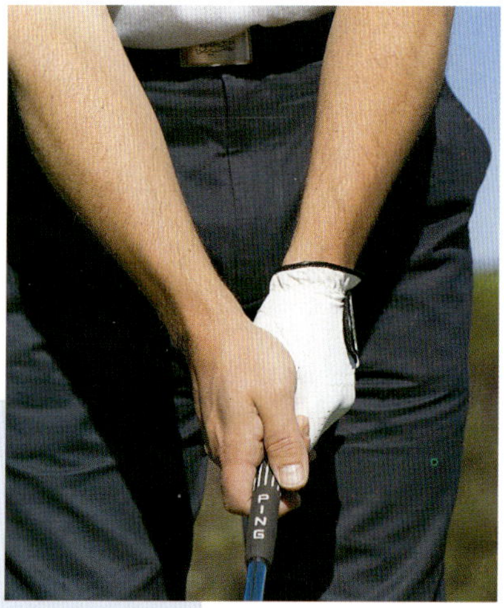

Ein lockerer Griff ist wichtig für eine flüssige Bewegung.

Sorgen Sie zunächst dafür, dass Ihr gesamter Körper locker und nicht verspannt ist, vor allem aber Ihre Hände, Arme, Schultern und der Oberkörper.

Ihre Beine stehen sicher und stabil (aber niemals steif!). Verteilen Sie das Gewicht gleichmäßig auf beide Füße – ich erinnere an das, was wir „dynamische Balance" genannt haben.

Stellen Sie sich jetzt den Beginn des Rückschwungs im richtigen Rhythmus und Tempo vor und schließlich die Freisetzung der maximalen Kraft beim Treffen des Balls.

Wenn Sie jetzt nun diese Empfindungen und Vorstellungen zu einem Ganzen bündeln, verstehen Sie, was ich einen „verbundenen" Schwung nenne.

TIEF UND LANGSAM

Dies ist der beste Rat, den ich zum verbundenen Schwung geben kann: Entwickeln Sie ein gutes Gefühl für Rhythmus und Tempo und beginnen Sie den Rückschwung, indem Sie den Schlägerkopf sehr tief halten und langsam vom Ball wegbewegen. Beginnen Sie höchstens 5 cm über dem Boden. Bewegen Sie sich so langsam, wie es gerade noch angenehm ist. Dies hilft der Vorstellung, mit Händen, Armen, Schultern und Oberkörper eine gemeinsame Bewegung auszuführen, bei der der Schläger auf der korrekten Linie bleibt.

Eine langsame und geschmeidige Bewegung hält alle Körperteile zusammen und verhindert, den Schläger mit den Händen zu führen. Gleichzeitig wird durch die flache Bewegung die Schwungbahn weiter. So können die größeren Muskeln im Körper später mehr Kraft auf den Ball übertragen.

AUFSTELLEN UND DIE VERBINDUNG FÜHLEN

Hier sieht man Arme, Hände und Oberkörper in gemeinsamer Bewegung beim Rückwärts- und Vorwärtsschwung.

KORREKTE VERBINDUNG HALTEN

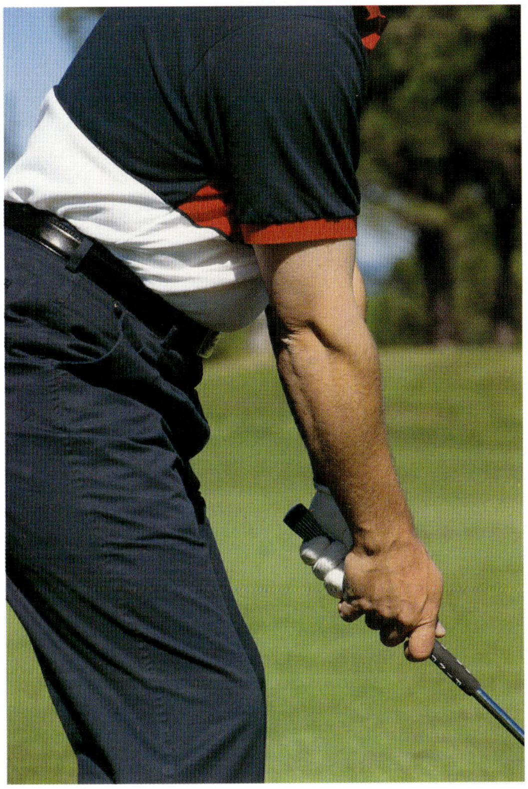

Eine leichte Verbindung zwischen Oberarmen und Körper fördert eine fließende Bewegung.

Gefühl der Verbundenheit

Noch einmal langsam: Hände, Arme, Schultern und Oberkörper bewegen sich gemeinsam nach hinten und befinden sich in einer Ausholbewegung hinter dem Ball. Die Hüfte dreht sich etwas weniger (zu diesem Punkt kommen wir später). Die Beine dienen als stabiles Fundament der Bewegung.

Dieses Gefühl der Verbundenheit ist das Geheimnis eines konsistenten Golfschwungs, der jederzeit abrufbar ist – vor allem in Stresssituationen.

Durch die Verbindung von Händen und Armen mit den größeren Muskeln des Oberkörpers haben wir eine flüssige, koordinierte und dynamische Bewegung aufgebaut. Dies wiederum führt unweigerlich zu einer maximalen Beschleunigung des Schlägerkopfes im Abschwung, während wir durch den Ball schlagen und ein hohes und stabiles Finish nach dem Durchschwung erreichen.

Wenn Sie dieses Gefühl der Verbundenheit schon zu Beginn des Schwungs verlieren, fällt die gesamte Abfolge auseinander und Ihnen steht ein sehr unschöner Schlag bevor.

Die Verbindung halten

Ich beobachte immer wieder, dass Spieler ihre Arme und Hände unabhängig vom Rest des Körpers bewegen. Deshalb fehlt ihren Schwüngen die Konsistenz. Selbst die, die von dem verbundenen Schwung schon gehört haben (und versuchen, ihn zu praktizieren), tun oft genau das Gegenteil. Sie glauben, Verbundenheit heiße, man müsste alles miteinander fest verketten. Dabei sollen Sie die einzelnen Körperteile einfach in Einklang bewegen.

Wie auch immer: Ein Golfer wird in diesem Fall niemals sein volles Potenzial ausschöpfen können.

Die halbe Miete

Die Verbindung kann nur funktionieren, wenn Sie entspannt sind und sich die Leichtigkeit im Oberkörper bewahren können. Und ohne das richtige Gefühl für Rhythmus und Tempo haben Sie zwar die Leichtigkeit, aber keine dynamische Bewegung.

Der Rückschwung bereitet den gesamten Schwung nur vor. Richtig ausgeführt, ist er allerdings bereits die halbe Miete.

DREIECK-ZENTRUM-ÜBUNG

Diese Übung verdeutlicht die Idee der Verbindung während des gesamten Schwungs. Wenn Sie die Übung korrekt ausführen, erhalten Sie eine gute Vorstellung davon, wie sich Hände, Arme, Schultern und Oberkörper gemeinsam vom Ball wegbewegen und als Einheit zusammenarbeiten.

Greifen Sie einen Schläger weiter unten am Schaft und führen Sie das Griffende zwischen Nabel und Brustbein an den Körper. Dann bewegen Sie den Schläger von einem imaginären Ball weg, bis der Schlägerkopf etwa auf Hüfthöhe liegt.

Die wichtigste Erkenntnis bei der Übung ist aber, dass der letzte Teil, der die Endposition in Hüfthöhe erreicht, der Schlägerkopf ist.

Überrascht Sie das?

Wenn ja, dann machen Sie denselben Fehler wie die meisten Golfer. Sie schwingen mit Händen und Armen statt mit dem gesamten Körper. Bei dieser Übung ist es aber die Verbindung zwischen Händen, Armen und Körper, die den Schlägerkopf zum Ziel führt. Vermutlich haben Sie den Schlägerkopf bisher immer so bewegt, dass der Körper der Aktion des Rückschwungs eher gefolgt ist, statt dass er sie antreibt. Es ist nun an der Zeit, diese schädliche Tendenz umzukehren.

In Verbindung bleiben

Der berühmte Golfguru Jimmy Ballard beschreibt den Beginn des Rückschwungs als eine Methode, bei der es gilt, das Gefühl von „Dreieck und Zentrum" zu bewahren. Er und andere Golflegenden wie Ben Hogan haben traditionell gelehrt, dass Schultern, Arme und Hände bei der Ballansprache während des gesamten Schwungs ein nicht unterbrochenes Dreieck bilden.

Mit dem Griffende am Körper können Sie spüren, wie das „Zentrum" Ihres Körpers – die Mitte des Oberkörpers – in permanenter Übereinstimmung mit diesem Dreieck bleibt.

UNTEN **Diese einfache Übung verdeutlicht, wie Arme, Hände und Oberkörper bei Rück- und Durchschwung zusammenarbeiten.**

DREIECK-ZENTRUM-ÜBUNG

Mit anderen Worten: Die großen Muskeln des Oberkörpers bewegen sich gemeinsam mit den Armen, Händen und Schultern im verbundenen Schwung und ziehen den Schlägerkopf zurück und durch den Ball hindurch.

Oder wie David Leadbetter es ausdrückte: „Der Schwanz wedelt mit dem Hund."

Der einteilige Takeaway

Vielleicht haben Sie für den Beginn des Rückschwungs schon einmal die Bezeichnung „einteiliger Takeaway" gehört.

Ich denke, dieser Begriff ist für viele Golfer verwirrend, weil sie ihn fast immer so interpretieren, dass sie den Schläger mit Händen, Armen und Schultergelenken zurückdrücken sollen. Auf diese Weise können sie den Schläger nur vollständig anheben, wenn sie die Handgelenke zu früh abknicken und die Arme quer vor der Brust heben.

So vollziehen sie aber den Beginn des Rückschwungs, ohne die Mitte des Oberkörpers zu beteiligen, und unterbrechen die so wichtige Verbindung. Der Beginn des Golfschwungs muss mit dem Dreieck aus Händen, Armen und Schultern in Einheit mit der Mitte des Oberkörpers erfolgen.

RECHTS Wenn die Arme unabhängig vom Oberkörper handeln, ist das Ergebnis ein hakeliger Schwung, der zu einem Slice, Pull oder einem direkt nach oben fliegenden Ball führt.

Geschmeidig und verbunden

Wenn sich der kurz gefasste Schläger im Rückschwung auf Hüfthöhe befindet, sollte der linke Arm bequem ausgestreckt sein, sodass man den Schläger in die normale Griffposition herausziehen könnte, während Sie „verbunden" bleiben.

Gleichzeitig beginnt sich der rechte Arm vom Körper wegzubewegen und natürlich zu beugen. Wenn Sie den Rückschwung hier weiterführen würden, würde der rechte Arm auf dem Höhepunkt des Rückschwungs ein Dreieck mit dem linken Arm bilden und von hinten betrachtet unsere Haltung bei der Ansprache widerspiegeln.

UNTEN Die Übung hilft auch, die Position des Schlägers auf jeweils halbem Weg nach hinten und zurück einzuschätzen. Führen Sie die Übung regelmäßig durch.

DREIECK-ZENTRUM-ÜBUNG: RÜCKANSICHT

DEN VERBUNDENEN SCHWUNG ÜBEN

Jetzt setzen wir die Dreieck-Zentrum-Übung beim Schwung ein. Führen Sie den Schläger hüfthoch zurück und stoppen Sie dort. Das Griffende vor der Brust mag sich möglicherweise seltsam anfühlen, wenn Sie einen so kurzen Schwung üben.

Aber jedes Unwohlsein oder komische Gefühl darüber hinaus rührt daher, dass Sie wahrscheinlich noch nie zuvor einen Golfschläger auf die richtige Weise geschwungen haben.

Sie haben bisher wahrscheinlich nicht den Schläger beim Beginn des Rückschwungs mit Händen, Armen, Schultern und Oberkörper im verbundenen Schwung vom Ball weggeführt.

Versuchen Sie die Übung erneut, ohne das Griffende bewusst an der Brust halten zu wollen. Ich wette, dass es schon nach 30 cm keinen Kontakt mehr mit Ihrem Körper hat. Sie sind wieder in Ihrem üblichen Schwung ... Sie führen den Beginn des Rückschwungs mit Händen, Armen und Schultern aus, während der Oberkörper hinterherhinkt oder sich gar nicht bewegt.

Statt eines verbundenen Schwungs ist Ihre Bewegung eine Abfolge sich unabhängig bewegender Körperteile und damit ohne jede wiederholbare Konsistenz im Schwung.

Richtig üben

Gehen Sie die Übung also wieder und wieder korrekt durch, um den verbundenen Schwung im Gedächtnis abzuspeichern. Nutzen Sie einen hohen Spiegel oder lassen Sie sich besser noch auf Video aufnehmen, um Ihre eigenen Fortschritte zu beobachten oder Fehler auszumachen.

Konzentrieren Sie sich auf die Vorstellung der „Verbundenheit". Denken Sie daran, wie Ihr Körper – in diesem Fall der Oberkörper – Hände, Arme und Schultern bewegt und nicht umgekehrt.

Achten Sie auch darauf, wie sich Ihr Gewicht auf den rechten Fuß verlagert und Ihr linkes Knie sich nach rechts eindreht – darum werden wir uns später noch genauer kümmern.

DEN VERBUNDENEN SCHWUNG ÜBEN

Dies ist eine schöne Übung für Rotation und Schwungebene. Nehmen Sie zunächst die Aufstellung ein und üben Sie dann die Drehung, während Sie gleichzeitig nach vorne geneigt bleiben.

DER PERFEKTE BEGINN DES RÜCKSCHWUNGS

Beim perfekten Beginn des Rückschwungs bleiben die Hände absolut passiv.

DER VERBUNDENE SCHWUNG AUS DER NÄHE

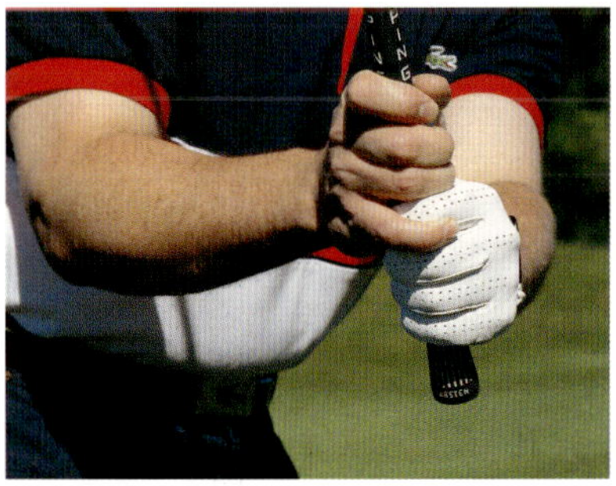

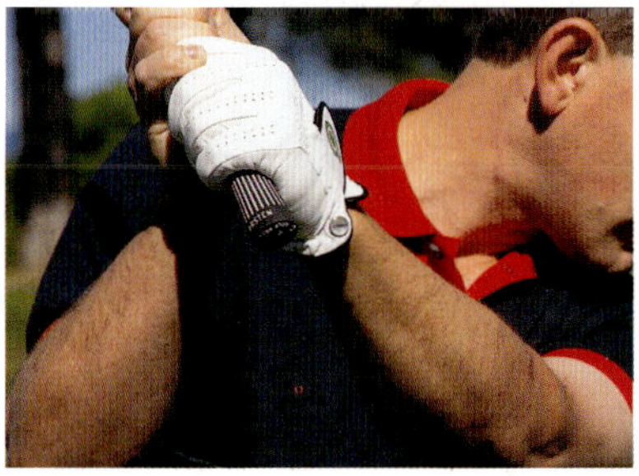

Das natürliche Abwinkeln der Handgelenke tritt ein, wenn Sie einen leichten Druck im Griff aufrechterhalten. Bei der Drehung winkelt sich der rechte Arm von selbst an.

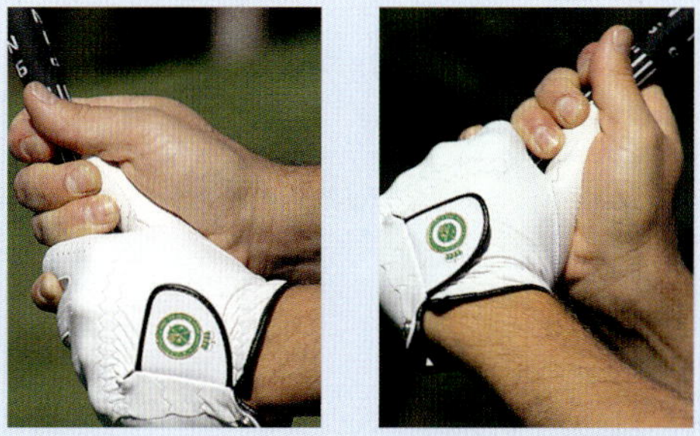

Das Bewegungsmoment des Schwungs bewirkt, dass sich die Handgelenke von selbst abwinkeln.

Handgelenke abwinkeln

Vielleicht haben Sie sich schon gewundert, dass ich die Rolle der Handgelenke beim Beginn des Rückschwungs bisher noch nicht erwähnt habe. Als erfahrener Spieler werden Sie die endlosen Diskussionen darüber kennen, wann und wie man die Handgelenke beim Rückschwung abwinkelt oder die Hände beim Durchschwung und Treffen vor allem bei schwierigen Schlägen dreht.

Wahrscheinlich hat man Sie auch schon mit gut gemeinten, freundlichen Ratschlägen versorgt, die Ihr Spiel garantiert auf der Stelle verbessern ...

Passive Hände

Es mag sich für Sie seltsam anhören, aber vergessen Sie alles, was Sie je über das Abwinkeln der Handgelenke und Drehen der Hände gehört haben!

Die Hände bleiben während des verbundenen Schwungs jederzeit passiv. Sie reagieren nur auf alle anderen – korrekt – ausgeführten Bewegungen. Bei einem richtig verbundenen Schwung winkelt sich der rechte Arm von selbst an, sobald Sie Hüfthöhe erreichen, und das mit dem Schläger aufbauende Bewegungsmoment führt zu einer natürlichen Abwinklung der Handgelenke.

Bei einem verbundenen Schwung mit dem richtigen Griff – bei dem das Dreieck mit dem Zentrum nach hinten genommen wird – sind die Handgelenke automatisch in der richtigen Position.

Winkeln Sie niemals die Handgelenke beim Schwung bewusst ab. Niemals!

KRAFT UND KONTROLLE BEIM VERBUNDENEN SCHWUNG

Die richtige Gewichtsverlagerung ist für den kraftvollen Schwung unerlässlich. Um das nachvollziehen zu können, sollten Sie wieder die Haltung der Dreieck-Zentrum-Übung einnehmen und das Griffende des Golfschlägers vor die Brust drücken.

Die aufgebaute Verbindung in der Dreieck-Zentrum-Übung sollte dazu führen, dass sich Ihr linkes Knie deutlich von der Ausgangsstellung nach innen dreht und sich Ihr Gewicht vorwiegend auf die Innenseite des rechten Fußes oder zumindest über die rechte Ferse verlagert.

Ist beides nicht der Fall, üben Sie so lange, bis Sie die richtige Gewichtsverlagerung fühlen können – wobei das rechte Knie genau wie bei der Ansprache gebeugt bleibt.

Jetzt schwingen Sie zu einem hüfthohen Finish durch, d. h., Sie drehen sich in Richtung des anvisierten Zieles. Ihr Gewicht sollte sich vollständig auf den linken Fuß verlagern. Da es vorher auf Ihrem rechten Fuß lag, sollte sich dieser leicht vom Boden heben oder zumindest mühelos anheben lassen.

Ich hoffe, Sie spüren nun, dass der Durchschwung den Rückschwung spiegelt.

Position des Schlägerkopfes

Wenn Sie die Dreieck-Zentrum-Übung richtig durchführen – einschließlich der korrekten Gewichtsverlagerung –, erkennen Sie, dass sich der Schlägerkopf sowohl beim Rück- als auch beim Durchschwung in der richtigen Position befindet.

Wenn Sie bei der Ansprache den Schlägerkopf richtig gesetzt und die Handgelenke passiv gehalten haben, sollte die Spitze des Schlägerkopfes, wenn er Hüfthöhe erreicht hat, mit senkrechter Führungskante in den Himmel zeigen. Die gleiche Position sollte er beim Durchschwung haben.

Der Schlägerkopf ist rechtwinklig (in einem Winkel von 90 Grad) zur Ziellinie ausgerichtet.

GEWICHTSVERLAGERUNG

Offene Spitze

Wenn die Spitze des Schlägerkopfes beim Rückschwung in Hüfthöhe aber offen ist – oder hinter Sie oder nach oben zeigt –, haben Sie die Verbindung im Schwung nicht aufrecht gehalten und vermutlich versucht, die Bewegung der Handgelenke zu manipulieren.

Das Gleiche gilt für eine beim Durchschwung geschlossene oder zum Boden weisende Schlagfläche. Auch hier wurde die Verbindung unterbrochen.

Das Problem ist, dass es hierbei deutlich schwerer wird, den Schlägerkopf im Treffmoment im rechten Winkel zur Ziellinie zu bringen. Auch fehlt die korrekte Drehbewegung hinter dem Ball, weil der Schwungweg verkürzt wird. Dies führt unweigerlich zu weiteren Fehlhandlungen, denn Sie werden instinktiv versuchen, den Schläger irgendwie noch in einen Winkel von 90 Grad zur Ziellinie auszurichten. Mit Sicherheit wird es diesem Schwung an Kraft fehlen.

Hebelwirkung

Wichtig ist, dass Sie die Hebelwirkung des Körpers beim verbundenen Schwung verstehen. Dadurch, dass Sie Ihren Körper im Schwung einsetzen, erzeugen Sie Kraft und Konsistenz. Dies ermöglicht einen wesentlich kräftigeren Schlag des Balls und Sie setzen Ihre Energiereserven sparsamer ein.

Der Durchschnittsgolfer auf der Range wird binnen Minuten zu schwitzen beginnen. Anders die Profis. Deren Anstrengung beim Schwung wirkt minimal und doch steht am Ende ein kraftvoller, kontrollierter Schlag.

Kontrollverlust

Die meisten Golfer glauben leider bewusst oder unbewusst, dass die Kraft aus ihren Armen und Handgelenken kommt. Sie versuchen, den Ball regelrecht totzuprügeln, und lassen die größeren Muskeln des Körpers völlig unbeteiligt. Das kann verschiedene negative Auswirkungen haben. Zu den häufigsten Folgen zählt ein Verbindungsverlust im Schwung und damit einhergehend auch ein Verlust der Kontrolle über den Schlägerkopf.

Wird Ihr Schwung von Armen und Händen dominiert, öffnet und schließt die Schlagfläche zu schnell; Sie können dann nicht visualisieren, wo diese sich an bestimmten Stellen des Schwungs befindet. Der Versuchung, einen falsch ausgerichteten Schlägerkopf zu kompensieren, ist kaum zu widerstehen. So kommt es zu wenig konsistenten Schlägen.

Wenn Sie den verbundenen Schwung einsetzen, bewegen Sie den Schlägerkopf in Einklang mit Ihrem Körper. Der Schlägerkopf wird sich dann wesentlich langsamer öffnen und schließen und während des gesamten Schwungs richtig ausgerichtet sein. Das Ergebnis sind wesentlich konsistentere Schläge.

LINKS Die Körperdrehung in Verbindung mit der Gewichtsverlagerung vom rechten auf den linken Fuß ist der Motor Ihres Schwungs. Wenn Sie einen kraftvollen, eleganten und effizienten Golfschwung haben wollen, lernen und üben Sie eine gute Drehung und Gewichtsverlagerung. Beobachten Sie Spieler wie Tiger Woods – er ist der beste Golfer der Welt, weil er das Zusammenwirken von Hebelwirkung und Verbindung verstanden hat.

DIE KOPFHALTUNG BEIM VERBUNDENEN SCHWUNG

Schon der Beginn des Rückschwungs kann nicht funktionieren, wenn ein Golfspieler den Ball nicht aus den Augen lässt und den Kopf starr nach unten hält. Richtig ist vielmehr, wenn sich der Kopf frei mit dem Körper dreht.

Erklären Sie den Ball nicht zum absoluten Ziel. Denken Sie lieber an Ihren Schwung und die gewünschte Flugrichtung des Balls statt an den Ball selbst. Starren Sie ihn nicht unverwandt an, sondern drehen Sie Ihren Kopf leicht mit dem Rückschwung mit.

Keine Ballfixierung

Das vergessen wir gerne. Wir stehen über dieser kleinen weißen Kugel und zögern, den Körper und den Kopf von dieser Kugel wegzudrehen – oder erstarren als Anfänger regelrecht vor Befangenheit.

Wir fürchten, den Blickkontakt zu verlieren. Es ist einfach zu verlockend, die Augen fest auf den Ball fixiert zu halten und zu hoffen, dass das allein schon eine Garantie dafür ist, den Ball zu treffen und einen vernünftigen Schlag zu spielen.

Leider ist das Gegenteil der Fall, weil ein starrer Kopf die korrekte Körperdrehung zwangsläufig verhindert und so jede Möglichkeit für einen verbundenen Schwung zunichtemacht. Starren Sie den Ball also nicht so an!

Kopfdrehung

Der starr gehaltene Kopf ist einer der großen Irrtümer des Golfsports, über die immer noch geredet wird. Denken Sie trotzdem daran: Der Kopf muss sich beim verbundenen Schwung leicht mit dem Oberkörper nach rechts drehen.

Das bedeutet, dass das lockere Gefühl im Körper auch Ihre Nackenmuskeln einschließen muss. Sie sollten entspannt und bereit zur Bewegung sein.

Ein starr auf den Ball ausgerichteter Kopf unterbricht den Schwung, der linke Arm knickt ein und fällt zusammen, sodass keine Kraft mehr auf den Ball übertragen werden kann. Das liegt daran, dass Sie sich durch die starre Haltung nicht mehr optimal hinter den Ball drehen können und so den Schwungweg deutlich verkürzen.

Damit sich Ihr Körper frei drehen kann, muss sich der Kopf mitbewegen. Auf dem Höhepunkt des Rückschwungs sollten Sie den Ball nur aus dem linken Augenwinkel sehen können. Dann sollte sich der Kopf wieder mitdrehen, sodass Sie im Finish zum Ziel blicken.

KORREKTE KOPFBEWEGUNG

Ansprache

Höhepunkt des Rückschwungs

Direkt nach dem Treffmoment

Finish

Testschlag

Ich weiß nicht, wer die Legende vom „starren" oder „unten gehaltenen" Kopf erfunden hat. Es war schon immer richtig und üblich, den Kopf nicht starr zu halten, sondern lediglich Blickkontakt zum Ball zu halten. Man behält den Ball nur „im Auge".

Noch einmal: Was wir wirklich erreichen wollen, ist, den Ball gerade noch aus dem linken Augenwinkel zu sehen – die Betonung liegt dabei auf „gerade noch". Sie können überprüfen, ob Sie es richtig machen, indem Sie einen Übungsschwung absolvieren und auf dem Höhepunkt des Rückschwungs das linke Auge schließen. Wenn Sie den Ball jetzt immer noch sehen können, ist der Schwung fehlerhaft und Sie haben sicher keine „Verbindung" gehalten.

Anders gesagt: Sie haben sich nicht weit genug gedreht.

Schwungauslöser

Alle großen Spieler bewegen ihren Kopf im Rückschwung – einige mehr, andere weniger. Jack Nicklaus erzählt gerne, wie sein Lehrer seine Haare festhielt, um seinen Kopf am Drehen zu hindern. Aber auch er dreht den Kopf, allerdings bevor er mit dem Rückschwung beginnt. Er fixiert den Ball im linken Augenwinkel, bevor er den Schwung beginnt. Für ihn ist das der „Schwungauslöser".

Seitliche Bewegung

Heute drehen verschiedene große Spieler nicht nur den Kopf, um die Verbindung im Schwung zu halten, sondern arbeiten auch an einer leichten seitlichen Verschiebung. Ein gutes Beispiel ist hier Tiger Woods. Wenn sein kraftvoller Schwung den Höhepunkt erreicht, befindet sich seine Nase bereits knapp über der Innenseite des hinteren Fußes und der Kopf steht weit hinter dem Ball.

Sagen Sie sich also selbst, dass sich Ihr Kopf bewegt, bevor Sie mit dem Schwung beginnen. Lassen Sie die natürliche Drehung des Kopfes zu, während sich der Oberkörper nach rechts und hinten bewegt, sodass sich der Körper hinter dem Ball aufdrehen kann. Und jetzt vergessen Sie alles, was man Ihnen über das Stillhalten des Kopfes erzählt hat.

FALSCHE KOPFHALTUNG

Das Schlimmste, was Sie tun können: den Kopf starr oder nach unten halten.

MODERNE HILFSMITTEL

Eine Videoaufnahme Ihres Schwungs ist nur eine Methode, Ihre Kopfhaltung zu kontrollieren. Ich verwende im Unterricht eine Computersoftware, die sogar das Betrachten mehrerer Bilder gleichzeitig auf einem Monitor erlaubt – und das bei Aufnahmen aus unterschiedlichen Winkeln. Dieses fantastische Hilfsmittel ermöglicht auch einen Vergleich der eigenen Bewegung mit der anderer Spieler. Ich nehme gerne Profis beim Üben auf der Driving Range auf und vergleiche diese Bilder dann gezielt mit denen meiner Schüler, wobei ich allerdings auf eine vergleichbare körperliche Statur der Spieler achte.

Eine seitliche Kopfbewegung macht einen guten Schlag unmöglich.

DAS FUNDAMENT DES SCHWUNGS

Ein weiterer, gern übersehener Faktor ist die Rolle, die der Unterkörper spielt. Wie in den Kapiteln über Aufstellung und Stand beschrieben, sollte das Gewicht auf Ballen und Fersen verteilt sein und auch so bleiben, um dem gesamten Schwung ein solides, ausgewogenes Fundament zu bieten.

Ihr Schwung ist zuverlässig in Ihren Beinen verankert. Wie ein Haus benötigt auch ein Golfschwung ein solides Fundament.

Viele Golfer konzentrieren sich ausschließlich auf ihre Hände und den Ball vor ihnen auf dem Tee oder Gras. Besonders Anfänger neigen dazu, ihre Konzentration nur auf das zu lenken, was sie direkt vor sich sehen, wenn sie nun einen Golfschläger in der Hand halten und der Schlägerkopf sich nahe am Ball befindet. Das reicht bei Weitem nicht aus.

Lockere Beine

Ich versuche zu fühlen, wie meine Beine mich tragen – sie stehen locker und haben doch festen Kontakt mit dem Boden und, natürlich, mit dem Rest meines Körpers.

Wenn Ihnen dieses Gefühl fehlt, interpretiert Ihr Gehirn das als ein Zeichen der Instabilität. Diese Meldung ans Gehirn löst unweigerlich eine gewisse körperliche Steifheit aus – der Körper kann in diesem Fall bei einer kräftigen, sportlichen Bewegung wie einem Golfschwung nicht locker sein.

Ich vergleiche das gerne mit dem Stehen auf einem Bein: Der Körper versteift sich, um das Gefühl der Instabilität auszugleichen. Auf die gleiche Weise verhindert ein unsicheres Standgefühl wirkungsvoll, dass der Schläger kraftvoll und dynamisch geschwungen wird, weil man ja das Gleichgewicht verlieren und umkippen könnte.

DER UNTERKÖRPER

BEINE ALS UNTERSTÜTZUNG

OBEN VON LINKS NACH RECHTS Um die Schwungebene zu halten und die Drehung des Oberkörpers zu stärken, müssen Ihre Beine den gesamten Schwung hindurch in der gleichen gebeugten Haltung wie bei der Ansprache verbleiben.

UNTEN Wenn der Unterkörper nicht zuverlässig stützt, verlieren wir automatisch die Balance.

DER RÜCKSCHWUNG – WIEDERHOLUNG

Der korrekte Rückschwung sollte sich mehr oder weniger natürlich anfühlen. Die Bewegung muss in Geist und Körper programmiert sein. Gehen wir sie noch einmal komplett durch.

HOGANS GESETZ
Ben Hogan war es egal, ob jemand beim Rückschwung den Fuß hob oder nicht, und viele große Golfer heben den linken Fuß sogar deutlich an. Sie sollten trotzdem versuchen, den linken Fuß fest am Boden zu halten, um einen kraftvollen, athletischen Schwung zu erreichen.

Sobald ich mein Ziel kenne, will ich mich stark, entspannt und vorbereitet fühlen. Dann beginne ich mit dem Rückschwung in einem sehr geschmeidigen, locker fließenden Schwung von Händen, Armen, Schultern und Oberkörper weg vom Ball.

Einfache Bilder

Rufen Sie sich das Dreieck-Zentrum-Bild ins Gedächtnis: Ihre Schultern sind die Basis, Ihre Arme die Seiten und Ihre Hände die Spitze des Dreiecks. Dieses Dreieck muss beim Beginn des Rückschwungs intakt bleiben.

Sie haben den Rückschwung wahrscheinlich stundenlang geübt. Nun ist es an der Zeit, die Dinge zu vereinfachen. Stellen Sie sich einfach vor, Sie bewahren die gleiche Grundhaltung, die Sie bei der Ballansprache hatten – und zwar durch den gesamten Beginn des Rückschwungs hindurch. Sie können jetzt das Dreieck-Zentrum-Bild vergessen; stellen Sie sich stattdessen vor, Ihre korrekte Ansprachehaltung während des gesamten Rückschwungs zu spiegeln.

Dynamischer Widerstand

Der Unterkörper stützt die Bewegung stabil, wobei sich das Gewicht auf den rechten Fuß zu verlagern beginnt und die Hüften nach und nach von der Drehung des Oberkörpers mitgezogen werden.

Wichtig ist, dass die Hüften vom Oberkörper gedreht werden. Sie folgen eher, als dass sie sich simultan bewegen oder die Bewegung gar führen. Wird diese Bewegung richtig ausgeführt, beginnt sich eine leichte Spannung zwischen Hüften und Oberkörper aufzubauen, was in diesem Fall ein gutes Zeichen ist.

Eine solche Spannung ist dynamisch – ein Widerstand, der den gesamten Rückschwung ausbalanciert und wie eine kraftvolle Feder wirkt, wenn sich der Körper vollständig hinter den Ball bewegt und die Kraft aufzubauen beginnt, die Sie später gegen den Ball loslassen werden.

Gespannte Feder

Stellen Sie sich Ihren Oberkörper als Feder vor, die gegen den Widerstand von Hüften und Beinen aufgedreht wird. Auf dem Höhepunkt des Rückschwungs ist die Feder vollständig gespannt und bereit, in einem kraftvollen Durchschwung gelöst zu werden.

Denken Sie beim Rückschwung aber daran, dass Ihre Hüften die Bewegung etwa auf der Hälfte der Drehung von Schultern und Oberkörper beenden.

Denken Sie auch daran, dass die Hüften vom Oberkörper mitgezogen werden. Sie drehen sich nicht zur gleichen Zeit oder mit der gleichen Geschwindigkeit wie der Oberkörper. Die Hüften sind tatsächlich der letzte Körperteil, der sich in der ersten Phase des Rückschwungs bewegt.

Gewichtsverlagerung

Die Gewichtsverlagerung ist ebenfalls ein wichtiges Element des Rückschwungs. Der Großteil des Gewichts soll bei der Drehung weg vom Ball auf den rechten Fuß verlagert werden. Nach dem Beginn des Rückschwungs ruhen bei mir etwa 90 Prozent des Gewichts über Mitte und Ferse des hinteren Fußes.

Zur gleichen Zeit bleibt mein rechtes Knie stabil und gebeugt. Das stützt meine Haltung auf dem Höhepunkt des Rückschwungs.

Mein linker Fuß bleibt währenddessen auf dem Boden. Eine leichte Lösung vom Boden ist aber akzeptabel, solange Sie das Gleichgewicht halten.

Gehen Sie die Lektionen des Kapitels immer wieder durch, bis Sie verlässlich einen guten Rückschwung zustandebringen. Damit steigern Sie gleichzeitig Ihr Selbstbewusstsein in schwierigen Situationen.

DER ATHLETISCHE SCHWUNG

Der Golfschwung hat sich in den letzten Jahren auffallend verändert: Er ist zunehmend athletischer geworden. Spieler können heute mehr Streckung und ein größeres Drehmoment – und damit deutlich mehr Kraft – in ihren Schwung legen.

Dem athletischen Schwung gehört die Zukunft. Kraft ist allerdings nur dann von Nutzen, wenn sie mit Genauigkeit kombiniert ist.

Ich halte es für möglich, dass zukünftige Profisportler mit dem Driver bis zu 370 m weit schlagen können. Eines der Geheimnisse des athletischen Schwungs ist der während des gesamten Rückschwungs fest am Boden bleibende linke Fuß. Dies verleiht der Gesamtbewegung mehr Widerstand und damit Kraft.

Maximale Kraft

Was genau meine ich nun mit einem athletischen Schwung? Ich verstehe darunter eine kraftvolle sowie geschmeidige und gestreckte Bewegung. Der Körper wird dabei wie ein starkes Gummiband oder wie eine Feder aufgezogen und gelöst beziehungsweise wie bei einem Katapult abgeschossen. Auf diese Weise maximieren Sie Ihre Kraft.

Einige Golflehrer beschreiben dies als Feder- oder auch Drehkraft. Der athletische Schwung ist die Essenz des modernen Golfschwungs.

Die heutigen großen Spieler suchen nach einer immer kraftvolleren Bewegung, kombiniert mit mehr Konsistenz. Für mich ist das die Zauberformel des Erfolgs. Große Kraft und Konsistenz bilden eine unschlagbare Kombination.

Durchschnittsweiten

Die großen Spieler unserer Zeit wie Tiger Woods können einen Ball routinemäßig und mit Präzision über 270 m weit schlagen. Vor nur 25 Jahren lag die Durchschnittsweite mit einem Driver bei Profispielern bei 230 m. Heute beträgt sie durchschnittlich rund 250 m. Bessere Ausrüstung spielt dabei natürlich eine Rolle, aber auch fortschrittlichere Trainingsmethoden.

Die heutigen Spieler sind stärker und fitter. Sie sind echte Athleten geworden. Um einen Schwung wie Tiger Woods spielen zu können, muss man einerseits stark und andererseits beweglich sein.

DER ATHLETISCHE SCHWUNG

Natürlich kann nicht jeder einen solchen Schwung imitieren, aber der normale Golfer kann zumindest eine Bewegung entwickeln, die dem nahekommt, und damit sein eigenes Potenzial erhöhen.

Schwungvarianten

Selbstverständlich gibt es sowohl bei den Profis als auch bei den Amateuren immer Varianten des Grundschwungs, die für den Einzelnen funktionieren. So stellt sich z. B. der Spanier Sergio Garcia vor, er strecke seinen linken Arm, um mehr Breite zu erzielen.

Ich möchte das nicht zur Nachahmung empfehlen, so wie ich grundsätzlich nicht die persönlichen Techniken oder Eigenheiten anderer Golfer imitieren würde. Wenn der Durchschnittsgolfer versucht, seinen linken Arm zu strecken, um mehr Breite zu erlangen, verspannt er sich garantiert und verliert das, was wir „Verbindung" genannt haben.

Die Normalsterblichen unter uns konzentrieren sich besser auf den in diesem Buch beschriebenen verbundenen Schwung. Wenn Sie unbedingt einen anderen Golfer imitieren möchten, tun Sie es, aber wählen Sie zumindest jemanden, der Ihre Größe und Ihren Körperbau besitzt.

Hände schütteln

Ein Bild allerdings kann man doch gut übernehmen. Der Amerikaner Tom Kite hat eine wunderbare Hilfe für die Visualisierung des Rückschwungs gefunden: Man soll sich vorstellen, man drehe sich herum, um jemandem die Hand zu geben.

Verstehen Sie, wie sehr diese Beschreibung das einfache Öffnen des Oberkörpers betont? Sie drehen sich fast im Wortsinn herum, um nach hinten zu schauen. Stellen Sie sich vor, Sie drehen sich wieder nach vorne, um jemandem die Hand zu schütteln. Jetzt haben Sie eine gute Vorstellung von der Bewegung zurück zum Treffmoment und weiter zum Finish.

Dies ist die Art von Öffnung im Golfschwung, die ich jedem Golfspieler ans Herz legen möchte.

Stark und fit zu sein, ist für Spieler jeden Alters von Vorteil. Bitten Sie doch in Ihrem Fitnessstudio um ein gezieltes Krafttraining und belegen Sie Stretchingkurse, um Ihren Schwung zu verbessern. Sie werden über die Resultate erstaunt sein.

PROBLEME BEIM SCHWUNG

Viele Golfer stellen sich das Wegdrehen vom Ball beim Rückschwung als fast vollständige Körperdrehung vor. Sie bewegen also ihre Hüften zusammen mit Schultern und Oberkörper, statt den Oberkörper die Hüften ziehen zu lassen. Dann aber baut sich keine dynamische Spannung zwischen Oberkörper und Hüften auf.

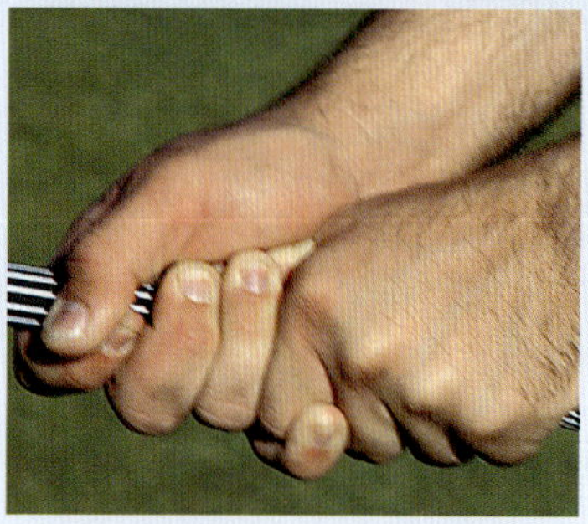

Verspannte Hände ruinieren den Schwung und das Gefühl für den Schlägerkopf.

Das ist am Anfang auch in Ordnung. Es ist sogar eigentlich für die meisten Golfer besser, als wenn sie den Körper nur unzureichend drehen. Wenn Sie es übertreiben möchten, meinetwegen.

Der wirkliche Fehler ist, dass die meisten Golfer ihren Körper nicht genügend öffnen – wenn sie es denn überhaupt tun.

Ungenügende Öffnung

Die meisten Golfspieler haben das Problem, dass sie sich nicht trauen, sich vom Ball wegzudrehen. Sie drehen den Körper daher gar nicht oder nur ganz minimal. Sie heben den Schläger lediglich mit Händen und Armen hoch. In der Folge gibt es keine klare Öffnung im Oberkörper und nur eine sehr geringe Gewichtsverlagerung, was dem Schwung deutlich schadet.

Die meisten Amateure schwingen zudem zu Beginn des Rückschwungs zu weit. Sie setzen Arme und Hände zu Beginn des Rückschwungs zu stark ein und fügen dann nur eine kleine Drehung hinzu. Damit aber landen Arme und Hände über dem Kopf und der linke Arm knickt unweigerlich ein.

Bei einer korrekten Öffnung des Oberkörpers, die man bereits ganz am Anfang der Bewegung vorbereitet, ergeben sich solche Probleme gar nicht. Wichtig ist, dass Hände und Arme beim Beginn des Rückschwungs passiv – also nahezu völlig inaktiv – bleiben. Ich kann diesen Punkt nicht oft genug wiederholen.

RECHTS Wenn Sie über dem Ball stehen, muss Ihr Körper unbedingt zur Bewegung bereit sein. Viele Golfspieler verharren wie Schaufensterpuppen über dem Ball und sind nicht fähig, sich frei zu bewegen.

NIEMALS: KOPF RUNTER, LINKER ARM GERADE

Man sieht es immer wieder: Kopf runter, linker Arm gerade – eine Katastrophe, aus der es kaum einen Ausweg gibt.

Der linke Arm

Eine weitere Behauptung, die leider nach wie vor verbreitet ist, betrifft den linken Arm: Angeblich soll der linke Arm immer gerade bleiben.

Gary Player war ein starker Befürworter dieser Theorie, aber er war auch einer der koordiniertesten und körperlich fittesten Spieler aller Zeiten.

Zudem war Player klein und entwickelte auf der Suche nach mehr Kraft eine Rückschwungtechnik, die ihm mehr Breite gab.

Flexibel halten

Halten Sie den linken Arm flexibel. Wenn Sie hören, dass der linke Arm nicht einknicken soll, bedeutet das nicht, dass er steif sein muss. Das Gegenteil ist der Fall.

Viele große Profigolfer – wie z. B. Seve Ballesteros – spielen auf höchster Ebene mit einem Schwung, bei dem der linke Arm flexibel ist. Wie ich schon gesagt habe, sind es eben die großen Muskeln des Oberkörpers, die den Schwung antreiben und die Kraft liefern. Den Armen kommt dabei eine wesentlich geringere Rolle zu.

Ein flexibler linker Arm ist völlig in Ordnung, solange er nicht mit einer unabhängigen Bewegung von Armen und Händen ohne Körperdrehung einhergeht.

Der US-PGA-Spieler Calvin Peete ist ein hervorragendes Beispiel. Er hat einen verkümmerten linken Arm. Aber wenn er sich dreht, hält er alles zusammen. Er wurde in den 1980er-Jahren zu einem Spieler mit dem konsistentesten Schwung der PGA-Tour.

LOCKERN SIE IHREN ARM

Der Versuch, den linken Arm beim Rückschwung sklavisch gerade zu halten, verhindert jede freie, athletische Bewegung im gesamten Schwung und kann sogar zu Verletzungen führen. Beim Versuch, den Arm gerade zu halten, dreht der Golfer den Ellbogen bei der Ansprache oft nach Innen, statt Ihn auf natürliche Weise leicht auszustellen. Dadurch hat er Schwierigkeiten, die Schlagfläche beim Treffer rechtwinklig auszurichten, und spielt wahrscheinlich einen Hook. Oder noch schlimmer: Er rammt den Schlägerkopf samt Ball in den Boden, was nicht nur den Schlag ruiniert, sondern durch den Stoß auch Handgelenke und Ellbogen verletzen kann.

RÜCKGRATWINKEL UND SCHWUNGEBENE

Wenn Sie Ihre Ansprechhaltung einnehmen, richten Sie Ihr Rückgrat auf bestimmte Weise aus – das ist der sogenannte Rückgratwinkel. Bei der Körperdrehung während des Schwungs ist es von größter Wichtigkeit, dass Sie diesen Winkel exakt beibehalten.

Verändert sich der Winkel, bekommen Sie Schwierigkeiten, den Schläger richtig durch den Ball in Richtung Ziel zu führen. Deswegen ist es so wichtig, dass Sie den Rückgratwinkel der Ansprechhaltung während des Schwungs beibehalten.

Feste Achse

Stellen Sie sich eine Gerade durch Ihren Rücken vom Scheitel bis zu den Hüften vor. Beim Schwung drehen Sie Ihr Rückgrat um diese Achse zunächst zurück und dann wieder nach vorne. Sie öffnen und schließen Ihren Körper quasi entlang dieser Achse.

Denken Sie an eine Tür, die sich in den Angeln öffnet und schließt. Genauso dreht sich der Körper entlang diesem Rückgratwinkel – und zwar sowohl beim Rück- als auch beim Durchschwung.

Gleichzeitig sollte die Schulterrotation senkrecht zum Rückgrat bleiben und Schultern und Hüften sollten sich auf einer Ebene drehen. Dies nennen wir die Schwungebene, die aus dem Rückgratwinkel folgt und mit ihm verbunden ist.

OBEN LINKS Eine konsistente Schwungebene ist eine wichtige Voraussetzung für eine konsistente Trefferquote.

LINKS Ihre Haltung bestimmt Ihre Schwungebene. Achten Sie vor dem Schwung auf die richtige Stellung. Die Haltung auf dem rechten Bild ist alles andere als richtig.

In Position bringen

Was meine ich mit „Schwungebene“? Ben Hogan war einer der Spieler mit dem konsistentesten Schwung überhaupt. Aber selbst er hatte Probleme, seinen Schläger an der richtigen Stelle auf dem Höhepunkt des Rückschwungs „in Position zu bringen“ – bis er das Konzept der „Ebene“ verstand und anwandte. Nachdem er den Schwung entlang dieser imaginären Geraden geübt hatte, war sein Schwung deutlich besser. Und zusätzlich hatte er ein gesteigertes Selbstvertrauen gewonnen, weil er sich auch unter Druck auf seinen Schwung verlassen konnte.

Stellen Sie sich ein Brett vor, das vom Ball bis zu Ihren Schultern reicht, mit einem Loch für Ihren Kopf. Das Brett stellt die Ebene dar. Der Winkel des Brettes oder der Ebene verändert sich abhängig von Ihrer Größe und Entfernung vom Ball. Deshalb sprechen wir häufig von einer steilen oder flachen Ebene.

In der Ebene bleiben

Eine Sache bleibt aber immer. Es gibt keinen zu steilen oder zu flachen Schwung, solange der Golfspieler seine Schultern konsistent auf der Ebene bewegt.

Wie beim Rückgratwinkel führt jede Abweichung über oder unter die Ebene zu einem misslungenen Schlag. Bleibt man aber auf der Ebene, ist das Ergebnis eine exzellente Bewegung.

Stellen Sie sich Rückgratwinkel und Schwungebene beim Üben des Rückschwungs plastisch vor. Beide sind für den Beginn des Rückschwungs unerlässlich.

Wenn Sie Vertrauen in Ihre erste Bewegung haben, gleichen Sie einem Sprinter, der bereit ist, aus dem Startblock herauszuschießen, sobald der Startschuss gefallen ist.

LINKS Um die Schwungebene zu verstehen, schwingen Sie auf verschiedenen Höhen, von Kopfhöhe bis hinunter zum Ball, nach einem Ziel – in diesem Fall der Hand des Caddies.

GEDANKEN ZUR SCHWUNGEBENE

Sie können Ihre Schwungebene leicht in einem Spiegel überprüfen. Suchen Sie sich einen Punkt auf dem Boden, wo der Ball bei der Ansprache liegen würde, schwingen Sie mit einem Eisen 5 oder 6 zurück und halten Sie dann inne. Verläuft eine imaginäre Gerade zwischen Griffende und Ball über Ihre linke Schulter, ist die Ebene zu steil: Sie führen die Schlagfläche vermutlich in einer offenen Position zurück zum Ball, erzeugen tiefe Divots und spielen häufig direkt nach oben fliegende Bälle. Verläuft die Gerade über Ihren Bauchnabel, ist die Schwungebene zu flach und Sie führen die Schlagfläche vermutlich in geschlossener Position zurück, was zu flachen Bällen führt. Bei korrekter – neutraler – Schwungebene verläuft die Gerade direkt über die rechte Schulter. So führen Sie die Schlagfläche im Treffmoment rechtwinklig zur Ziellinie.

DER DURCHSCHWUNG

Der Übergang vom Höhepunkt des Rückschwungs zum Beginn des Durchschwungs ist der entscheidende Sekundenbruchteil im Golf – der Moment der Wahrheit.

DEN BASEBALLSCHWUNG ÜBEN

Ein einfacher Baseballschlag ist eine gute Übung für die richtige Drehbewegung beim Durchschwung.

Entweder nutzt ein Golfspieler auf dem Höhepunkt des Rückschwungs seine hervorragende Stellung mit voll gedrehtem und hinter dem Ball aufgerolltem Körper oder er macht alles bisher Geleistete zunichte.

Richtig ausgeführt, lässt der Durchschwung den Schlägerkopf mit hoher Geschwindigkeit gegen den Ball krachen (Profis erreichen über 160 km/h) und hoch und treffsicher zum Ziel fliegen.

Nichts überhasten

Auf der anderen Seite kann der Golfer auch ein komplettes Desaster mit dem Schlag erleben, das nicht nur peinlich ist, sondern auch das Spielergebnis ruiniert.

Wie oft haben Sie bei Mitspielern schon erlebt, wie jemand einen guten Rückschwung ausführt, aber dann nicht richtig durch den Ball hindurchschlägt?

Leider neigen vor allem Amateure dazu, überhastet zu schlagen; sie versuchen, den Abschwung aus Nervosität abzukürzen. Sie wollen schnellstmöglich an den Ball heran und verfallen instinktiv in schlechte Gewohnheiten und schwingen den Schläger mit Händen und Armen statt mit dem Körper.

Es sieht einfach aus

Der Übergang vom Rückschwung zum Durchschwung muss eine dynamische, athletische Bewegung sein, die den gesamten Körper in einer koordinierten, entspannt wirkenden und eleganten Art nutzt.

Denken Sie daran, wie der Fußballheld Ronaldo ein Tor schießt oder der Basketballspieler Michael Jordan einen Ball im Netz versenkt. Da gibt es keine überflüssige Bewegung und keine unnötige Anstrengung. Bei ihnen sieht es ganz einfach aus – auch wenn es natürlich alles andere als einfach ist.

Umgekehrter Rückschwung

Also geht es beim Erlernen und Perfektionieren des Durchschwungs darum, den Körper und das Gehirn zu automatisieren, und das geht nur durch Üben, Üben, Üben. Der Golfer muss wissen, was passieren wird und wie er vorgehen soll.

Stellen Sie sich einmal das Folgende vor: Der Durchschwung ist die Umkehrung des Rückschwungs, weil die Beine, die Hüften, der Oberkörper, die Schultern, Arme und Hände sich nach und nach abrollen. Gleichzeitig gibt es eine leichte Gewichtsverlagerung nach links, sodass sich das Hauptgewicht vom hinteren auf den vorderen Fuß verlagert.

Wenn Sie der Erklärung gefolgt sind, erkennen Sie: Der Schwung entwindet sich in der exakt umgekehrten Reihenfolge, wie er sich zu Beginn des Schwungs aufgewunden hat.

Vorstellung und Gefühl

Denken Sie einen Moment über diese Zeilen nach. Bildliche Vorstellungen und ein körperliches Gefühl für die Vorgänge sind im Golf unerlässlich.

Ich empfehle auch hier, die Bewegung zunächst mit einem Schläger, aber ohne Ball vor dem Spiegel zu üben. So können Sie sich optimal auf den Ernstfall vobereiten.

Konzentrieren wir uns auf das Bild vom Rückschwung, der sich wie eine aufgezogene Feder zum vollen Schwung löst. Dieses Bild wird Ihnen garantiert sehr dabei helfen, alle Geheimnisse des Durchschwungs zu lüften – und ihn in einer logischen Abfolge zu enwickeln.

Bleiben Sie nicht zu lange unten beim Ball; Sie bleiben sonst dahinter stecken.

DER DURCHSCHWUNG – SCHLECHT AUSGEFÜHRT

INNEHALTEN

Einer der häufigsten Fehler bei Durchschnittsgolfern ist die Neigung, von oben zu treffen – den Durchschwung mit den Schultern einzuleiten, statt sie nach der Drehung des Unterkörpers nach links sich ausdrehen zu lassen. Tommy Armour, der in den 1920er- und 30er-Jahren 24 Golfturniere (darunter US und British Open) gewann, entwickelte das bekannteste Rezept gegen den Schlag von oben: einen Sekundenbruchteil auf dem Höhepunkt des Rückschwungs innehalten. In seinem Buch ***Der Weg zum besten Golf. Ein praktisches Lehrbuch*** aus dem Jahr 1953 (dt. Übersetzung 1961) schrieb er, diese Pause sei die einzige Hilfe gegen den schlimmsten Fehler beim Golfschwung. Versuchen Sie Armours Technik beim nächsten Mal auf dem Platz und achten Sie darauf, ob sie das Timing Ihres Durchschwungs nicht verbessert.

DURCHSCHWUNGBEGINN

Vielleicht fällt es Ihnen schwer, den Beginn der Vorwärtsbewegung unter Kontrolle zu halten – genau wie beim Beginn des Rückschwungs.

Viele Golfer wollen den Schlägerkopf so schnell wie möglich zum Ball schwingen, wenn sie sich auf dem Höhepunkt des Rückschwungs befinden. Versuchen Sie unbedingt, dies zu vermeiden.

Entspannen Sie, keine Eile, der Ball läuft nicht weg. Hektik führt nur zu einem unsauberen Schwung. Der Durchschwung soll fließend und geschmeidig sein, damit sich der Körper fließend entwinden und den Schlägerkopf durchziehen kann.

Der Beginn

Zur Erinnerung: Wenn Sie Ihren Körper in den Rückschwung aufrollen, drehen sich Oberkörper und Schultern nach hinten, das Gewicht verschiebt sich von links nach rechts und die Beine stützen die gesamte Bewegung ab.

Gleichzeitig zieht die Drehung das linke Knie nach innen, während die Hüften halb so weit wie die Schultern in der Drehung herumgezogen werden.

Deshalb ist der erste Teil, der den Durchschwung beginnt, die linke Seite. Ich halte eine leichte seitliche Verschiebung der Hüfte in Richtung Ziel als erste Bewegung für den idealen Auslöser, um mit dem Durchschwung zu beginnen.

In der Vergangenheit hielten auch Spieler wie Ben Hogan und Bobby Jones dies für die richtige erste Bewegung. Für andere Profis und Lehrer sind es eher die Trennung des linken Knies vom rechten und die Gewichtsverlagerung auf den linken Fuß.

Probieren Sie aus, welche Variante Ihnen am besten liegt, und versuchen Sie daraufhin, Ihren Durchschwungbeginn konstant zu halten.

Es fällt schwer, sich auf einzelne Aktionen zu konzentrieren, weil alles so schnell abläuft und jeder diese Bewegung anders erfährt. Darüber hinaus erfolgt jeder wirklich athletische Schwung teilweise instinktiv und unterscheidet sich so von Spieler zu Spieler. Aus diesem Grund empfindet jeder Golfer die Abfolge anders.

Eine leichte seitliche Verschiebung der linken Hüfte Richtung Ziel leitet die Vorwärtsbewegung ein. Während sich die Hüften zum Ziel drehen, werden Oberkörper und Schlägerkopf mit einer beträchtlichen Zentrifugalkraft nach vorne gezogen.

DIE VORWÄRTSBEWEGUNG

DER UNTERKÖRPER

OBEN Der Schwung des Unterkörpers nach vorne ist ein wichtiger Bestandteil eines kraftvollen Golfschwungs.

Uns soll genügen, dass Hüften und linkes Knie sich im ersten Sekundenbruchteil des Durchschwungs fast simultan bewegen und sich das Gewicht auf den vorderen Fuß verlagert.

Das Abrollen

Weiterhin wichtig bleibt, dass sich der Körper nach und nach von unten nach oben, also in umgekehrter Reihenfolge des Rückschwungs, entwinden muss. Der Schlägerkopf bewegt sich immer zuletzt.

Betrachtet man eine Zeitlupenaufnahme eines guten Schwungs von einem echten Profigolfspieler, erkennt man am Anfang seines Durchschwungs eine deutliche Trennung des linken Knies vom rechten. Etwa zur gleichen Zeit beginnen sich seine Hüften und der Oberkörper zurückzudrehen und dann erst folgen seine Schultern und die Arme. Dabei verlagert er auch das Gewicht gleitend in einer flüssigen Bewegung vom rechten auf den linken Fuß.

Betrachtet man den Schwung insgesamt, kann man auch sagen, dass der Körper im letzten Abschnitt des Schwungs um die linke Ferse rotiert.

Vortriebskraft

Ich erkläre meinen Schülern gerne, dass sie ein starkes Gefühl für die Vortriebskraft entwickeln und diese Energie auf den Ball übertragen sollen. Dies beginnt mit einer leichten Seitwärtsbewegung der linken Hüfte geradewegs aufs Ziel zu. Sie wird in eine Drehbewegung umgesetzt, die den Körper sich schließlich vollständig zum Ziel hin drehen und öffnen lässt.

Eines möchte ich aber besonders betonen: Diese Aktion muss so gewaltlos wie möglich erfolgen! Der Beginn des Durchschwungs sollte eine leichte, flüssige Bewegung sein, da der Schläger bei einer zu aggressiven Drehung aus der korrekten Schwungbahn gerissen wird und Sie mit einem von außen nach innen führenden Schwungweg nach dem Ball hacken und wahrscheinlich einen Slice schlagen.

Das Entwinden des Körpers im Durchschwung sollte also eine natürliche, ungezwungene Bewegung ohne Hast oder Zwang sein. Lassen Sie diese Bewegung am besten einfach nur geschehen, ohne ihren Körper anzuspannen.

OBEN Um die richtige Bewegung durch den Treffpunkt zu entwickeln, üben Sie, die linke Hüfte nach links zu drehen, während Sie gleichzeitig die rechte Hand zum Ziel schwingen.

VOM TREFFMOMENT BIS ZUM FINISH

Ein wichtiges Element der gesamten Schwungbewegung ist die effiziente Gewichtsverlagerung. Zur Auslösung des Durchschwungs muss der Golfer sein Gewicht zurück auf die linke Seite bringen, um Schwung und Schlägerkopf volle Kraft zu geben.

Wenn sich die Hüften zu drehen beginnen und die Knie sich trennen, nutzen Sie eine leichte seitliche Verschiebung, um über Ihre linke Ferse zu rotieren, während Sie den Schläger locker halten und durchschwingen lassen. Sie überlassen also dem Schläger den Zug. So soll es sein. Denn schieben Sie irgendwie gegen den Schläger, bekommen Sie Schwierigkeiten.

Harte Arbeit

Was meine ich mit „schieben"? Statt den Schläger mit lockeren Händen und Handgelenken frei schwingen zu lassen, versuchen viele Spieler, den Schläger mit Muskelkraft gegen den Ball zu treiben, sodass sie den Schläger zu fest halten und die Bewegung forcieren. Mit anderen Worten: Der Schläger soll ruhig seinen Job machen, nicht Sie!

Natürlich werden Sie für die „harte Arbeit" mit einer Katastrophe belohnt …

Schlägerzug

Halten Sie den Schläger locker und drehen Sie Ihre Hüfte selbstverständlich in den Durchschwung. Gehen Sie nicht aggressiv vor. Lassen Sie Ihr Gewicht wie von selbst über die linke Ferse kommen. Lassen Sie dem Schlägerkopf seine Bahn.

Wenn Sie alles richtig gemacht haben, wird die Zentrifugalkraft Ihre Arme zur vollen Länge herausziehen. Tatsächlich wird der Schläger Sie ziehen – nicht umgekehrt; vielleicht fühlen Sie sogar, wie Ihre rechte Schulter zum Finish unter das Kinn gezogen wird.

Während sich der Körper weiter nach links dreht, zieht der Schläger (hier geführt vom Lehrer) den Golfer durch den kompletten Durchschwung.

Treffer

Was passiert, wenn der Schläger schließlich auf den Ball trifft? Die Antwort mag Sie überraschen: sehr wenig, um das Sie sich kümmern müssten! Wenn Sie bis hierher alles richtig gemacht haben, wird der Schlägerkopf den Ball treffen und 270 m weiter befördern – natürlich nur, wenn Sie Tiger Woods heißen.

Jeder bewusste Manipulationsversuch der Hände oder Handgelenke wird unweigerlich zu Fehlern führen. Im Treffmoment können Sie kaum noch etwas tun, um den Schlägerkopf zu kontrollieren, denn alles geht sehr, sehr schnell.

Verlassen Sie sich lieber auf einen ordentlichen Griff, Ihre Schwungvorbereitung und die korrekte Ausführung des Schwungs; dann kann der Schlägerkopf seine Aufgabe selbst erfüllen.

Übungshilfen

Ich möchte Ihnen einige Übungen anbieten, die Ihnen helfen sollen, Ihre Position im Treffmoment und Ihre Bewegung durch den Ball hindurch zu visualisieren.

Stellen Sie sich den Schwung durch den Ball zunächst im Kopf vor: Stellen Sie sich vor, Sie würden etwas unter der Schulter durch zum Ziel werfen, so wie man einen Stein übers Wasser springen lässt. Der rechte Arm ist anfangs nach hinten gedreht und erhoben und schwingt dann nach vorne, wobei das Handgelenk zusätzliche Schwungkraft liefert, sobald der Stein (oder Ball) losgelassen wird. Gleichzeitig schwingt der Ellbogen nah an der rechten Hüfte vorbei und endet voll ausgestreckt.

Üben Sie das mit einem Tennisball oder einem Stein, um das richtige Gefühl zu bekommen. Nehmen

DURCHSCHWUNG

Hier sehen Sie den Durchschwung: Die Hüften drehen sich nach links und der Schläger schwingt zum Ziel.

Beim Durchschwung geht es zwar darum, den Schläger „fliegen" zu lassen, aber die Verbindung zwischen Armen und Körper bleibt bestehen. Das Schwingen mit einem schweren Gegenstand wie einem Medizinball oder einer Kühlbox entwickelt ein Gefühl für die Zusammenarbeit von Armen und Körper beim Schwung.

Sie dann erst einen Schläger in die Hand und schwingen Sie ihn auf Hüfthöhe. Achten Sie darauf, dass sich die rechte Hand hinter dem Auftreffpunkt über die linke Hand dreht.

Zweihandschwung

Natürlich wollen Sie mit beiden Händen möglichst frei durch das Treffmoment schwingen. Hierbei hilft ein Medizinball oder notfalls auch jeder andere größere Ball. Stellen Sie sich jetzt einen zweihändigen Schwung mit dem Ball von Ihrer rechten Seite zur linken vor, um den Ball ins Ziel zu befördern.

Halten Sie den Ball vor sich und nehmen Sie Ihre Ansprechposition ein. Dann beginnen Sie mit dem simulierten Rückschwung. Sie werden Ihr Gewicht automatisch vom linken auf den rechten Fuß verlagern, wodurch sich Ihre Kraft aufbaut, und dann im Durchschwung die Bewegung umkehren und den Ball in Richtung Ziel beschleunigen.

Natürliche Kraft

Diese Übung zeigt Ihnen, wie Sie im Schwung durch die Hebelkräfte des Körpers natürliche Kraft aufbauen und durch Arme und Hände transportieren können. Am Ende trägt Ihre Körperdrehung Sie ganz nach links, so wie das der Schläger bei einem guten Schwung tut.

Beim Treffer aber müssen Sie sich auf Ihre Technik verlassen. Wenn Sie einen guten Rückschwung ausführen und korrekt durchschwingen, erzeugen Sie im Treffmoment Energie und Kraft, wobei die Zentrifugalkraft das Geschehen größtenteils bestimmt.

Die Endposition

Wie kommen wir zum Finish? Die Drehung von Oberkörper und Schultern vollzieht sich weiter, bis die Hüfte vollständig gedreht ist und die Brust zum Ziel zeigt. Der Körper hat sich um die linke Ferse gedreht.

Dies ist der Teil, der bei allen Spielern gleich sein sollte. Und doch hat jeder Golfer seine eigene Version vom Finish. Manche sind nur ungewöhnlich, andere sind wahre Kunstwerke. Denken Sie nur an Arnold Palmer oder an Ernie Els.

Jedes Finish ist anders, jedes erzählt uns etwas über den Weg dorthin. Es bietet Einblick in die Stärken und Schwächen des jeweiligen Golfers und zeigt, wie wir unseren Schwung verbessern können.

Das Finish halten

Ich bitte meine Schüler immer, ihre Finish-Position einige Sekunden zu halten. Das hat zwei Gründe:

- Wenn Sie schon davon ausgehen, mit einem ausbalancierten, kontrollierten Durchschwung abzuschließen, hat dies eine positive Wirkung auf den gesamten Schwung.
- Ihre Schwungfehler kommen ans Licht. Wenn Sie z. B. beim Finish nach vorne fallen, haben Sie Ihr Gewicht nicht richtig verlagert.

Im weiteren Schwungverlauf zeigen beide Bilder oben, wie Arme, Hände und Oberkörper ihre Beziehung von der Ansprache beibehalten.

Bis drei zählen

Auch hier kann man Gehirn und Körper auf das zu erreichende Ziel programmieren. Die Visualisierungstechnik wirkt auf das Unterbewusstsein. An Balance und Kontrolle zu denken erzeugt dann beim Schwung das korrekte Bild zur Bewegung.

Darüber hinaus schlage ich meinen Schülern vor, dass sie das Finish halten und bis drei zählen. Statt dies aber nun als Abschluss zu sehen, denken Sie daran, dass die wirkliche Aktion und Spannung im Golf eigentlich jetzt erst beginnt: Denn während Sie zählen, hat der Ball seinen Aufstieg in den Himmel begonnen und fliegt zum Ziel. Wo wird er landen?

Berauschende Schwünge

Wenn Sie alle Ratschläge der letzten beiden Kapitel richtig befolgt haben, versichere ich Ihnen, dass der Golfschlag für Sie zu einem berauschenden Erlebnis und nicht zu einem Desaster wird. Sie lassen die Kraft in Ihrem Schwung explodieren und haben den Schlüssel zu Ihrem wahren spielerischen Potenzial gefunden.

Bevor wir nun unsere Betrachtung des Rück- und Durchschwungs abschließen – und Sie meine Ratschläge und Techniken auf dem Platz ausprobieren –, lesen Sie bitte auch die folgenden Seiten. Dort fasse ich noch einmal alles zusammen, was ich zu Rück- und Durchschwung erklärt habe, und runde es mit einigen weiteren mentalen Bildern ab. Dazu gibt es auch noch einige abschließende Tipps und Gedanken zum zentralen Element des Spiels: dem Golfschwung.

VOLLSTÄNDIGER SCHWUNG

Jetzt wird es Zeit, die einzelnen Teile zu einem dynamischen und athletischen Schwung zusammenzufügen, der ganz automatisch abläuft.

Für einen konstanten Schwung müssen Sie lernen, ihn zu „fühlen", und nicht, ihn zu „denken". Das Üben mit geschlossenen oder verbundenen Augen vermittelt wirkungsvoll, wie sich ein guter Schwung anfühlt, und gibt Vertrauen in die eigene Bewegung.

Der Golfschwung ist so einfach, dass man ihn mit verbundenen Augen durchführen könnte. Wie oft haben Sie das schon gehört? Aber der Mensch macht sich das Leben nun einmal gerne unnötig schwer.

Im Mittelpunkt steht eine zentrale Aktion – der Schwung. Reichen Sie einem Dreijährigen einen Schläger; wahrscheinlich wird er damit in einer Art umgehen, die dem korrekten Schwung sehr nahe kommt.

Reichen Sie denselben Schläger einem Spieler mit jahrelanger Erfahrung; er wird nachdenken, verbessern, wieder grübeln ... und wenn er irgendwann einmal den Ball schlägt, wird er es wahrscheinlich vermasseln.

Jetzt reichen Sie den Schläger einem Profi und beobachten Sie, wie er einen geschmeidigen, scheinbar mühelosen Drive spielt, der den Ball schier endlos weit bis zum Grün trägt.

Instinkt und Erfahrung

Worin liegt der Unterschied zwischen diesen drei verschiedenen Golfern?

Zwei von ihnen können den Schläger mit geschlossenen Augen schwingen, weil sie die Bewegung in einer für sie natürlichen und instinktiv richtigen Weise ausführen. Natürlich ist es im Fall des Kindes auch instinktiv, während beim Profi etwa eine Million Übungsstunden dahinterstehen. Mindestens.

In diesem Kapitel habe ich Rück- und Durchschwung in ihre Einzelteile zerlegt. Jetzt werden wir diese Teile wieder miteinander verbinden und die Sache vereinfachen. Wir wollen eine natürlich ablaufende Bewegung entwickeln, die Sie sogar mit verbundenen Augen ausführen können.

Deshalb fangen wir auch genau damit an.

MIT VERBUNDENEN AUGEN

Ohne Ball

Der erste Schritt zum vollständigen Schwung ist, den Ball aus der Sache herauszunehmen. Sie wollen schließlich Ihren Körper programmieren, sich instinktiv vom Ball weg und dann durch den Ball hindurch zu einem hohen, ausbalancierten Finish zu bewegen. Allerdings lenkt der Ball die Aufmerksamkeit von der Bewegung des Schwungs ab und versetzt den durchschnittlichen Golfer beinahe in eine Art hypnotische Trance.

Wenn das passiert, wird jede natürliche Öffnung des Oberkörpers beim Rückschwung verhindert und die Schwungbewegung fällt auseinander und verhindert einen koordinierten Schwung. Ich versuche, dieser Neigung bei meinen Schülern mit wiederholten Zeitlupenschwüngen ohne Ball beizukommen, bis sie ihrer Bewegung vertrauen. Gleichzeitig sollen sie ihren Körper zur korrekten Bewegung disziplinieren.

Let's swing

Jetzt kommt der interessante Teil. Wenn Sie den Schläger einige Male langsam geschwungen haben, schließen Sie die Augen. Schwingen Sie einige hundert Mal – oder noch öfter. Konzentrieren Sie sich darauf, wie sich die einzelnen Bewegungen des Schwungs anfühlen, wie sie sich zusammenfügen und mit dem Rest des Körpers interagieren. Achten Sie darauf, die Bewegung fließend auszuführen.

Sehen Sie? Sie können es mit geschlossenen Augen.

Diese „blinden" Schwünge beweisen auch etwas anderes eindeutig. Im letzten Kapitel haben wir den Schwung in seine Einzelteile zerlegt; dabei sollte er eine durchgehende, geschmeidige und fließende Bewegung darstellen. Mit geschlossenen Augen erkennen Sie dies deutlich und können an einem besseren Schwung arbeiten.

Zum Abschluss geht es darum, eine ununterbrochen fließende, geschmeidige, ruhige und konsistente Bewegung zu entwickeln. Jetzt sind Sie für niedrige Scores bereit.

ÜBEN OHNE BALL

Nick Faldo verbrachte die ersten zwei Monate als Golfer damit, einen Schwung ohne Ball zu entwickeln. Als er ins Spiel einstieg, besaß er bereits einen Schwung, der den Schlägerkopf zuverlässig Richtung Ziel beschleunigte.

Wiederholung ist die Mutter des Könnens, und Qualität ist besser als Quantität. Üben Sie also wieder und wieder gute Schwünge.

Wie erklärt man das Konzept des Übens ohne Ball? Mein eigener Lehrer, Ian Connelly, schwor auf eine Grundregel: Erst wenn man gelernt hat, den Schläger richtig zu schwingen, ist man dafür bereit, den Ball ins Spiel zu bringen und ihm seine angemessene Rolle zuzuweisen.

Anders ausgedrückt: Sie haben jetzt die Vorstellung verinnerlicht, dass der Schwung die zentrale Handlung beim Golfspiel ist – und nicht das Treffen des Balls. Sobald Sie also einen dynamischen, athletischen Schwung entwickelt haben, legen Sie einfach nur den Ball in Ihren Schwungweg.

Noch einmal: Sie legen einfach nur den Ball in Ihren Schwungweg.

Ein guter Golfschwung ist einer, bei dem der Ball in der Bahn des Schlägerkopfes liegt. Der Ball ist nicht das Ziel – Sie schwingen einfach durch ihn hindurch, ohne bewusst zu versuchen, ihn zu treffen. Wenn Sie dieses Konzept meistern, haben Sie einen der größten Schritte zu Ihrem eigenen Schwung geschafft.

Instinktiv

Wie der Dreijährige, der den Schläger mit kindlicher Unbekümmertheit schwingt, müssen Sie (wieder) lernen, instinktiv zu schwingen. Ein hervorragender Schwung verbindet physisches Know-how mit mentaler Vorstellung und wirft dann das bewusste Denken des Theoretikers über Bord.

EIN STARK VERBESSERTER SCHWUNG

Was meine ich damit? Mittlerweile sollte Ihr Schwung technisch stabil und in Unterbewusstsein und Körper einprogrammiert sein. Wenn Sie jetzt allerdings das Üben einstellen, ist die ganze bisherige Arbeit für die Katz. Schade drum.

Wiederholung ist das A und O

Gehen wir noch einmal zurück. Sie müssen den Schläger wieder und wieder ohne Ball in Zeitlupe schwingen. Zu viele Golfspieler tappen in die Falle und glauben, sie hätten das grundlegende Prinzip des Golfschwungs verstanden, und ziehen sofort los, um ein paar Dutzend Bälle zu schlagen.

Meiden Sie diese Falle wie der Teufel das Weihwasser. Jeder Versuch, den Prozess abzukürzen, ruiniert die Entwicklung Ihres Schwungs. Sie müssen ein Muster entwickeln und das dauert Hunderte von Stunden. Wiederholung ist die Mutter des Könnens. So werden Sie konsistent in Ihrer Leistung und lernen, eben nicht an den Ball oder die einzelnen Bestandteile des Schwungs zu denken. Sie führen den Schwung also wieder instinktiv aus.

ÜBUNG

Wenn Sie nicht regelmäßig üben können, machen Sie einfache Lockerungsübungen, die Ihren Körper an die richtige Bewegung erinnern.

NICHT AN DEN BALL DENKEN

Der frühere Ryder-Cup-Kapitän Bernard Gallacher empfiehlt, beim Abschlag den Markennamen des Balls nach unten zu drehen. So sieht der Golfer nur einen sauberen weißen Ball. Das Anstarren des Balls führt zu vielen Problemen. Es kann die seitliche Bewegung bei Rück- und Durchschwung behindern oder der Kopf senkt sich und erzeugt eine schwankende Bewegung. Gallacher versucht immer mit dem einfachen Gedanken an den Schwung heranzugehen, dass der Ball unter ihm liegt und er ihn nur im Unterbewusstsein sieht.

DIE ZENTRIFUGALKRAFT

Das Prinzip der Zentrifugalkraft, auch Flieh- oder Schwungkraft genannt, hilft beim Verständnis des vollständigen Schwungs. Wenn man ein Gewicht an einer Schnur herumwirbelt, bewegt sich das Gewicht wesentlich schneller als das agierende Handgelenk.

Ein weiteres Beispiel ist ein Eiskunstläufer, der seine Partnerin um sich schwingt. Auch wenn sich der Eiskunstläufer nicht sonderlich schnell bewegt, muss er nur entsprechende Kraft und Rotation aufbauen, um die schwingende Partnerin zu beschleunigen.

Stellen Sie sich den Golfschwung ebenso vor – mit dem Schlägerkopf als Gewicht am Ende einer imaginären Schnur.

Kraft aus der Körpermitte

Sobald meine Schüler ihrem Schwung eine gute Form gegeben haben, rate ich ihnen, ihre Hände so locker wie möglich zu halten und das Gefühl des um sie kreisenden Gewichts zu spüren, das aus der Mitte, dem Zentrum ihres Körpers kommt, der in diesem Fall als „Radnabe" dient.

Wenn sie diese Kraft bündeln können, wird der Schlägerkopf ihre Arme buchstäblich lang ziehen. Jede Verspannung aber zerstört diese Wirkung. Die Arme werden kürzer und der Schwungbogen verliert an Weite. Das ist so, als würde man das Handgelenk bewegen, während das Gewicht an der Schnur wirbelt. Das Gewicht fällt aus seiner Umlaufbahn, wird langsamer oder stoppt sogar.

Das Gleiche passiert beim Golfschwung, wenn Sie den Schlägerkopf nicht frei schwingen lassen oder sich aus der Ebene bewegen. Dann übernehmen Hände und Arme die Aktion, Kraft und Bewegungsmoment lassen nach und der Schlag verliert an Weite und Genauigkeit.

Die Energie weiterleiten

Wie hält man die Zentrifugalkraft aber aufrecht? Sie müssen Ihren Körper in einer geschmeidigen, effizienten Art und Weise auf- und abdrehen, um einen guten Schwung zu erzeugen. Gelingt das, strahlen Sie Kraft aus dem Zentrum Ihres Körpers aus, während Sie den Schläger im Treffmoment durch den Ball zischen lassen können.

Noch einmal: Hände und Arme bleiben hierbei passiv. Sie leiten die Kraft und Energie weiter, erzeugen sie aber nicht selbst.

Vergegenwärtigen Sie sich folgendes Bild von einem Diskuswerfer, der einen bestimmten athletischen Bewegungsablauf vollzieht, um die Scheibe zu beschleunigen und weit zu werfen. Er rollt seinen Körper in einer Drehbewegung von unten nach oben auf und verlagert sein Gewicht. Seine Hände und Arme halten zunächst nur den Diskus fest und übertragen dann die Energie, die er aufbaut. Dann rollt er seinen Körper vollständig ab und explodiert geradezu, wenn er den Diskus von sich schleudert.

Trägheitsmoment

Wie lässt sich das auf den Golfschwung übertragen? Der Diskuswerfer dreht sich immer vor seinem Diskus und wendet seine gesamte physische Technik an, bevor der Diskus seine Hand verlässt.

Das wollen wir beim Golfschwung auch erreichen. Sie drehen Ihren Körper vor dem nachfolgenden Schlägerkopf auf, sodass dieser Trägheitseffekt eine Kraft aufbaut, die Sie dann gegen den Ball richten können.

GEGENÜBER **Wenn Sie den Schläger frei schwingen lassen, werden Ihre Arme durch die Schwung- oder Zentrifugalkraft auf volle Länge gezogen.**

UNTEN **Wie Sie links oben sehen können, hat der Schläger bereits die Initiative übernommen; auf dem letzten Bild zieht er Sie zum Finish.**

DEN SCHWUNG VERANKERN

Was ist nun die Achse des Golfschwungs? Auf den letzten Seiten habe ich beschrieben, wie ein Golfspieler beim Schwung Kraft und Energie aus der Mitte seines Körpers erzeugt und wie er um diese Mitte herum rotiert.

Die Nabe eines Golfschwungs ist aber kein Fixpunkt wie das Handgelenk, um das ein Gewicht an einer Schnur schwingt. Noch weniger ist es das Gleiche wie ein Eiskunstläufer, der seine Partnerin umherwirbelt.

In gewissem Sinn haben wir beim Golfschwung mehr als eine Achse. Bei der Ballansprache ist das Gewicht gleichmäßig auf die linke und die rechte Seite verteilt. Sobald wir aber in den Rückschwung gehen, verlagern wir das Gewicht auf den hinteren Fuß und dann im Durchschwung auf den vorderen Fuß.

Diese Verlagerung und das Aufrollen des Körpers gegen das Widerlager der statischeren Hüften und Beine erzeugen Kraft, die gegen den Ball gelenkt wird.

Deshalb hat die Achse – oder der Anker – des Schwungs eigentlich zwei Kontaktpunkte: unsere Füße.

Drehpunkt

Der Golfguru David Leadbetter nennt die Grundbewegung des Zurück- und Durchdrehens beim Golfschwung einen „Drehpunkt". Andere sprechen schlicht von einer Drehung. Ungeachtet der Bezeichnung ist die eine Konstante dieser Bewegung die Rolle der Füße. Wenn sie kein solides Fundament für den Schwung bieten, geraten wir aus der Balance und ruinieren den Schwung.

Der Golfer sollte sein Gewicht immer zwischen Spann und Ferse beider Füße verteilen. Wenn Sie Ihren Körper in den Schwung drehen, stellen Sie sich vor, nacheinander um Ihre Füße zu rotieren.

Vereinfacht ausgedrückt, sind Ihre rechte und linke Ferse Ihre Drehpunkte oder Naben. Beim Rückschwung verschieben Sie zunächst Ihr Gewicht auf den rechten Fuß, dann sollten Sie sich bewusst machen, beim Durchschwung um die Ferse Ihres linken Fußes zu schwingen.

Hinter dem Ball aufrollen

Welche drei Wünsche hätte jeder Golfer, wenn ihm eine gute Fee begegnete? Weite, Weite und noch mal Weite.

Fragt man aber die meisten Golfer, wie sie glauben, ihre Weite erhöhen zu können, werden sie vermutlich einen Schwung demonstrieren, der vorwiegend von Händen und Armen geführt wird und den Ball mit Muskelkraft übers Fairway treibt.

Das Geheimnis eines kraftvollen, dynamischen Schwungs liegt in einer koordinierten körperlichen Anstrengung, die mit der Bewegung weg vom Ball beginnt. Auf dem Höhepunkt des Rückschwungs muss der Körper wie eine Feder völlig aufgerollt und gespannt sein, bereit, zurückzuschnappen und den Schläger gegen den Ball loszulassen.

Die meisten Golfschwünge sind also nur so gut wie der Rückschwung des Golfers. Dabei ist es wichtig zu wissen, wie weit man sich tatsächlich hinter den Ball bewegt.

Fühlen Sie beim Rückschwung, wie Sie um Ihr rechtes Bein rotieren. Hier sorgt mein Kollege dafür, dass mein rechtes Knie während des Rückschwungs gebeugt bleibt. Tun Sie beim Durchschwung das Gleiche mit Ihrem linken Knie.

DEN SCHWUNG VERANKERN

Reverse Pivot

Stellen Sie sich eine niedrige Mauer hinter Ihrem rechten Fuß vor. Nun schwingen Sie zurück, bis Sie Oberkörper und Hüften vollständig hinter dem Ball aufgerollt haben. Wenn Sie alles richtig gemacht haben, sollte Ihr Bein an die Mauer drücken. Haben Sie sich zu weit nach hinten bewegt, sind Sie wahrscheinlich über die Mauer geschwankt und haben die Wirkung Ihres rechten Beins als Anker für Ihr Körpergewicht eingebüßt.

Hat Ihr rechtes Bein andererseits die Mauer nicht berührt, haben Sie wahrscheinlich eine Todsünde begangen: einen sogenannten Reverse Pivot. Dabei kippt das Gewicht nach vorne auf das vordere Bein, sodass es beim Durchschwung wieder nach hinten kippt. Das Resultat besteht in einem Fehlschlag und einer dramatisch verkürzten Weite.

PROFITIPP

Stellen Sie sich als Hilfe für die Körperdrehung vor, wie sich Ihr gebeugtes rechtes Knie beim Rückschwung leicht dreht. Zeigt es bei der Ansprache auf die 12-Uhr-Position einer imaginären Uhr, sollte es bei voller Drehung weg vom Ball auf die 1-Uhr-Position zeigen. Diese leichte Rotation ermöglicht dem Körper die korrekt ausgeführte Drehung.

Auch ein leicht ausgestellter hinterer Fuß hilft der Rotation und unterstützt die Öffnung des Körpers. Das Gleiche gilt für den vorderen Fuß. Beide dürfen leicht geöffnet sein, auch wenn es häufig heißt, dass der hintere Fuß senkrecht zur Zielfluglinie stehen muss, während der vordere Fuß geöffnet ist.

Ein Ausstellen beider Füße fühlt sich für die meisten Spieler natürlicher an.

OBEN UND RECHTS Eine solide Stütze im Unterkörper sorgt für eine sichere Drehung, sodass ich beim Schwung durch den Ball mein volles Potenzial freisetzen kann.

Ein leichtes Ausstellen der Füße hilft bei der Öffnung des Körpers sowohl beim Rück- als auch beim Durchschwung.

REVERSE PIVOT VERHINDERN

Stellen Sie sich mit dem Ball gegenüber Ihrer linken Ferse auf und schwingen Sie zurück. Stellen Sie sich eine Senkrechte durch die Mitte des Balls gen Himmel vor. Wenn Sie sich auf dem Höhepunkt des Rückschwungs ganz hinter dieser Linie befinden, haben Sie es richtig gemacht.

PROFITIPP

Viele Golflehrer bestehen auf einer kleinen seitlichen Bewegung, um das Gewicht über den hinteren Fuß zu bekommen. Aber die Frage ist: Wie viel Bewegung? Praktisch betrachtet kommt es sowieso fast nie zu einer vollständigen Bewegung hinter den Ball. Jeder, der schon einmal Unterricht gehabt hat, kennt die Drehung hinter den Ball, aber nur wenige Golfer verlagern all ihr Gewicht zunächst nach rechts und dann beim Durchschwung wieder nach links.

Verlagern Sie Ihr Gewicht, so weit es geht. Haben Sie keine Angst, vom Ball wegzuschwanken, Sie tun wahrscheinlich genau das Gegenteil. Ihr Körper hat eher die Tendenz, über dem Ball hängen zu bleiben. Bekämpfen Sie also Ihre Angst und Sie werden einen besseren Schwung erzielen.

Der Fehler der meisten Golfer ist der, dass sie ungeduldig werden und sich deshalb nicht vollständig hinter den Ball drehen und damit ihren Rückschwung nicht abschließen.

Ein guter Rückschwung

Für einen guten Rückschwung muss man zunächst das Dreieck aus Händen, Armen und Schultern in Verbindung mit dem Zentrum des Oberkörpers vom Ball zurücknehmen. Gleichzeitig findet eine leichte seitlich nach hinten führende Gewichtsverlagerung statt, während die Hüften und das linke Knie vom Oberkörper nach hinten gedreht werden, bis das gesamte Gewicht auf dem rechten Bein ruht.

Eine saubere Gerade

Der Durchschwung läuft dann anfangs in umgekehrter Reihenfolge des Rückschwungs von unten nach oben ab, wobei sich die Hüften zurückdrehen und sich das Gewicht auf die linke Ferse verlagert, um dann den Oberkörper, die Schultern, Arme und schließlich die Hände – die während des gesamten Ablaufs passiv bleiben – mitzuziehen.

Dadurch wird der Schlägerkopf nachgezogen und baut eine immense Zentrifugalkraft auf, bis er durch den Ball peitscht und zu einer hohen Endposition nach dem Durchschwung kommt. Dies ist wie bei einer Feder. Nachdem Sie den Körper gespannt haben, rollen Sie ihn wieder ab – ähnlich wie ein Boxer, der eine saubere Gerade schlägt.

Natürlich beginnt der Boxer seine Bewegung nicht mit vorne liegendem Gewicht. Er spannt sich eher, indem er sein Gewicht geschickt nach hinten verlagert und sich dann mit der in dieser Verlagerung gespeicherten Energie nach vorne bewegt.

EINE SAUBERE GERADE

Den Spieler hinter den Ball zu bekommen, ist die schwierigste Aufgabe eines Lehrers. Stellen Sie sich vor, Sie schlagen eine Gerade wie ein Boxer – die Bewegung nach hinten dient dem Energieaufbau.

FALSCH UND RICHTIG

OBEN Ein Reverse Pivot bedeutet schlicht, dass Sie Ihr Körpergewicht falsch verlagern. Bei einer guten Drehung bewegt sich Ihr Gewicht beim Rückschwung auf den rechten Fuß und beim Durchschwung auf den linken. Ruht Ihr Gewicht also auf dem Höhepunkt des Rückschwungs auf Ihrem linken Fuß, sind Sie in Schwierigkeiten.

UNTEN Eine gute Endposition nach dem Durchschwung deutet meist auf einen guten Rückschwung hin. Rück- und Durchschwung sollten Spiegelbilder sein.

Mehrere Sünden

Die unzureichend aufgebaute Spannung hinter dem Ball führt zu verschiedenen Problemen. Vollendet der Golfer seinen Rückschwung nicht, beginnt er seinen Durchschwung wahrscheinlich von oben und nicht von unten her und schneidet so durch die Schwungebene.

Dadurch ist der Schwung nicht mehr verankert, und die Verbindung zwischen der Körpermitte und dem Dreieck aus Händen, Armen und Schultern wird zerstört. Jetzt drehen sich die Hüften unkoordiniert und ohne echte Aufgabe und der Schläger wird fast wie eine Angel geworfen.

Der Schläger trifft somit in einer offenen Position (das heißt, er weist zur rechten Seite der Ziellinie) und der Golfer schlägt einen schwachen Slice. In diesem Fall können sich auch die Hände übereinander drehen und einen Pull erzeugen. Bei besseren Spielern wird der Schwungweg nicht ganz so stark beeinträchtigt, aber der Verbindungsverlust verhindert auch hier einen guten Schlag. Auf jeden Fall leiden Weite und Genauigkeit.

SCHWUNGASPEKTE

Gute Schwünge haben immer Gemeinsamkeiten, die im Interesse eines guten Ergebnisses studiert und immer wieder geübt werden sollten.

Eine kurze Pause auf dem Höhepunkt des Rückschwungs verhilft zu mehr Rhythmus, Tempo und Konsistenz im Schwung.

UNTEN Der erste Schritt ist niemals einfach. Geben Sie Ihrem Schwung eine Initialzündung, indem Sie Ihr rechtes Knie zum Ziel hin bewegen und die Hüften leicht in dieselbe Richtung drehen.

Hier sind einige Aspekte, die Sie bei der Vorbereitung auf Ihren Schwung im Kopf behalten sollten:

- Bei der Aufstellung stehen die Füße schulterbreit (gemessen an den Innenseiten der Fersen) auseinander; Hände, Arme und Schultern bilden ein Dreieck, bei dem linker Arm und Schläger eine Linie ergeben.
- Beide Knie und die Hüften liegen jeweils auf einer Linie, aber die rechte Schulter liegt etwas tiefer als die linke, weil die rechte Hand den Schläger unter der linken greift.
- Das Rückgrat bildet eine relativ gerade Linie zwischen Scheitel und Hüften, während das Gesäß als Gegengewicht etwas nach hinten verlagert ist.
- Die Knie sind leicht gebeugt, sodass der Spieler über dem Ball steht.
- Der Körper – vor allem Arme und Hände – ist frei von Spannungen und locker. Um diese Lockerheit zu erhalten, hilft ein geschmeidiges, kontrolliertes Wedeln mit dem Schläger, das Wackeln mit den Zehen und mit den Füßen kurz vor dem Schlag.

INITIALZÜNDUNG

Initialzündung

David Leadbetter schlägt eine Art Initialzündung aus dem rechten Knie zum Ziel hin vor, verbunden mit einer Drehung der Hüften in dieselbe Richtung. So etwas funktioniert nur, wenn man es so lange geübt hat, dass es konsistenter Teil der Schwungroutine wird.

Eine kurze Pause

Einige Spieler machen auf dem Höhepunkt des Rückschwungs eine kurze Pause. Tatsächlich bewegt sich der Körper hier in zwei verschiedene Richtungen. Während der Rückschwung seinen Höhepunkt erreicht, beginnt der Unterkörper bereits die Vorwärtsbewegung. Die kurze Pause hilft dabei, den Schwung zu stabilisieren und konsistenter zu machen. Richtig angewendet, hilft sie auch Ihrem Rhythmus und Tempo und hält Ihren Schwung in der richtigen Ebene.

Aufrecht stehen

Wenn sich der Körper beim Durchschwung zuerst bewegt, wird die Stellung im Treffmoment der bei der Ballansprache gleichen. Der Golfer scheint dann mit voll ausgestrecktem linken Arm wieder aufrecht zu stehen. Jede veränderte Stellung des linken Arms in diesem Moment wird den Flug des Balls ruinieren.

Spiegelbild

Ein guter Schwung sollte sich selbst in solcher Weise widerspiegeln, wie sich der Körper zurück und durch den Ball dreht. Beobachten Sie das und entwickeln Sie ein Gefühl dafür, indem Sie vor einem Spiegel oder unter Zuhilfenahme einer Videokamera üben. Der Körper sollte sich vom Ball weg- und dann zum Ziel hindrehen. Achten Sie vor allem darauf, dass der Körper den Schwung steuert – und es nicht etwa den Händen, Armen oder dem Ball überlässt.

RICHTIG ÜBEN

Die meisten Golfer wollen sofort einen Eimer voller Bälle über den Platz schlagen, kaum dass sie ein paar Unterrichtsstunden genommen haben. Verständlich – aber ein narrensicheres Rezept für den Misserfolg.

UNTEN Lernen Sie aus Ihren Divot-Spuren. Mit zwei parallelen Schlägern erkennen Sie leicht, ob Ihr Schwungweg beim Treffer stimmt oder nicht.

Selbst wenn Ihnen einige gute Schläge gelingen, sollten Sie nicht glauben, Sie hätten einen Schwung gemeistert. Sehr wahrscheinlich werden Sie eine ganze Reihe unbedeutender Schläge spielen, wenn die erste Begeisterung nachgelassen hat. Auch hier wäre es ein Fehler, dem eine tiefere Bedeutung beizumessen.

Sie müssen jeden neuen Aspekt des Schwungs ausgiebig üben, bevor Sie ihn in die Übungsroutine oder in Ihr Spiel integrieren.

RICHTIG ÜBEN

Gut – ein gerader Schlag

Von innen nach außen = Slice oder Push

Von außen nach innen = Hook oder Push

Üben Sie die verschiedensten Schläge mit allen Schlägern. Dadurch bleibt es interessant, Sie werden kreativer und lernen eine Vielzahl von Schlägen.

Der einzige Mensch, den Sie beim Golf niemals sehen, sind Sie selbst! Deshalb brauchen Sie einen guten Lehrer.

Die Driving Range

Gehen Sie auf die Driving Range, aber versuchen Sie, nicht allzu viele Bälle zu schlagen! Konzentrieren Sie sich eher auf die Schwünge. Verwenden Sie einen einfachen Schläger wie ein Eisen 6 anstelle des Drivers. Wenn Sie Verständnis dafür entwickelt haben, was Sie eigentlich zu erreichen versuchen, können Sie auch mit anderen Schlägern üben.

Suchen Sie sich auf der Driving Range immer ein Ziel und wechseln Sie die Ziele zwischendurch. Beim Spiel werden Sie mit stetig wechselnden Bedingungen konfrontiert und darauf sollten Sie sich vorbereiten.

Entwickeln und üben Sie auf der Range Ihre Schwungvorbereitung. Alle Topspieler haben eine feste Routine, die ihnen hilft, den Schlag im Voraus zu visualisieren, zu zielen und zu entspannen. Außerdem hilft Konsistenz auf einem Gebiet auch bei anderen Aspekten des Spiels.

Zeit für Erfolge

Wählen Sie ein Ziel, entscheiden Sie sich für einen Schläger und einen Schlag und visualisieren Sie den Ball auf seiner Flugbahn in das gewählte Ziel.

Treten Sie hinter den Ball und suchen Sie sich eine Zielhilfe in einigen Zentimetern Entfernung.

Nehmen Sie Ihre Ansprechhaltung ein und wedeln Sie mit dem Schläger, um sich zu lockern.

Beobachten Sie, wie viele Spieler auf der Driving Range das Gleiche wie Sie tun. Ich wette, nicht viele – vielleicht sind die anderen schüchtern oder ungeduldig. Aber das ist deren Fehler, nicht Ihrer.

Jetzt sind Sie erst bereit zum Schlag.

4 CHIP UND PITCH

Widmen Sie diesen beiden Schlägen 50 Prozent Ihrer Übungszeit, dann verbessern Sie Ihr Spielergebnis deutlich.

CHIP UND PITCH

Haben Sie schon einmal eine Runde gegen einen Profi gespielt? Dann wissen Sie, was sein Spiel von Ihrem unterscheidet. Es ist die Tatsache, dass er einfach weniger Schläge benötigt als Sie.

Was den Profi besser macht, ist sein kürzeres Spiel, also wie er die gelegentlichen, unvermeidbaren Fehlschläge korrigiert und am Ende doch noch Par spielt. Wenn Sie hingegen in einen Bunker spielen, das Grün um einige Meter verfehlen oder vor einem unmöglichen 40-m-Pitch stehen, wissen Sie, dass für Sie nur noch ein Bogey (einer über Par) drin ist – höchstens.

Das Gleiche gilt für die Profis auf den Turnieren in allen Ländern der Welt. Diese Männer – und zunehmend auch Frauen – können beeindruckende Kraft am Abschlag mit einem hervorragend kurzen Spiel kombinieren. Profis wie Tiger Woods, Ernie Els, David Duval, Colin Montgomerie, Laura Davies, Annika Sorenstam und Karrie Webb. Sie alle schlagen den Ball „weit", haben aber am Grün den „Touch".

UNTEN **Profis verwenden oft verschiedene Formen von Wedges. Diese bestehen oft aus einem weicheren Metall, das über kurze Distanzen eine bessere Kontrolle ermöglicht.**

GANZ UNTEN **Es existieren sieben unterschiedliche Schäfte allein für Wedges, die mit ihrer größeren Steifheit ein besseres Gefühl für den Schlägerkopf vermitteln.**

Weg zum Erfolg

In diesem und den beiden folgenden Kapiteln „Bunkerspiel" und „Putting" werde ich Ihnen detailliert zeigen, wie Sie das kurze Spiel und damit Ihr Spielergebnis deutlich verbessern können.

Es gibt allerdings einen Haken bei der Sache: Sie müssen diese Schläge noch konsequenter üben als alles andere, was wir bisher behandelt haben. Auch hier kommen wieder Gefühl und Vorstellungskraft ins Spiel. So etwas entwickelt sich nicht von selbst, aber ich garantiere Ihnen, dass sich die zusätzliche Übungszeit auf lange Sicht auszahlt.

Gary Player, einer der größten Kurzspieler aller Zeiten, sagte dazu bezeichnenderweise: „Je mehr ich übe, desto öfter habe ich Glück."

Standard-Pitch

Dies ist aus allen oben erwähnten Gründen ein wichtiger Schlag für den Durchschnittsgolfer.

Die meisten Spieler mit hohem oder mittlerem Handicap schaffen es in 50 bis 60 Prozent der Fälle nicht, das Grün mit zwei Schlägen unter Par zu erreichen, und haben wahrscheinlich Probleme, das Grün mit zwei Schlägen auf langen Par-4- und Par-5-Löchern zu treffen.

Der durchschnittliche Amateurgolfer steht während seines Spiels häufig vor dem dritten Schlag, den der Profi nie spielen muss. Das entspricht den etwa 18 zusätzlichen Schlägen, die der durchschnittliche Klubspieler als Handicap erhält, bevor er überhaupt seinen ersten Abschlag ausführt.

Hier können Sie ansetzen und Anlauf auf die Klubmeisterschaft nehmen oder zumindest an Ihrem persönlichen Ranking arbeiten. Mit einem soliden Pitch können Sie Bogeys in Pars und Pars in Birdies verwandeln.

Leichter Pitch

Wie oft standen Sie schon mit dem zweiten Schlag auf einem langen Par 4 rund 180 m oder weiter vor dem erhöhten Grün? Und wie oft mussten Sie bereits mit Ihrem dritten Schlag auf einem Par 5 gut 80 oder 90 m Weite schaffen?

Im ersten Fall sollten die meisten Golfer gar nicht erst versuchen, das Grün mit zwei Schlägen zu erreichen, und statt mit dem problematischen Fairway-Holz mit einem komfortablen Eisen 7 oder 8 bis auf 90 m ans Grün heranspielen. Angesichts hochmoderner Ausrüstung könnten andere Spieler versuchen, mit einem Holz 7 oder 9 innerhalb von 40–50 m am Grün zu landen.

In beiden Fällen können Sie jetzt einen hohen Pitch aufs Grün spielen. Mit etwas Übung sollten Sie nahe genug an der Fahne landen, um anschließend den Putt schaffen zu können.

Die Ballposition variiert je nach erforderlicher Höhe des Pitches.

LINKS UNTEN Mit Übung können Sie die Schwunglänge für verschiedene Distanzen bestimmen.

RECHTS UNTEN Der Chip-and-run kann angewendet werden, wenn keine Hindernisse vor Ihnen liegen.

VORBEREITUNG FÜR DEN PITCH

Der Pitch ist im Grunde genommen eine verkürzte Version des vollständigen Golfschwungs. Der Ball fliegt aufgrund des Lofts des Schlägers hoch in den Himmel und legt eine Entfernung zwischen 30 und 90 m zurück. Er fliegt also mehr hoch als weit.

Stehen Sie, mit dem Ball mittig zwischen Ihren Füßen, im offenen Stand: Hüfte und Füße zeigen etwas nach links vom Ziel; die Schultern bleiben parallel zur Zielfluglinie. Die Hände liegen vor dem Ball und tiefer am Schaft (wie weit, hängt von der Länge des Schlags ab).

Die je nach Weite am häufigsten verwendeten Schläger sind das Sand Wedge, das Pitching Wedge und das Eisen 9. Die Auswahl des richtigen Schlägers hängt sehr stark von der zu überwindenden Distanz zum Grün ab.

Das Pitching Wedge hat normalerweise eine Neigung von 48 Grad und ist damit der am stärksten geneigte Schläger in einem Standard-Schlägerset. In letzter Zeit greifen viele Spieler auch zum Lob Wedge, das sich ideal für kürzere Pitches aus guter Lage eignet.

Kurz und gut

Kommen wir zum schwierigen Teil und dem Grund, weshalb Sie diesen Schlag mehr üben müssen als die meisten anderen. Der Pitch wird mit einer verkürzten Version des vollen Schwungs geschlagen, aber der Ball muss trotzdem fest getroffen werden. Sie holen also nicht so weit aus wie bei einem normalen Schlag, müssen aber trotzdem am tiefsten Punkt wie bei einem normalen Schlag beschleunigen!

Ohne sichere Beherrschung des Schwungs endet der Schlag unweigerlich in einer Katastrophe. Wahrscheinlich schlagen Sie über das Grün hinweg oder geradewegs ins nächste Hindernis. Statt des erträumten Pars oder Birdies stehen Sie jetzt vor einem Bogey, Double Bogey oder Schlimmerem.

Deshalb fürchten viele Golfspieler den Pitch mehr als jeden anderen Schlag in einer Golfrunde.

DIE PITCH-TECHNIK

Standardaufstellung

Wenn Sie verstanden haben, wie man einen sauberen Pitch ausführt, gibt es allerdings keinen Grund für derartige Befürchtungen.

Der Schlüssel zu einem guten Pitch ist wieder einmal die richtige Aufstellung. Der Stand ist eine Miniversion dessen, was wir für ein längeres Eisen oder Holz kennen, jedoch mit einigen entscheidenden Unterschieden.

Der erste Unterschied ist der sogenannte offene Stand, bei dem der vordere Fuß um einige Zentimeter hinter der Ball-Ziel-Linie versetzt steht. Gleichzeitig bleiben hinterer Fuß, Hüften, Brust und Schultern parallel zur Zielfluglinie stehen.

Der zweite Unterschied ist der engere Stand, bei dem die Außenkanten der Füße etwa schulterbreit auseinander stehen. Sie erinnern sich, was wir vorher schon besprochen haben: dass für ein Eisen 5 eine imaginäre Linie von den Außenseiten der Schultern zu den Innenseiten Ihrer Fersen verläuft und dass sich dieser Abstand für Hölzer leicht vergrößert.

Der dritte Unterschied ist der, dass Sie den Schläger weiter unten fassen, sodass etwa 5 cm des Griffs aus Ihren verschränkten Händen ragen.

Gewicht und Haltung

Jetzt können Sie Ihr Gewicht je nach beabsichtigtem Schlag verteilen.

Wollen Sie einen Pitch aus 70 m Entfernung oder mehr aufs Grün schlagen, sollten 55 Prozent des Gewichts auf dem linken und 45 Prozent auf ihrem rechten Fuß ruhen. Schlagen Sie aus 30–60 m Entfernung, ruhen sogar 60 Prozent Ihres Gewichts auf dem linken Fuß. Weniger Gewichtsverlagerung erzeugt dementsprechend einen weiteren Schlag.

Ihre Haltung wird durch den Schläger bestimmt, den Sie für den Schlag ausgewählt haben.

Mit einem Sand Wedge stehen Sie z. B. wegen des kürzeren Schafts weiter vornübergebeugt als mit einem Eisen 9. Deshalb müssen Sie Ihr Gewicht etwas weiter nach hinten verlagern (also das Gesäß nach hinten herausschieben), um beim Schwung das Gleichgewicht nicht zu verlieren, weil Ihr Oberkörper stärker vorgeneigt ist.

LINKS UND UNTEN Beim Pitch sollte das Gewicht bei geringerer Verlagerung etwas nach links verschoben sein. Das hilft, den Schlag besser zu kontrollieren.

Ballposition

Legen Sie den Ball für einen Standard-Pitch je nach vorgesehener Flughöhe in die Mitte Ihres Standes oder leicht zum hinteren Fuß auf der Ball-Ziel-Linie.

Ich werde das später näher erklären, zusammen mit Variationen wie dem Lob über ein Hindernis, dem flach unter dem Wind fliegenden Pitch und dem Pitchen aus dem Rough. Für den durchschnittlichen Pitch ist aber die Mitte zwischen den Füßen ideal.

DEN PITCH MEISTERN

Nun, da Sie die richtige Aufstellung für den Pitch-Schlag beherrschen, widmen wir uns dem Schwung. Dieser ähnelt zwar dem normalen Golfschwung, weist aber einige Unterschiede auf.

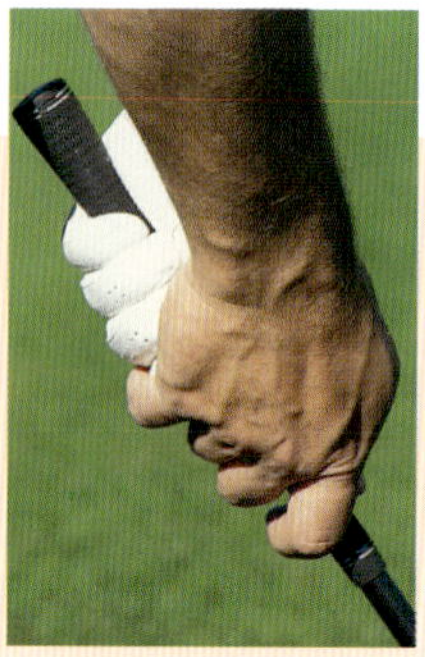

Der nach unten verschobene Griff hilft, die Weite zu kontrollieren.

Ein gutes Tempo ist unerlässlich. Der Anfang des Rückschwungs sollte tief und langsam sein.

Im Unterschied zum normalen Schwung findet eine geringere Gewichtsverlagerung statt, Rück- und Durchschwung sind kompakter und die Betonung liegt auf der Genauigkeit.

Die linke Hand ist einer der Schlüssel zum Durchschwung. Sie muss immer vor der Schlagfläche und so lange wie möglich vor der rechten Hand bleiben. Halten Sie das linke Handgelenk im Treffmoment gerade und konzentrieren Sie sich darauf, die Rückseite des Balls zu treffen. Es ist wichtig, dass Sie den Ball nicht löffeln oder hacken, um zu einem ausbalancierten Finish zu kommen.

Das richtige Gefühl

Der Standard-Pitch verlangt nach einem Dreiviertel-Rückschwung und einem gleich langen Durchschwung im Vergleich zum normalen Schwung. Je kürzer aber der Pitch ist, desto kürzer sind Rück- und Durchschwung. Hier kommt es aufs Gefühl an, das nicht leicht zu erklären oder beizubringen ist. Deshalb müssen Sie diesen Schlag so oft wie möglich üben und jede Tendenz bekämpfen, den Schläger für ein besseres Gefühl kurz vorm Treffer zu verlangsamen.

Üben Sie Pitch-Schläge mit verschiedenen Weiten, bis Sie den Ball in einer vernünftigen Distanz für den Putt vors Loch legen können. Sie können auch einen aufgespannten Schirm mit der oberen Spitze in den Boden Ihres Gartens stecken und diesen als Ziel Ihres Pitches verwenden.

Üben Sie diesen Schlag immer und immer wieder aus verschiedenen Entfernungen, und Sie werden ihn auch unter Druck sicher ausführen können.

DAS TEMPO IST ENTSCHEIDEND

Die Weite steuern

Ein weiterer Schlüssel zur Weite des Schlags ist eine leicht verringerte Standbreite bei den kürzeren Schlägen. Dadurch verkürzen Sie Ihre Drehung, während das nach links verschobene Gewicht ebenfalls zur gewünschten Wirkung verhilft.

Stellen Sie sich eine Uhr hinter Ihrem Rücken vor und nutzen Sie das imaginäre Zeigerblatt zur Orientierung für Ihren Schwung. So würde z. B. ein Dreiviertelschwung für einen Pitch über 80–90 m bedeuten, dass der Schläger bis 10 oder 11 Uhr zurück- und bis 1 oder 2 Uhr durchschwingt. Bei einem 45-m-Pitch holen Sie dagegen nur bis 9 Uhr aus und schwingen bis 3 Uhr durch.

Das richtige Tempo

Sie müssen selbst die kürzesten Pitches mit Entschlossenheit spielen, um eine Vielzahl von Fehlern zu vermeiden. Ein Schlüsselelement ist dabei ein gleichmäßiges Tempo. Trotz der Kompaktheit des Schwungs muss der Schlägerkopf wie bei jedem Schlag mit gleichbleibendem Tempo geführt werden, um entschlossen durch den Ball zu schwingen – das gilt in besonderem Maß für Eisen für kurze Entfernungen.

RÜCK- UND DURCHSCHWUNG

OBEN **Die Länge des Rückschwungs bestimmt die Weite des Schlages. Experimentieren Sie mit verschieden weiten Rückschwüngen und beobachten Sie, wie weit der Ball jeweils fliegt.**

LINKS **Die Länge des Durchschwungs sollte der Länge des Rückschwungs entsprechen und diesen spiegeln. Das verhindert, dass Sie im Schwung nachlassen.**

UNTEN **Wie bei allen Schlägen zeigt ein ausbalanciertes Ende des Durchschwungs den kontrollierten Schwung an und trägt zur Konsistenz bei.**

Blättern Sie auch noch einmal zum Kapitel 2 zur Vorbereitung und Schwungvorbereitung.

Beim Pitch ist es unerlässlich, den Schlag vorher zu visualisieren. Wählen Sie einen Fleck auf dem Grün und stellen Sie sich im Kopf bildlich vor, wie der Ball durch die Luft fliegt, landet und bis zur Fahne rollt.

Jetzt können Sie einen soliden Pitch spielen und Ihr Spielergebnis verbessern.

DER CHIP

Mit dem Chip können Sie Ihr Spielergebnis um sechs Punkte in einer Runde verbessern. Natürlich geht das nicht von jetzt auf gleich, denn die Beherrschung der Technik, die ich im Folgenden beschreibe, erfordert wie der Pitch-Schlag einige Wochen Übung. Aber verglichen mit dem vollständigen Schwung ist sie relativ einfach.

Versuchen Sie den Ball beim Üben mit einem Unterarmwurf zum Ziel rollen zu lassen. Das hilft, den Rollweg zum Loch zu veranschaulichen.

Am Anfang steht die Wahl des Schlägers.

Der Chip ist der einfachste und gleichzeitig wichtigste Schlag im gesamten Spiel. Ein Sprichwort im Golfsport besagt, dass der Drive der Show dient und der Putt dem Geldverdienen. Aber trotzdem erreichen nur wenige Golfspieler das Grün konsistent mit ein, zwei und drei Schlägen, um ein Par zu erzielen. Im Laufe der Zeit werden wir aber besser und kommen mit den meisten Schlägen näher ans Grün. An diesem Punkt kommt das Chippen ins Spiel.

Maximales Feeling

Der Chip ist ein Schlag aus einer Entfernung vom Grün von bis zu 30 m. Ziel des Chippens ist, den Ball so nahe ans Loch zu befördern, dass man ihn beim nächsten Schlag mit dem Putter einlochen kann.

Der Chip ist ein weiterer Schlag, der nach maximalem Gefühl und guter Vorstellungskraft verlangt. Das heißt wiederum: üben, üben und nochmals üben.

Auf den Punkt gebracht

Für den Chip eignet sich jeder Schläger von einem Eisen 5 bis zum Sand Wedge. Die Wahl ist abhängig von der Position des Balls zur Fahne, der Größe des Grüns und dem Terrain, das es bis zum Grün zu überwinden gilt. Und dann soll der Ball auch noch rollen.

Wie Ray Floyd, einer der Meister des kurzen Spiels und Gewinner der US Open und der Masters, einmal lapidar gesagt hat, geht es bei diesem Schlag einfach darum, den Ball mit einem Schläger mit Loft einzulochen. Genau darum geht es im Kern tatsächlich, wie Sie auf den nächsten Seiten sehen werden.

Vorüberlegungen

Visualisieren Sie zunächst Ihren Schlag. Wenn Sie am Rand des Grüns, vielleicht 10 m vom Loch entfernt, stehen, suchen Sie sich einen Landeplatz für den Ball aus. Achten Sie auf die Neigung des Grüns und weitere Faktoren wie den Wind.

Um den Schlag erfolgreich auszuführen, müssen Sie die Distanz und die Abweichung des Balls genauso einschätzen, als wollten Sie einen Putt ausführen.

Für den Anfänger bedeutet das einige Übung, bis er das nötige Gefühl entwickelt hat, während ein erfahrener Spieler auf die Erinnerung an ähnliche Schläge aus der Vergangenheit zurückgreifen kann.
Als Faustregel kann aber gelten: Wenn Sie den normalen Chip anwenden und mit einem Eisen für mittlere bis kurze Distanzen spielen, wird der Ball etwa ein Drittel des Weges fliegen und den Rest der Strecke rollen – abhängig von der Situation.

Wenn Sie den Ball hoch in die Luft werfen, wird es Ihnen viel schwerer vorkommen, nahe ans Loch zu kommen.

PROFITIPP

In jüngerer Zeit haben Profispieler wie Tiger Woods die Verwendung eines Holzes 3 oder 5 zum Chippen in bestimmten Situationen populär gemacht. Tiger Woods schlägt den Ball damit sogar noch flacher als mit einem Eisen und verhindert so ein Hüpfen oder Tanzen beim Anlupfen des Balls. Wichtig ist dabei ein gleichmäßiger, geschmeidiger Schlag.

EIN SCHLAG MIT GEFÜHL

Der Chip-Schlag kann aus bis zu 30 m Entfernung vom Grün gespielt werden. Der Kopf wird beim Schlag ruhig gehalten und das Gewicht leicht nach links verlagert. Bei diesem Schlag kommt es sehr auf das Gefühl an – das lässt sich nur durch Üben entwickeln.

DER EINFACHE CHIP

Jetzt ist es an der Zeit, sich Gedanken über die Wahl des Schlägers zu machen. Manche Golfer nehmen immer das gleiche Eisen, oftmals ein Pitching Wedge oder ein Eisen 7. Für Anfänger keine schlechte Wahl.

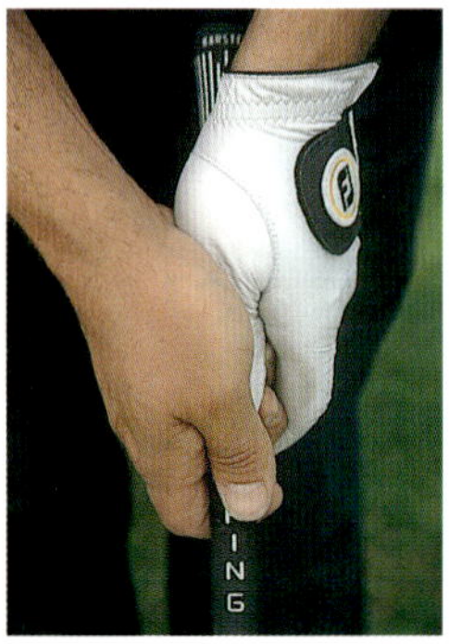

OBEN Greifen Sie am Schaft und halten Sie die Hände bei der Ansprache vor dem Schlägerkopf.

Wenn Sie schon eine Zeit lang spielen, wissen Sie, dass jeder Schläger eine etwas andere Wirkung hat und dass die Auswahl des Schlägers spielentscheidend ist. Der richtige Schläger kann, in Verbindung mit einem soliden Chip, den Unterschied zwischen einem langen, schwierigen und einem kurzen, schmerzlosen Putt machen.

Als Faustregel sollte der Schläger umso mehr Loft haben, je weiter der Ball vom Grün entfernt liegt. Die zusätzliche Höhe, die ein stärker geneigter Schläger bewirkt, verhilft auch zum notwendigen Rückdrall oder Backspin, der verhindert, dass der Ball nach der Landung über das Loch hinaus rollt.

Die Weite entscheidet

Wenn Sie, wie schon beschrieben, nur vielleicht 1 m vom Rand des Grüns und 10 m von der Fahne entfernt stehen, ist ein Eisen 6 oder 7 ideal, weil es den Ball auf den Rand des Grüns lupft und ihn dann wie bei einem gut gespielten Putt den Rest des Weges rollen lässt.

Sind Sie aber 5 m weiter weg, brauchen Sie wahrscheinlich ein Wedge mit ausreichend Loft, um den Ball bis zum Rand des Grüns fliegen und dann bis zum Loch ausrollen zu lassen.

Bei größeren Entfernungen spielen Sie einen Pitch oder Lob, die an anderer Stelle beschrieben werden.

Die Aufstellung

Jetzt ist es Zeit für die Aufstellung. Stellen Sie die Füße im offenen Stand (vorderer Fuß um 20 Grad ausgestellt) etwa 30 cm auseinander und richten Sie den Rest des Körpers parallel zur Zielfluglinie aus.

Verlagern Sie den größten Teil Ihres Gewichts auf den vorderen Fuß und positionieren Sie den Ball links von der rechten großen Zehe.

Greifen Sie mit der unteren Hand ans untere Ende des Griffs – Sie können auch Ihren Putting-Griff (siehe Kapitel 6, Putting) einnehmen, wenn er Ihnen besser liegt – und schieben Sie die Hände vor den Ball, sodass Sie ihn mit einem leicht absteigenden Kontakt treffen.

Wegfegen

Denken Sie bei der Ausführung an Ihren Putt, den ich in Kapitel 6 eingehend behandeln werde. Beginnen Sie

HÄNDE UND SCHWUNGWEITE

Führen Sie den Schläger mit Armen und Händen zurück.

Passen Sie die Länge des Schwungs der zu überwindenden Distanz an.

Halten Sie die Hände vor dem Schlägerkopf und schwingen Sie mit dem linken Handrücken durch.

den Rückschwung mit relativ passiven Händen, Handgelenken und Armen und der gleichen geschmeidigen Pendelbewegung wie beim Putt (die Arme bilden ein Dreieck mit den Schultern als Grundlinie). Werden Sie im Moment des Abschlags auf keinen Fall unsicher.

Fegen Sie beim Treffen den Ball einfach vom Gras und achten Sie darauf, dass der Durchschwung genauso lang ist wie der verkürzte Rückschwung. Halten Sie wie beim Putten den Kopf so lange nach dem Treffen des Balls unten, bis der Ball sicher auf dem Weg zum Loch ist.

Mit etwas Glück und einer soliden Technik wird der Ball bereits außer Sicht sein, wenn Sie den Kopf heben. Und vielleicht haben Sie schon ein Par oder einen Birdie auf Ihrer Scorekarte stehen, nämlich wenn der Ball ins Loch gegangen sein sollte.

LINKS UND UNTEN Nahe am Grün bietet sich ein Putter an. Das Gras sollte dabei aber nicht zu dicht gewachsen und wirklich trocken sein.

AUFSTELLUNG ZUM CHIP-SCHLAG

LINKS Beginnen Sie mit Ihrer normalen Schwungvorbereitung: mit dem Schläger zielen, den Körper ausrichten, den Ball positionieren, Griff und Haltung einnehmen.

UNTEN Sie werden häufig zu Sand oder Lob Wedge greifen müssen, um den Ball über ein Hindernis zu heben und sanft landen zu lassen.

MIT EINEM HOLZ CHIPPEN

Dies ist ein „Tiger-Woods"-Schlag. Aus unmittelbarer Nähe zum Grün kann ein Holz 3 oder 5 den Ball sehr effizient über das Vorgrün heben und zum Loch rollen lassen. Übung macht den Meister.

5 BUNKERSPIEL

Der Bunkerschlag ist der Horror der meisten Golfer; aber aufgrund seiner Fehlertoleranz ist er eigentlich der einfachste Schlag des Spiels.

VOM BUNKER AUFS GRÜN

An den meisten Wochenenden ist mein Golfklub voller Leute. Sie bevölkern die Driving Range, spielen eine Runde oder sitzen gemütlich im Restaurant. Nur der Übungsbunker mit Grün vor dem Klubhaus wird so wenig genutzt, dass ich sogar mein Auto in der Nähe parke.

Woran liegt das? Ich kann das nicht nachvollziehen, vor allem, wenn man sieht, wie viele Golfer panische Angst vor Sandhindernissen haben und im Ernstfall allein schon mental kapitulieren und sich lieber mit einem Bogey oder Schlimmerem abfinden.

In diesem Kapitel will ich Ihnen zeigen, wie Sie mit einem der einfachsten Schläge des Spiels aus dem Sand kommen. Wie immer hilft es, wenn man die Dinge entzaubert.

Fragen Sie einmal einen Profi, ob er den Ball lieber aus dem Sand oder dem Rough spielt. Er wird Ihnen antworten, dass man das nicht vergleichen könne. Wenn Sie im näheren Umfeld eines Grüns einen Fehler machen, ist Sand noch das Beste, das Ihnen passieren konnte.

Aus dem Bunker heraus haben Sie eine große Fehlertoleranz, können dem Ball normalerweise einen Spin verpassen und haben eine über 50-prozentige Chance, in zwei Schlägen abzuschließen.

Wie beim Chip oder Pitch ist auch bei diesem wichtigen Schlag konsequentes Üben der Schlüssel zum Erfolg.

Richtige Einstellung

Um erfolgreich aus dem Sand zu spielen, müssen Sie positiv denken, bevor Sie in den Bunker steigen. Wie oft haben Sie den Ball schon ein- oder gar zweimal in der Falle gelassen oder über das Grün hinweg geschlagen und dadurch sogar noch größere Schwierigkeiten erzeugt?

Übung besiegt die Angst vor dem Bunker. Wenn Sie diesen Schlag fürchten, üben Sie so lange im Bunker, bis Sie mir diese Binsenweisheit glauben.

Die Angst vor diesem Schlag lähmt Ihren Schwung. Wie bei den anderen Schlägen auch kommt es hier aber auf eine geschmeidige Bewegung und ein knackiges Tempo an. Es reicht meist schon aus, dass sich der Golfer Sorgen um den Schlag macht, dann verfehlt er schnell den Schwung durch den Ball: eine Todsünde im Bunker. Bleibt der Schlägerkopf im Sand stecken, bleibt es auch der Ball.

Generalprobe

Proben Sie also wie immer den schwierigen Schlag, bevor Sie ihn spielen. Dies ist bei Bunkerschlägen noch wichtiger als sonst, weil es verboten ist, den Schläger in einem Hindernis vor dem Schlag hinter dem Ball aufzusetzen.

Visualisieren Sie den Schlag im Kopf, bevor Sie in den Sand steigen. Beschwören Sie ein mentales Bild des Ablaufs (den ich gleich erkläre) herauf. Dann stellen Sie sich vor, wie der Schlägerkopf in den Sand gleitet und den Ball sanft auf einem Sandkissen aufs Grün hebt.

OBEN Ein Gefühl für die Entfernung, den Landeplatz und die Flugbahn des Balls zu bekommen ist beim Bunkerspiel besonders wichtig, weil Sie oft die Fahne nicht sehen können.

Zudem sollten Sie außerhalb des Bunkers einige Übungsschwünge mit der gleichen Aufstellung und Schwungbahn machen, die Sie im Bunker anwenden wollen. Wenn Sie in den Bunker steigen, versuchen Sie, mit den Füßen nicht nur einen festen Stand zu finden, sondern auch ein Gefühl für die Tiefe und Struktur des Sandes zu bekommen. Dadurch werden Sie unweigerlich weitere Hinweise darüber bekommen, wie Sie den Schlag spielen müssen..

Jetzt ist es an der Zeit, dass Sie selbstbewusst in den Bunker steigen und unbeirrt das Par spielen.

AUFSTELLUNG

Füße und Hüften sollten nach links vom Ziel weisen (offener Stand).

Legen Sie den Ball in Höhe der linken Ferse ab.

Halten Sie das Gewicht während des gesamten Schlags auf Ihrem linken Fuß.

DAS SAND WEDGE

In den 1930er-Jahren erfand der legendäre Gene Sarazen das Sand Wedge – einen Schläger, der das Golfspiel veränderte. Vorher mussten Golfer im Bunker mit den verschiedensten Schlägern improvisieren. Schätzen Sie sich also glücklich, dass Sie heute von der Erfindung Sarazens profitieren können, und nutzen Sie sie auch.

Ich halte den Durchschwung für den wichtigsten Teil des Bunkerschlags. Zu viele Spieler hören beim Treffmoment auf zu denken. Tappen Sie nicht in diese Falle – vollführen Sie einen großen Durchschwung mit reichlich Sand im Gepäck.

Das Sand Wedge wird Ihnen immer aus dem Bunker helfen, vorausgesetzt, Sie wissen, wie man damit umgeht. Das mag wie Besserwisserei klingen, ist es aber nicht.

Die meisten Golfer üben diesen Schlag nicht. Wenn sie dann aus dem Sand heraus schlagen müssen, haben sie keine Ahnung, wozu dieser einzigartige Schläger in der Lage ist, oder, wie man ihn so nutzen kann, wie Gene Sarazen es sich seinerzeit gedacht hat – auch wenn das vor über 70 Jahren war!

Manche Golfer haben noch nicht einmal einen Sand Wedge in der Tasche. Wenn Sie zu diesem Kreis gehören, beheben Sie diesen Missstand sofort. Ich empfehle Ihnen, sich vor dem Kauf von einem professionellen PGA-Lehrer beraten zu lassen, weil dieser Schläger an die Bedingungen des Platzes angepasst sein muss.

Drunter und drüber

Das Sand Wedge darf nicht mit dem Pitching Wedge verwechselt werden, wie das viele Anfänger gerne machen. Mit 56 Grad Loft ist das Sand Wedge darauf ausgerichtet, den Ball anzuheben und mit einem Spin zu versehen. Damit empfiehlt es sich auch für Schläge bis 70 m Entfernung vom Fairway. Zudem besitzt die Sohle des Spezialschlägers einen speziellen Flansch, der den Schlägerkopf durch den Sand gleiten lässt, ohne dass er sich eingräbt – die Profis nennen das „Bounce".

Das ist wichtig, weil der Bunkerschlag der einzige Schlag ist, bei dem Sie den Ball nicht direkt schlagen.

BUNKERSPIEL

DER BALL WIRD DURCH DEN SAND ANGEHOBEN

Der Sand vor dem Ball ist die Sicherheitsreserve, die einen erfolgreichen Schlag aus dem Bunker garantiert.

RAUS AUS DER RILLE

Ein Vorläufer des von Gene Sarazen erfundenen Sand Wedges war eine Variante des sogenannten Cleek-Schlägers aus der Mitte des 19. Jahrhunderts (es gab auch Cleeks für Abschlag und Putt); er zeichnete sich durch ein angewinkeltes Schlägerblatt aus. Der Cleek diente zum Spielen aus Rinnen und Sand und war ideal, um aus Spurrillen von Karren zu entkommen. Die entstanden, weil früher die Stadtbewohner vor allem auf den schottischen Dünenplätzen das Recht hatten, Sand, Kies und Treibgut einzusammeln und abzufahren.

Stattdessen trifft man 2,5–5 cm hinter dem Ball, woraufhin der Schlägerkopf durch den Sand und unter den Ball gleitet und diesen in die Luft und über den Rand des Bunkers auf das Grün hebt.

Aggressiver Schlag

Haben Sie es gemerkt? Ich habe gesagt: Der Schlägerkopf gleitet unter den Ball! Tatsächlich wird bei einem gelungenen Schlag das Treffmoment durch den Sand auf den Ball übertragen. Dadurch können wir mit dem Sand Wedge einen Angriffsschlag spielen, der den Ball mit Effet versorgt und auf dem Grün stoppen lässt.

Wie aber kann man aggressiv zuschlagen, den Ball nicht berühren und ihn doch wenige Meter mit einem Rückdrall fliegen lassen?

Hier kommt die Aufstellung ins Spiel. Sobald Sie diese beherrschen, ist auch der Sandschlag kein Problem mehr für Sie.

Ziehen Sie beim Üben (im Spiel ist das nicht erlaubt) einige Zentimeter beiderseits des Balls Linien. Beim Schlag sollte der gesamte Sand mitgenommen werden.

HINTERLASSEN SIE SPUREN – BEIM ÜBEN!

DER EINFACHE SANDSCHLAG

Stehen Sie offen – Füße, Knie, Hüften und Schultern leicht nach links gedreht – und mit der Schlagfläche in einem Winkel von 90 Grad zur Ball-Ziel-Linie. Der Ball sollte mittig zwischen den Füßen liegen und Ihr Gewicht zu 60 Prozent auf dem vorderen Fuß lasten.

Wie wir später sehen werden, verändert sich die Aufstellung je nach Position der Fahne und der zu überwindenden Höhe, die Sie erreichen müssen, um den Rand des Bunkers zu überfliegen. Je mehr Höhe und Spin Sie brauchen, um aus dem Bunker herauszukommen, desto weiter öffnen Sie Ihren Stand und das Schlägerblatt und desto weiter vorne liegt der Ball.

LINKS Wenn Sie mehr Höhe brauchen, öffnen Sie die Schlagfläche.

RECHTS Graben Sie die Füße tief in den Sand.

GANZ LINKS Das Sand Wedge unterscheidet sich von anderen Schlägern durch den Flansch an der Sohle, der ein Eingraben verhindert.

LINKS Beim Stand im Bunker graben Sie die Füße ein. Deshalb müssen Sie den Schläger weiter unten fassen.

GANZ LINKS Sand Wedges haben verschiedene Formen mit unterschiedlich großen Flanschen. Es lohnt sich, mehrere auszuprobieren, bevor man sich für eines entscheidet.

Eingraben

Verschaffen Sie sich zunächst einen sicheren Stand, indem Sie die Spikes an Ihren Schuhen in den Sand graben, bis der Sand mit Ihren Schuhsohlen abschließt. So bekommen Sie auch gleichzeitig ein besseres Gefühl für die Tiefe und Struktur des Sandes.

Mit zunehmender Erfahrung werden Sie lernen, Ihren Schwung den jeweiligen Bedingungen anzupassen. Ein Beispiel: Der Ball wird aus nassem, grobem Sand schnell herauskommen, sodass Sie Ihren Schwung verkürzen müssen. Feiner, pulveriger Sand fordert von Ihnen mehr Speed und einen längeren Schwung, um ein Eingraben des Schlägerkopfes zu vermeiden.

Der Griff

Jetzt nehmen Sie den Griff am Schläger ein. Ich empfehle zwar den normalen Griff, aber einige Golfer benutzen lieber einen schwachen Griff, um sicherzustellen, dass das Schlägerblatt offen bleibt. Wenn Sie normalerweise einen etwas stärkeren Griff benutzen, um einen Slice zu vermeiden und mehr Weite zu erzielen, sollten Sie im Bunker besser einen neutralen Griff wählen, damit sich der Schlägerkopf nicht eingräbt.

Unabhängig vom eingenommenen Griff empfehle ich Ihnen, den Schaft auf jeden Fall weiter unten zu fassen. Dadurch, dass Sie Ihre Füße in den Sand eingegraben haben, verkürzt sich der Abstand zwischen Händen und Ball, Sie wollen aber die volle Länge Ihres linken Arms im Treffmoment ausnutzen.

Positiver Treffer

Schließlich lassen Sie den Schlägerkopf 4 cm hinter dem Ball über dem Sand schweben und beginnen mit dem Rückschwung entlang der Linie Ihrer Füße – oder entlang einer Schwungbahn von außen nach innen.

Setzen Sie die Handgelenke frühzeitig ein und führen Sie den Schläger geschmeidig zurück – ein gutes Tempo ist für jeden Bunkerschlag entscheidend. Die Länge des Schwungs variiert mit dem erforderlichen Schlag. Meist ist es aber ein Dreiviertel-Rückschwung.

Noch einmal: Der Schlägerkopf darf nicht im Sand stecken bleiben. Schlagen Sie durch bis zum Finish. Wenn Sie das befolgen, wird der Ball hoch aus dem Bunker steigen und sanft auf dem Grün landen.

BUNKERSPIEL

OBEN Selbstvertrauen ist der Schlüssel zum Bunkerspiel. Schwingen Sie geschmeidig, nehmen Sie den Sand vor dem Ball mit und schwingen Sie durch.

HANGLAGEN IM BUNKER

Die runde, schüsselartige Form der meisten Bunker bringt es mit sich, dass wir uns glücklich schätzen, wenn wir wenigstens eine ebene Lage vorfinden. Denn der Ball rollt häufig in die flache Sohle des Hindernisses. Bleibt er aber an der Wand hängen, müssen wir die Standardtechnik etwas anpassen.

Mit dem Ball zu meinen Füßen konzentriere ich mich auf einen stabilen Stand und versuche, mit dem Körper niedrig zum Ball zu bleiben. Denken Sie daran, entschlossen zuzuschlagen.

Richten Sie Ihren Körper immer parallel zum Hang aus. Das ist die Ausgangsposition. Bei ansteigendem Gelände fliegt der Ball höher und weniger weit als ein aus der Ebene geschlagener Ball. Hier ist Selbstvertrauen sehr wichtig. Der Schlag erfordert einen längeren Schwung, als im Bunker normalerweise üblich ist, damit der Ball nicht zu kurz fliegt.

Das Gegenteil gilt, wenn der Ball auf abfallendem Gelände liegt. Dieser Schlag ist eher schwierig, weil der Ball flacher aus dem Bunker herauskommt und auf dem Grün weiterrollt.

Unter Umständen wird auch Ihr Rückschwung durch den hinteren Bunkerrand behindert. Auch in diesen Fällen sind wieder Selbstvertrauen und eine solide Technik unerlässlich, um erfolgreich zu schlagen.

Ansteigende Hänge

Bei einem ansteigenden Hang stehen Sie mit offenem Stand, die Schlagfläche des Sand Wedge in einem Winkel von 90 Grad zum Ziel ausgerichtet und die Hände dicht vor dem Schlägerkopf. Der Ball muss genau gegenüber der linken Ferse liegen. Mit dem Gewicht größtenteils auf dem hinteren Fuß – der fest in den Sand eingegraben sein sollte – richten Sie die Schultern in einer Linie mit der Steigung des Hangs aus und schwingen Sie entlang der Schräge.

Beginnen Sie den Rückschwung in gleichmäßigem Tempo und holen Sie weiter aus als gewöhnlich. Halten Sie das Tempo zu Beginn des Durchschwungs und überlassen Sie Ihrem linken Handgelenk und Arm die Führung. Treffen Sie den Sand etwa 4 cm hinter

HANGLAGE

dem Ball. Denken Sie daran, dass der Hang und der Loft des Schlägers das ihrige bereits tun, um den Ball hoch über den Rand des Bunkers hinauszutragen – Sie müssen nicht extra nachhelfen! Der Hang kann allerdings einen vollen Durchschwung verhindern, was in diesem Fall aber kein Problem ist. Der Schwung soll den Ball nur hoch und aufs Grün tragen.

Abfallende Hänge

Auch hier richten Sie die Schultern parallel zum Hang aus, diesmal nach unten parallel zum Gefälle, wobei Ihr Gewicht auf dem vorderen Fuß ruht. Ihre beiden Füße sind fest in den Sand eingegraben. Öffnen Sie die Schlagfläche möglichst weit, damit der Ball an Höhe gewinnt und anschließend schneller auf dem Grün stoppt. Der Stand sollte offen sein und der Ball je nach Gefälle an einem Punkt liegen, der sich zwischen der Mitte des Stands und dem hinteren Fuß bewegt.

Setzen Sie beim Rückschwung die Handgelenke sofort ein und heben Sie den Schläger steil an. Dadurch entgehen Sie der Rückwand des Hindernisses und erhalten einen steilen Angriffswinkel, der den Ball nach oben zwingt. Denken Sie daran, dass Sie zwei Strafschläge riskieren, wenn Sie den Schlägerkopf absetzen oder den Sand beim Rückschwung berühren. Treffen Sie den Sand etwa 2–3 cm hinter dem Ball und ziehen Sie den Schläger zu einem hohen Finish durch. Der Ball wird bei der Landung wahrscheinlich weiter rollen als beabsichtigt – aber Sie sind aus dem Bunker raus und auf dem Grün.

ENTSCHLOSSEN SCHWINGEN

Der Schlag nach oben an einem ansteigenden Hang lässt den Ball natürlicherweise höher fliegen und schneller stoppen, deshalb können Sie entschlossener zuschlagen als bei einem Abhang. Verfolgen Sie mit den Augen, wie der Ball aufsteigt und dann wie ein Stein auf das Grün plumpst.

LINKS OBEN Bei ansteigendem Gelände sollten die Schultern der Hanglinie folgen. Suchen Sie einen festen Stand.

LINKS Durchschwung

Dies ist einer der schwierigsten Schläge im Golf. Üben Sie ihn aus verschiedenen Situationen und Lagen, bis Sie sich zutrauen, zumindest das Grün zu treffen.

EINGEGRABENE LAGEN UND LANGE BUNKERSCHLÄGE

Golfbälle haben die üble Angewohnheit, sich in Bunkern hinterhältig einzugraben, was den Sandschlag erheblich erschwert. Mit der richtigen Technik können Sie aber nahezu jeden Ball ausgraben – selbst wenn er im Sand fast unsichtbar geworden ist.

Auch in einem solch schwierigen Fall schlagen Sie wieder nicht direkt den Ball. Stattdessen müssen Sie einen Weg finden, den Schläger in den Sand und unter den Ball zu bekommen und den Ball dann explosionsartig aus dem Sand herauszuschießen.

Bei einer normalen Lage im Sand können Sie auf diese Weise sowohl Höhe als auch Backspin erreichen. Wenn der Ball sich in einer eingegrabenen Lage befindet, kommt der Ball oft niedrig und mit Vorwärtsdrall heraus – weil Sie ihn mit geschlossener Schlagfläche treffen –, sodass er nach der Landung weiterrollt.

LANGE ANNÄHERUNG AUS DEM BUNKER

Die eingegrabene Lage ist nicht so schlimm, wie sie aussieht. Halten Sie Schultern und Schläger in einem Winkel von 90 Grad zum Ziel und schlagen Sie nach unten in den Sand. Der Ball wird herausspringen, aber mangels Backspin weit rollen.

Scharf nach unten

Viele eingegrabene Bälle liegen am hinteren Bunkerrand, weil der Schlag zu kurz ist, um die nahe am Rand des Grüns stehende Fahne zu erreichen. Hier müssen Sie sich wieder mit den Schultern parallel zum ansteigenden Hang aufstellen. Schlagen Sie mit leicht geöffneter Schlagfläche oder in einem Winkel von 90 Grad scharf nach unten, sodass der Schläger dicht hinter dem Ball in den Sand eindringt. Sie können den Schläger bei diesem Schlag im Sand lassen. Ist der Ball richtig getroffen, wird er aus dem Bunker herausspringen und vielleicht sogar auf dem Grün schnell stoppen.

Bei einer konventionelleren eingegrabenen Lage an einer anderen Stelle im Bunker versuchen Sie, mit geschlossener Schlagfläche direkt hinter dem Ball scharf nach unten zu schlagen; bremsen Sie den Durchschwung, damit der Schlägerkopf die Hände nicht überholt. Auch hier wird der Ball aus dem Sand fliegen, aber auf dem Grün weiterrollen.

Ihr Griff sollte bei eingegrabenen Bällen fester sein, damit der Schlägerkopf härter in den Sand schlägt.

Lange Bunkerschläge

Es heißt oft, ein Bunkerschlag von 40 m oder mehr zähle zu den schwierigsten Schlägen im Golf. Das liegt daran, dass es ungeachtet der Lage des Balls im Bunker oder der Position der Fahne sehr schwer ist, ein korrektes Gefühl für die Weite zu entwickeln.

Ich versuche, einen solchen Schlag ähnlich wie einen normalen Pitch abseits der Spielbahn zu spielen. Berechnen Sie zunächst die Höhe der Bunkerlippe. Ist sie flach genug und liegt der Ball weit genug hinten, können Sie ein Pitching Wedge, ein Eisen 9 oder sogar ein Eisen 8 verwenden.

Richten Sie die Schlagfläche in einem Winkel von 90 Grad aus, positionieren Sie dann den Ball vor Ihrer linken Ferse und heben Sie ihn sauber vom Sand ab. Dann schwingen Sie mit Entschlossenheit durch!

Zumindest eine Chance

Das Gleiche gilt für Fairway-Bunker, denen ich mich in Kapitel 11 intensiver widmen werde. Auch hier kommt es auf Übung und Erfahrung an. Die ersten paar Schläge werden vermutlich desaströs enden. Aber lassen Sie sich davon nicht entmutigen.

Die erste Priorität beim Bunkerspiel ist, den Ball herauszubekommen! Liegt der Ball eingegraben oder zu nahe am Rand oder ist der Rand zu hoch, um überspielt zu werden, vergessen Sie das Grün und greifen Sie wieder zum Sand Wedge. Versuchen Sie, den Ball irgendwo auf die Spielbahn zu einem zweiten Versuch zu spielen.

Halten Sie beim eingegrabenen Ball den Schläger in einem Winkel von 90 Grad, bedenken Sie den Auslauf auf dem Grün und schlagen Sie nach unten in den Sand.

DER EINGEGRABENE BALL IM BUNKER

6 PUTTING

Das Putting macht etwa 50 Prozent des Spiels oder 36 der 72 Schläge aus, die Sie in einer Par-Runde ausführen können.

PUTTING

Der Drive dient der Show und der Putt dem Geldverdienen. Dieser Grundsatz des Golfspiels enthält eine entscheidende Wahrheit: Das Putting macht etwa die Hälfte der Schläge aus, die Sie in einer Par-Runde ausführen.

Wenn Sie pro Runde routinemäßig auch nur eine Hand voll realisierbarer Putts danebensetzen, macht das einen erheblichen Unterschied in Ihrem Ergebnis aus. Statt durchschnittlich etwa 18 Schläge über Par zu spielen, werden Sie sich im mittleren Anfängerbereich von Mitte 20 Schlägen über Par befinden. Statt also konstant mit einem 80er-Ergebnis zu drohen – oder es vielleicht sogar tatsächlich zu erreichen –, werden Sie kämpfen, um die 100 zu brechen!

Entscheidendes Element

Putting ist für alle Golfer wichtig. Oder kennen Sie einen Spieler, der ein großes Turnier gewonnen hat, ohne gut zu putten? Oder, anders gesagt, kennen Sie große Spieler – von Harry Vardon bis hin zu Tiger Woods und Colin Montgomerie –, die schlechte Putter waren?

Putten ist das entscheidende Element des Spiels und alle großen Golfer sind große Putter.

Beständiger Schlag

Gutes Putten erfordert eine präzise körperliche und mentale Vorgehensweise, die in gewisser Hinsicht viel anspruchsvoller ist als bei jedem anderen Schlag. Das Geheimnis des guten Spiels liegt, wie schon oft gesagt, darin, über einen wiederholbaren Schwung zu verfügen – so auch beim Putten.

Das Putten verträgt nur eine kleine Fehlerspanne. Deshalb ist es dringend nötig, den Putting-Schlag von Grund auf richtig zu lernen. Die einzige Methode, das eigene Spielergebnis wirklich zu verbessern und konstant gut zu spielen, besteht darin, dass man den Ball beständig mit demselben ruhig fließenden Putting-Schlag spielt.

Neben einer guten Technik benötigen Sie dafür Ballgefühl und die Fähigkeit, die Distanz richtig einzuschätzen. Darüber hinaus müssen Sie eine schwerer fassbare Eigenschaft mitbringen: Selbstvertrauen.

Metallspikes können Marken auf dem Grün hinterlassen, die das Rollen des Balls negativ beeinflussen.

Ein guter und wiederholbarer Putting-Schlag ist so wichtig wie ein guter Golfschwung. Die Zeit, die Sie zum Üben dieses Schlages investieren, zahlt sich aus.

LINKS Nie dran, nie rein. Zielen Sie beim Putten immer darauf ab, den Ball über das Loch hinaus zu schlagen.

OBEN Holen Sie den Ball stets mit gestrecktem Arm aus dem Loch, um ein Abnutzen der Lochumrandung zu verhindern.

Mehr Selbstvertrauen

Das Ziel jedes Putts besteht darin, den Ball einzulochen oder ihn zumindest so nahe ans Loch zu bringen, dass er beim nächsten Putt sicher eingelocht werden kann. Alles, was über zwei Putts hinausgeht, sind verschwendete Schläge, was sich negativ auf Ihrer Scorekarte niederschlägt und Ihre Einstellung am nächsten Tee negativ beeinflussen kann.

Zunächst müssen wir also an einem erfolgreicheren Putt arbeiten. Denn: Putten Sie besser, gewinnen Sie Selbstvertrauen; gewinnen Sie Selbstvertrauen, putten Sie besser. Sie werden aber nicht nur in dieser Phase des Spiels sicherer werden. Das gewonnene Selbstvertrauen wirkt sich auch auf alle anderen Schläge aus. Wenn Sie jeden Putt mit dem Gedanken in Angriff nehmen, dass er Ihnen gelingen wird, sind Sie schon halb dort, wo Sie hinwollen.

Bob Charles – der von vielen Golfern als einer der größten Putter überhaupt angesehen wird– hat einmal gesagt, dass sein Putt die „Lebensader" seines Spiels sei und der Schlüssel zu jedem errungenen Sieg.

Der letzte Schlag, den Sie für jedes Loch durchführen, ist ein Putt; oft ist dies der wichtigste Schlag – egal, ob der Ball ins Loch geht oder nicht.

DER PUTTING-GRIFF

Golfer verwenden beim Putten eine Vielzahl von Griffen. Ob Profi oder Amateur, die Griffe sind fast so individuell wie jeder Spieler selbst.

Einige verwenden denselben Griff wie für Hölzer und Eisen: Vardon-, Interlocking- oder Zehnfinger- bzw. Baseball-Griff. Andere kehren beim sogenannten Cross-handed-Griff bzw. Kreuzgriff die Position ihrer Hände am Schläger um. Einige putten sogar von der Seite aus, die derjenigen, die sie für ihren normalen Golfschwung verwenden, entgegengesetzt ist. Darüber hinaus kann man den Griff stark, schwach oder neutral gestalten.

Solider Griff

Der Griff, den ich heute am häufigsten sehe und empfehle, ist der umgekehrt überlappende Griff.

Dieser solideste Putting-Griff bietet dem Durchschnittsspieler die größten Erfolgschancen. Hier werden die Hände so um den Schläger gelegt, dass sie zu einer natürlichen Einheit verbunden werden, während gleichzeitig jede Tendenz zu einer übertriebenen Handgelenkaktion bei der Puttbewegung unterbunden wird.

Beim umgekehrt überlappenden Griff werden die Handflächen gegeneinandergelegt, was ebenfalls stabilisierend wirkt. In Kombination mit der richtigen Aufstellung und dem richtigen Schlag bietet dieser Griff die größte Chance, den Putter rechtwinklig zur Zielrichtung zu halten – oder ihn gerade entlang der imaginären Ziellinie zu bewegen, um den Ball auf der korrekten Linie in Richtung Loch zu schlagen.

Einnahme des Griffs

So greifen Sie den Schläger richtig:

- Legen Sie Ihre linke Hand auf den Griff des Putters, wobei Sie oben einen Abstand von mindestens 2,5 cm lassen. Fassen Sie nun den Schlägergriff leicht mit dem mittleren, dritten und kleinen Finger Ihrer linken Hand. Halten Sie Ihren Zeigefinger vom Schaft entfernt und zeigen Sie mit Ihrem Daumen gerade nach unten.
- Legen Sie alle vier Finger Ihrer rechten Hand auf den Schläger, wobei Sie den Griff an Ihren Fingerkuppen ausrichten. Der kleine Finger der rechten Hand sollte ganz bequem am Mittelfinger der linken Hand anliegen; der rechte Daumen sollte ebenfalls gerade nach unten zeigen.
- Platzieren Sie zuletzt den linken Zeigefinger auf eine der drei folgenden Arten:

1. Um den rechten kleinen Finger herum.
2. Hakenförmig um den Ringfinger der rechten Hand, sodass er die letzten beiden Finger überlappt.
3. Legen Sie ihn gerade nach unten über alle Finger der rechten Hand.

Lassen Sie sich Zeit für die Entwicklung Ihres Putting-Griffs. Wie beim vollen Schwung kann die Platzierung Ihrer Hände für Ihren endgültigen Schlag einen großen Unterschied bedeuten.

DER PUTTING-GRIFF

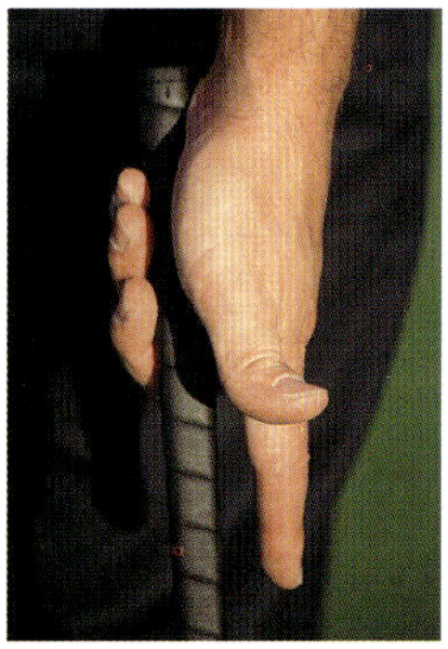
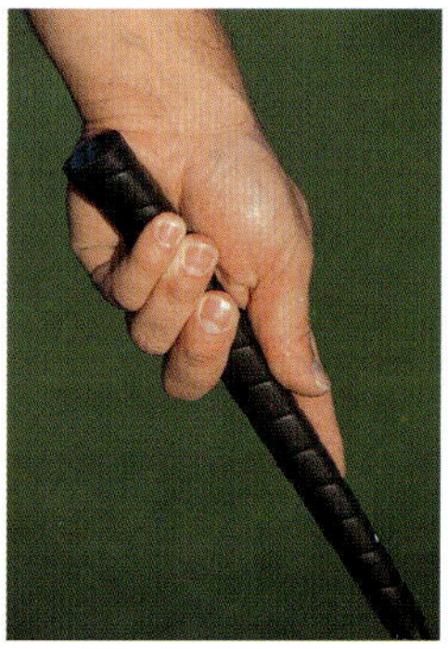
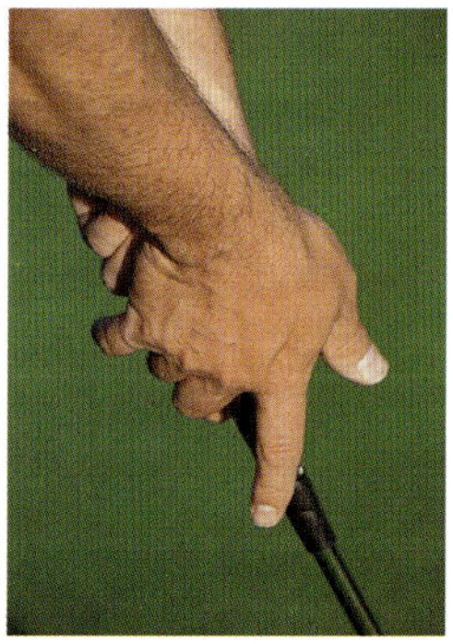
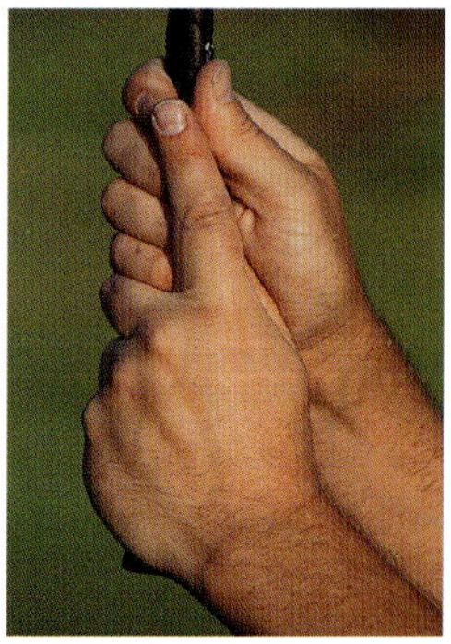

Jede dieser drei Varianten führt zu einem guten umgekehrt überlappenden Griff. Probieren Sie alle Varianten aus, um herauszufinden, welche Ihnen am ehesten liegt.

Griffdruck

Auch der Druck, mit dem Sie den Griff fassen, ist eine individuelle Angelegenheit.

Tom Watson, einer der besten Putter überhaupt, ist ein Anhänger des variierenden Griffdrucks. Watson favorisiert seine linke Hand, sodass er den Schlag mit der Führhand kontrollieren kann. Er erzeugt dabei mehr Griffdruck mit den letzten drei Fingern seiner linken Hand, wobei er Zeige-, Mittel- und Ringfinger seiner rechten Hand hinzunimmt.

Ich persönlich bevorzuge es, den Druck aller Finger und der beiden Daumen während des ganzen Schlags konstant zu halten. Halten Sie den Schläger fest, aber dennoch locker – ganz ähnlich der von mir empfohlenen Methode, die Hölzer und Eisen zu fassen.

Konzentrationsübung

Wenn ich Probleme mit dem Putten habe, konzentriere ich mich häufig eine Zeit lang auf meine linke Hand, was konkret bedeutet, dass ich den Griffdruck dieser Hand leicht erhöhe, in dem Bemühen, sie bei der Bewegung des Putters zum Loch hin als Führhand zu verwenden.

Der Schlüssel liegt in der Beständigkeit. Experimentieren Sie auf dem Übungsgrün mit allen möglichen Varianten Ihres Griffdrucks. Wenn Sie jedoch auf dem Platz putten, sollten Sie darauf achten, dass Sie während des gesamten Schlags denselben Druck ausüben. Jede Veränderung im Spiel zerstört Ihr Gefühl für die Puttbewegung oder führt sogar dazu, dass Ihr Schlag von der Ideallinie abweicht.

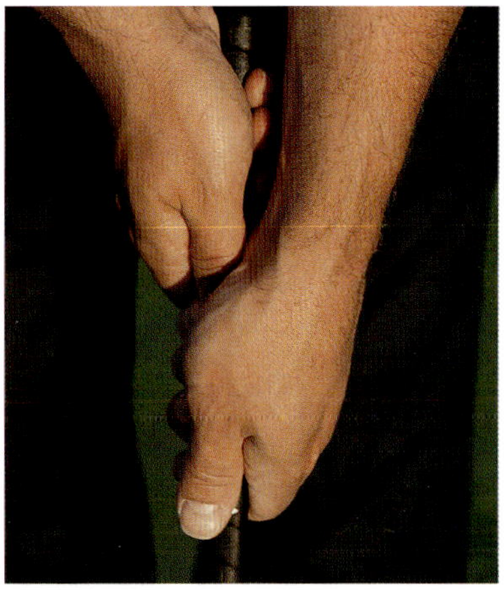

OBEN Der Kreuzgriff, bei dem sich die rechte Hand unterhalb der linken befindet, ist einen Versuch wert.

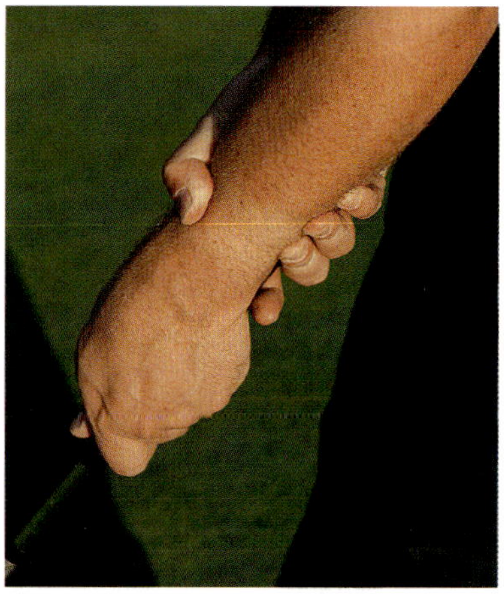

OBEN Der von Bernhard Langer entwickelte Langer-Griff ist je nach Situation sehr effektiv.

PUTTING-YIPS

Vor allem Profis und erfahrenere Golfer neigen zum sogenannten Putting-Yips – einem vagen, durch Unsicherheit ausgelösten Zustand, bei dem der Spieler den Ball mit einer kurzen und stechenden Bewegung schlägt. Häufig ist der betroffene Spieler unfähig zu sagen, wo und wann dieses Problem zum ersten Mal auftrat. Auch berühmte Spieler wie Ben Hogan, Tom Watson und Bernhard Langer haben ein- oder mehrmals während ihrer Karriere am Yips gelitten. Es gibt kein Allheilmittel, da dieses Problem häufig psychisch bedingt und sehr komplex ist. Das Überwinden des Yips ist jedoch möglich.

Der erste Schritt der Heilung besteht darin, zumindest über eine kurze Zeit mit verschiedenen Griffvarianten zu experimentieren. Der von Fred Couples verwendete Kreuzgriff – bei dem die Position der linken und rechten Hand am Putter umgekehrt wird – ist einen Versuch wert. Ein Besenstiel-Putter hat Langer und Sam Torrance geholfen. Betrachten Sie alle Methoden als Möglichkeiten, wieder zur Normalität zurückzukehren und das Selbstvertrauen wiederzugewinnen. Machen Sie sich auch bewusst, dass der Yips daher kommen kann, dass man sich zu intensiv auf den Ball konzentriert. Entwickeln Sie die Disziplin, einen Blick auf den Ball zu werfen und ihn dann zu schlagen. Wenn Sie zu lange über dem Ball verharren, verspannen Sie sich. Die Schwierigkeiten, sich zu bewegen, können zu einem abgehackten und unregelmäßigen Schlag führen. Vertrauen Sie Ihrem Instinkt und versuchen Sie, den Schlag kurz und fließend auszuführen. Schließlich sollten Sie beim Aufwärmen vor einer Runde keine Putts über 6–10 m schlagen, sondern kürzere. Den Ball ins Loch zu putten ist die beste Methode, den Yips, der bei kurzen Putts eher auftritt als bei langen, zu heilen. Tom Watson hatte die größten Probleme mit Putts über 1,5 m und der Mehrheit der Golfspieler ergeht es ebenso. Sie finden es leichter, einen Putt über 12 m zu schlagen als einen kurzen Putt.

DIE PUTTSTELLUNG

Einige Golfer stellen sich leicht geöffnet zum Ball auf, während andere einen geschlossenen Stand bevorzugen. Einige beugen sich tief, andere stehen fast aufrecht. Die Arme können angezogen oder abgespreizt sein. Die Füße stehen dicht zusammen oder weiter als schulterbreit auseinander.

Wenn ich meinen Schlag übe, wähle ich einen flachen Putt und lege Führungslinien aus.

Warum all diese Unterschiede? Die Ursache sind zwei Faktoren, die allen Puttstilen gemeinsam sind. Erstens versucht beim Putten jeder Golfer, sich so bequem wie möglich über den Ball zu stellen, um das Selbstvertrauen zu fördern, das man zum Putten braucht. Zweitens versuchen sie, ihre Augen direkt über oder genau in die Ball-Ziel-Linie zu bringen.

Augen ausgerichtet

Über die Vorteile des ersten Punktes kann man geteilter Meinung sein, aber über den zweiten lässt sich nicht diskutieren. Wenn Ihre Augen nicht genau über den Ball oder genau auf ihn ausgerichtet sind, ist es extrem schwierig, den Ball auf einer Linie zum Loch hin zu putten. Gemeint ist hiermit bei Rechtshändern vor allem das linke Auge. Andererseits erhalten Sie ein verzerrtes Bild von der Ziellinie. Sie werden den Putter wahrscheinlich auf einer Außenbahn ziehen, wodurch der Putt möglicherweise links am Ziel vorbeigeht.

Alles rechtwinklig

Wie sollten Sie sich also bei den meisten Putts hinstellen? Ich bin für eine bequeme Position über dem Ball. Wenn Ihre Puttstellung nicht zu nahezu fehlerfreien Putts führt, dann sollten Sie meine Methode einmal eine Zeit lang ausprobieren.

Nach jahrelanger Beobachtung von Bob Charles und Ben Crenshaw – und neuerdings von Tiger Woods und Jose-Maria Olazabal – bin ich überzeugt, dass die besten Puttstellungen diejenigen sind, bei denen sich alle entscheidenden Körperteile – Füße, Knie, Hüften und Schultern – völlig rechtwinklig zum Ball und zur Puttlinie befinden.

Der Ball befindet sich vorne in der Mitte der Schrittstellung oder auf der Innenseite Ihres linken Spanns und die Augen befinden sich direkt über ihm. Die Arme hängen locker nach unten und bilden ein nahezu perfektes Dreieck mit den Schultern.

Aus dieser Position scheinen die oben genannten Profis den Putter mühelos zu bewegen: zunächst zurück und dann durch den Ball hindurch.

Erfolgsformel

- Richten Sie den Ball an der Innenseite Ihrer linken Ferse aus und stellen Sie sich so hin, dass sich Ihr linkes Auge direkt über dem Ball befindet. Sie können dies testen, indem Sie einen Ball in der Blickrichtung Ihres linken Auges fallen lassen. Wenn Sie richtig stehen, trifft dieser Ball den unter Ihnen liegenden Ball.
- Stehen Sie bequem, lassen Sie Ihre Arme locker hängen, beugen Sie Ihre Knie und kippen Sie im Hüftgelenk nach vorne. Wackeln Sie mit den Zehen, bis Sie Ihr Gewicht gleichmäßig auf beide Füße, die etwa 30 cm auseinander stehen, verteilt haben.
- Richten Sie Ihren Körper parallel zur Puttlinie aus.

PUTTEN BEI STARKEM WIND

Bei starkem Wind stelle ich meine Füße immer weiter auseinander und gehe ein wenig in die Hocke, um mehr Stabilität zu gewinnen. Wenn Sie jetzt einen vollen Schwung ausführen würden, würde Ihre Drehung behindert werden. Da Sie jedoch putten, möchten Sie jede Körperbewegung minimieren.

Unterschätzen Sie die Auswirkungen des Windes auf Ihre Puttlinie nicht. Ein heftiger Seitenwind kann einen langsam rollenden Putt mehrere Zentimeter von der Linie wegtreiben. Aus diesem Grunde empfehle ich Golfneulingen immer, einen Caddie anzuheuern, wenn sie auf Links (Küstenplätzen) spielen, wo der Wind besonders unberechenbar sein kann. Der Rat eines Caddies kann mehrere Schläge pro Runde einsparen.

DIE PUTTSTELLUNG

Die Ausrichtung des Schlägerkopfes ist immer die Regel Nr. 1 – nehmen Sie sich dafür Zeit.

Vergewissern Sie sich, dass Ihre Schultern, Hüften und Füße parallel zur Ball-Ziel-Linie ausgerichtet sind.

Legen Sie Ihre Hände zum Griff zusammen. Lassen Sie sich Zeit bei der Einnahme des Griffs.

Wenn Sie Ihren Griff gefunden haben, sind Sie bereit für den Abschlag.

OBEN Wenn Sie einen Ball von Ihrem linken Auge aus fallen lassen, sollte er den unten liegenden Ball treffen.

DER PUTTSCHLAG

Der Basis-Puttschlag ähnelt der Bewegung eines Pendels, wobei sich Hände, Arme und Schultern in einer Einheit bewegen. Es gibt keine Körperrotation – die Schultern bewegen sich einfach von vorne nach hinten. Daher ist es wichtig, dass Sie sich beim Ansprechen richtig ausrichten.

UNTEN UND RECHTS
Arme, Hände und Schultern müssen zusammenarbeiten. Ihr Putter sollte sich dicht am Boden bewegen, Ihren Kopf müssen Sie sehr ruhig halten.

Beschleunigen Sie stets durch den Ball hindurch. Ihre Hände sollten die ganze Zeit über passiv bleiben.

Wenn Sie den Putter nach vorne schwingen, sollten Sie Ihre linke Schulter leicht anheben. Bleiben Sie geschmeidig und lauschen Sie auf das Geräusch des ins Loch fallenden Balls. Denken Sie daran, nicht zu früh aufzublicken.

Aber auch hier sind die Methoden der Golfspieler ausgesprochen individuell. Einige sind sehr locker im Handgelenk, andere stoßen gegen den Ball und einige schlagen ihn sogar hakenförmig quer zur Ziellinie.

Ich empfehle Ihnen, die Pendelbewegung auszuführen, um die Variablen möglichst zu reduzieren und die Hände aus dem Spiel herauszuhalten – was, wie wir vom Driver bis zum Sand Wedge gesehen haben, die Chance eines richtig ausgeführten Schlags erhöht.

Wie ich die ganze Zeit über betont habe, dienen die Hände im modernen Golf der Führung und sind nicht Anfang und Ende des Schwungs. Bei der Pendelbewegung handelt es sich um eine lange, fegende Aktion, bei der der Ball mit einem Topspin in Richtung Loch geschlagen wird. Dadurch, dass die Hände passiv zusammenarbeiten, wird die Tendenz, gegen den Ball zu schlagen oder zu stoßen, weitgehend reduziert.

Tief und langsam

Führen Sie den Putter mit Händen, Armen und Schultern, die fest, aber unverkrampft zusammenarbeiten,

DEN PUTTSCHLAG AUFBAUEN

über die von der Länge des Putts bestimmte Ausholdistanz zurück. Der Schlägerkopf sollte tief und langsam, unmittelbar über dem Boden, in einer geraden Linie zurückkommen – obwohl er sich bei längeren Schwüngen zuletzt geringfügig innen von der Linie bewegen wird.

Folgen Sie diesem Schwungweg bis zum Ballkontakt. Der Schlägerkopf beschleunigt natürlich aufgrund der Schwungbewegung, bis sich Ihre linke Schulter leicht anhebt und der Durchschwung genauso lang wie der Rückschwung ist. Entwickeln Sie ein Gefühl für Tempo und Rhythmus. Forcieren Sie nie das Tempo, denn dies könnte dazu führen, dass der Putt die Ideallinie verlässt. Sie schlagen durch den Ball hindurch, nicht gegen ihn!

Besorgter Blick

Viele Golfer bringen den Putt zwar sauber zu Ende, heben dann aber zu schnell den Kopf und schauen besorgt, was ihr Ball macht. Wenn Sie dies tun, werden Sie den Putt häufiger danebensetzen als einlochen.

Schauen Sie bewusst relativ spät nach oben. Dann laufen Sie keine Gefahr, Ihren Kopf vorzeitig zu heben oder zu drehen. Wenn Sie Ihren Kopf zu abrupt anheben, verursachen Sie vielleicht eine Schulterbewegung und bringen damit Ihren Putt von der Ziellinie ab.

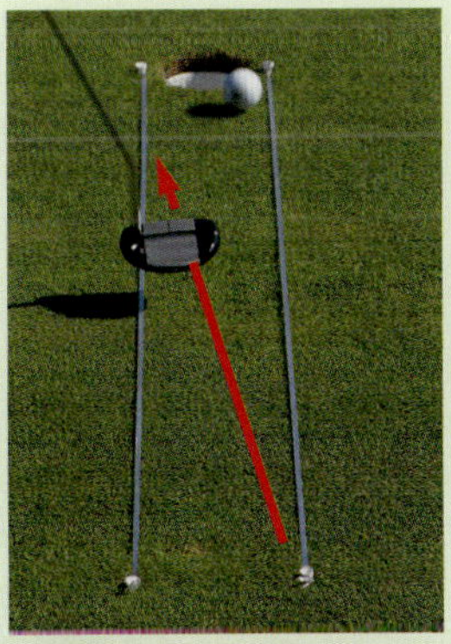

LINKS Ein Mini-Slice: Der Ball wird sich richtig drehen, wenn Sie von außen nach innen schwingen.

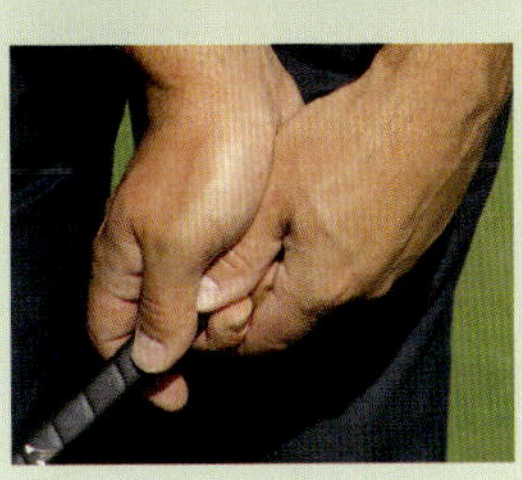

LINKS Wenn Sie Ihre Handgelenke beim Putt beugen, hat dies fast immer negative Konsequenzen.

PROFITIPP

Der amerikanische Profi Sam Snead hat das klassische Rezept gegen ein zu frühes Anheben des Kopfes nach dem Puttingschlag gefunden: Er riet, das Geräusch des ins Loch fallenden Balls abzuwarten und dann erst aufzublicken! Wenn Sie so lange einfach nicht warten können, empfehle ich, mindestens bis zwei zu zählen, bevor Sie Ihrer Neugier nachgeben.

ÜBUNGSTIPPS

OBEN Wenn Sie üben, lassen Sie den Ball von unten über das Grün rollen. Dies hilft Ihnen, die Distanz und das Tempo genauer einzuschätzen.

OBEN Wenn Sie den Putt zu einem Tee hin üben, erscheint Ihnen das eigentliche Loch sehr groß.

OBEN Klemmen Sie einen Gegenstand zwischen Ihren Armen ein, damit Arme, Hände und Schultern als Einheit arbeiten.

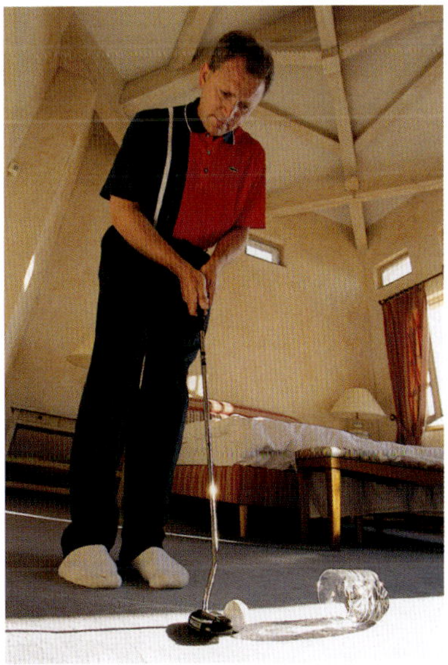

OBEN Üben Sie, wann und wo immer sich die Gelegenheit ergibt – und sei es im Schlafzimmer!

VORBEREITENDE ROUTINE FÜR PUTTS

Ich glaube, dass einer der wichtigsten Aspekte des Puttings darin besteht, dass man über eine konstante Vorbereitungsroutine verfügt. Es ist nicht so wichtig, woraus Ihre Routine besteht, nur dass sie wiederholbar ist. Vor einem Putt sollten Sie also jedes Mal genau das Gleiche tun, ehe Sie den Ball schlagen.

OBEN Stellen Sie sich seitlich zwischen Loch und Ball auf, um die Länge des Putts besser abschätzen zu können.

OBEN Gehen Sie immer zur tieferen Seite des Lochs, um die Puttlinie besser bestimmen zu können.

OBEN Markieren und reinigen Sie den Ball. Schon kleine Schmutzpartikel können den Verlauf des Balls beeinflussen.

Beobachten Sie die Profis: Ihre Routine variiert nie. Und wenn die Spieler abgelenkt oder gezwungen sind, einen Putt abzubrechen, fangen sie mit ihrer Vorbereitung stets wieder von vorne an.

Beständiges Ziel

Das Erste, was ich tue, ist, mich hinter den Ball zu stellen und die Linie zu studieren, von der ich annehme, dass der Putt sie verfolgen wird (ich werde im nächsten Abschnitt erklären, wie ich diese Linie bestimme und das Grün lese). Ich kann diese Linie oft am besten bestimmen, wenn ich mich in die Hocke begebe.

Dann nähere ich mich dem Ball. Ich stelle mich neben meine Linie, setze den Putter auf den Boden und schaue parallel an der Ziellinie entlang. Schließlich nehme ich die richtige Körperstellung ein: Hände, Arme und Schultern sind rechtwinklig zur Linie und zum Kopf des Putters ausgerichtet.

Wichtig: Richten Sie zuerst den Putter, dann Ihren Körper aus! Wenn Sie umgekehrt vorgehen, werden Sie garantiert das Ziel verlieren und den Putt verschlagen.

Linie und Tempo

Nun ist es an der Zeit, einen oder zwei Übungsschläge entlang der Linie, aber nicht zum Ziel hin auszuführen. Wenn ich das Ziel direkt anvisieren müsste, würde ich mich so aufstellen, dass ich später beim Ansprechen des Balls rechts vom Loch schlagen würde.

Die Anzahl der Übungsschläge liegt bei Ihnen, ich rate Ihnen jedoch zu ein oder zwei Schlägen. Jeder Schlag sollte eine kleine Generalprobe für den richtigen Schlag sein. Wenn ich zum Ball trete, achte ich darauf, dass alles ausgerichtet ist, indem ich den Putter vorwärts gleiten lasse, ohne seine Ausrichtung zu ändern, und bewege meine Füße entsprechend.

Wenn sich das Blatt des Putters direkt hinter dem Ball befindet, schaue ich die Ziellinie entlang in Richtung Loch, wobei ich dieses Mal nur versuche, das Tempo einzuschätzen (also die Schnelligkeit, mit der ich den Ball schlagen werde) – nicht so sehr die Linie selbst.

Vielleicht kontrolliere ich die Linie ein- oder zweimal, aber die Faustregel ist, den Kopf zu schwenken, und nicht, ihn anzuheben oder zu drehen, sonst verliere ich die Blicklinie und beeinflusse auch die Ausrichtung meines Körpers und/oder des Putters.

Tödliche Starre

Sobald ich über dem Ball die Position eingenommen habe und sicher bin, dass meine Aufstellung richtig ist, beginne ich meinen Schlag. Zögern Sie in diesem Moment nicht! Über dem Ball zu erstarren ist beim Putten tödlich. Die Spannung kriecht in Hände und Arme und das Ergebnis ist, selbst bei der für den Putt typischen Schlagdistanz, stets ein Schlag, der die Ideallinie verlässt.

RECHTS UND UNTEN Wenn Sie während dieser letzten Momente der Vorbereitung über dem Ball stehen, sollten Sie locker sein und sich auf das mentale Bild des ins Loch rollenden Balls konzentrieren.

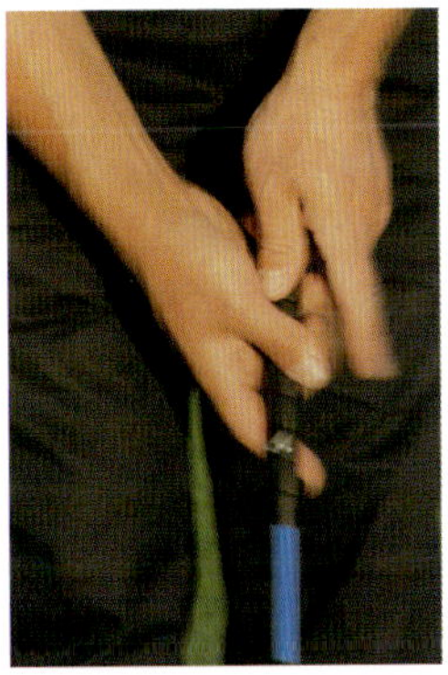

RECHTS VON OBEN NACH UNTEN Wenn Sie einmal entschieden haben, wie Sie den Putt schlagen wollen, vergeuden Sie keine Zeit. Dies führt häufig zu Zweifeln und ist auch ärgerlich für Ihre Mitspieler. Zielen und feuern Sie!

DAS LESEN DES GRÜNS

Von dem Augenblick an, wo ich einen Ball auf das Grün schlage, überlege ich, wie ich beim Einlochen des Balls vorgehen werde. Wenn ich die Spielbahn entlanggehe, versuche ich das umgebende Gelände einzuschätzen.

Befindet sich das Grün auf flachem Gelände oder ist es Teil eines Hügelkamms? Befindet sich in der Nähe ein Gewässer, in dessen Richtung die natürlichen Konturen hinführen? Wie würde sich der Boden bei heftigem Regen mit Wasser vollsaugen? Von Nahem analysiere ich die Neigung des Grüns selbst sowie die Farbe und die Beschaffenheit des Grasbewuchses, um die Schnelligkeit des Grüns einzuschätzen. An heißen Sommertagen oder in wärmeren Klimazonen berücksichtige ich möglicherweise auch die Tageszeit. Je später es unter solchen Bedingungen am Nachmittag ist, desto länger ist das Gras und desto schwerer die Luft, was den Putt verlangsamt.

Wenn ich nicht gerade als Erster putten muss, bringe ich schließlich jede freie Minute mit dem Üben meines Schlags zu. Ich beobachte, wie andere ihre Putts schlagen. Gegebenenfalls marschiere ich auch so weit wie möglich um das Grün herum – ohne eine Verzögerung bei einem Mitspieler oder den Golfern hinter mir zu verursachen –, was mir dabei hilft, ein besseres Gefühl für die Struktur und die Qualität der Puttingoberfläche zu erhalten.

Das Lesen eines Grüns ist eine Kunst für sich. Wenn Sie die Neigung eines Grüns lesen können, werden Sie garantiert viel mehr Putts einlochen. Stellen Sie sich vor, wie Wasser auf einem geneigten Grün fließen würde – dann wissen Sie, wie der Ball rollen wird.

Entscheidende Faktoren

So kann ich Schnelligkeit, Neigung und Rolleigenschaften des Grüns einschätzen – allesamt entscheidende Informationen.

Wie ich bei allen Aspekten des kurzen Spiels auch betont habe, müssen Sie viel Zeit auf der Driving Range verbringen, bevor Sie Ihren Punktestand deutlich senken können. Dies gilt für das Putten ganz besonders.

Ehe Sie im eigentlichen Spiel ein Grün erreichen, sollten Sie viele Stunden geübt haben, Putts bergauf und bergab geschlagen haben, mit Abweichung von links nach rechts und umgekehrt sowie auf langsamen, schnellen, nassen und windigen Untergründen.

Dann verfügen Sie über die Erfahrungen, auf die Sie in allen Situationen beim ersten Blick auf Ihren Putt zurückgreifen können. Sie haben die mentale „Bildergalerie" zusammengestellt, die ich in anderen Kapiteln bereits erwähnt habe.

Das alles ist dennoch nur die halbe Miete; im Folgenden zeige ich Ihnen, wie Sie die andere Hälfte erhalten.

Erster Blick

Wie weit wird Ihr Putt von der Ideallinie abweichen? Alle drei Faktoren – Schnelligkeit, Neigung und Rolleigenschaften – könnten hier ins Spiel kommen. Gehen Sie also hinter Ihrem Ball in die Hocke und erfassen Sie die Situation visuell. Sie können auch zum

Loch gehen und versuchen, die Linie von dort zurück zum Ball zu verfolgen. Letzteres wird Ihnen auch helfen zu erfassen, was dazwischenliegt, außerdem gewinnen Sie eine Pause, um sich den Putt von der Seite aus anzusehen. Wenn Sie erfasst haben, wie weit der Ball abweichen wird, müssen Sie diese Abweichung mit Ihrem Schlag kompensieren.

Ein Fehler, den ich sehr oft bei Golfspielern sehe, ist das Unterschätzen der Abweichung.

Wenn Sie die Abweichung überschätzen, haben Sie noch die Chance, den Ball irgendwie ins Loch zu befördern, weil Sie von der „hohen" Seite des Lochs kommen statt von der „niedrigen" – von wo aus Sie keine Chance haben.

Was meine ich damit? Betrachten Sie einen Putt, der von rechts nach links abweicht. Dies bedeutet, dass der Untergrund von links nach rechts ansteigt bzw. von rechts nach links abfällt. Folglich wird das Überschätzen der Abweichung Sie wahrscheinlich über das Loch bringen, ehe der Putt stirbt. Es besteht also noch eine Chance, dass der Ball ins Loch geht.

Wenn Sie diesen Putt „unterschlagen", werden Sie jedoch unterhalb des Lochs auskommen und der Ball wird den Hang hinunterrollen.

Letzte Kurve

Betrachten Sie als Nächstes die Schnelligkeit. Der Ball wird aufgrund der geringeren Reibung auf einem schnellen Grün mehr abweichen als auf einem langsamen. Spielen Sie also auf einem schnellen Grün mit einer größeren Abweichung und beobachten Sie, wie der Ball allmählich in einer ausgeprägteren Kurve rollt, wenn er in der Nähe des Lochs an Fahrt verliert. Wenn Sie hangabwärts putten, sind die Schnelligkeit und die Abweichung natürlich noch größer.

Im obigen Beispiel sollten Sie stets versuchen, den Ball über das Loch hinauszuputten, selbst wenn Ihnen dieser Gedanke Schauer verursacht. Noch wichtiger ist, dass Sie nicht zögern und erstarrt den Ball spielen. Versuchen Sie auch nicht, bei dieser Art von Putt besonders schlau vorzugehen und zu hoffen, dass er im letzten Rollen ins Loch geht. Selbst wenn Sie weit über das Loch hinausputten, sind Sie danach mit einem einfacheren Bergaufputt konfrontiert.

LINKS UNTEN Visualisieren Sie die Rollbewegung des Balls, bevor Sie den Schlag ausführen.

UNTEN MITTE Zielen Sie immer so, dass der Ball über das Ziel hinausgeht; schlagen Sie nicht zu kurz.

RECHTS UNTEN Bei langen Putts ist Schnelligkeit wichtig. Schlagen Sie den Ball in einen 1-Meter-Kreis um das Loch.

VISUELLE HILFEN ZUR AUSRICHTUNG EINES PUTTS

Was machen die Profis eigentlich, wenn sie ihren Ball markieren, in die Hocke gehen und mit dem Ball herumhantieren, bevor sie ihn wieder zurück aufs Grün legen? Oft richten sie den Herstellernamen mit der Ziellinie aus. Diese visuelle Hilfe kann nicht nur das richtige Zielen mit dem Blatt des Putters erleichtern, sondern auch das Selbstvertrauen stützen, da Sie sich auf diese Weise einen speziellen Fokus geben, auf den Sie sich konzentrieren können. Stellen Sie sich vor, der Ball rolle ganz gerade auf der Linie entlang zum Loch hin, wobei der Herstellername ganz stabil ausgerichtet bliebe. Eine andere Methode, den Herstellernamen für sich zu nutzen, besteht darin, den Ball so zu platzieren, dass der Name hinten sichtbar ist und vom Blatt des Putters als Erstes getroffen wird. So erhalten Sie wieder ein Ziel, auf das Sie sich konzentrieren können. Es passiert schnell, dass man beim Putten die Konzentration verliert. Der Einsatz beider Methoden wird dazu beitragen, dass Sie an ein positives Ergebnis denken.

Distanz

Wenn Sie bergauf putten, müssen Sie den Ball härter schlagen. Viele sind dann nicht locker und schlagen derartige Putts konstant zu kurz.

Stellen Sie sich also erneut bildlich vor, den Ball über das Loch hinauszuschlagen. Putten Sie mit einem fließenden, rhythmischen Schlag. Für mich besteht die beste Methode darin, dass ich mich nur auf den Durchschwung konzentriere.

Grasfarbe

Betrachten Sie schließlich die Wuchsrichtung des Grases auf dem Grün. Je länger und dicker das Gras ist, desto mehr wird es Ihren Putt beeinflussen. Ein Putt mit der Wuchsrichtung wird schneller und weiter rollen als ein Putt dagegen. Verläuft die Wuchsrichtung quer zu Ihrer Puttlinie, wird der Ball leicht abweichen.

Sie können die Wuchsrichtung an der Farbe des Grases erkennen. Wenn es hell wirkt oder etwas glänzt, schauen Sie in die Wuchsrichtung, ist das Gras dunkler und grober, schauen Sie dagegen. Untersuchen Sie auch das Golfloch. Wenn eine Kante durch über das Loch hinauswachsende Grashalme etwas zerrupft aussieht, können Sie die Wuchsrichtung ausmachen.

OBEN Frühmorgens sehen Sie häufig Tau auf dem Gras. Wenn andere Golfer vor Ihnen gespielt haben, werden sie Markierungen hinterlassen haben, die deutlich zeigen, wie der Ball auf dem Grün rollen wird. Dies kann für die Beurteilung Ihres Putts sehr nützlich sein. Denken Sie aber daran, dass der Tau den Ball verlangsamen wird: Seien Sie also mutig bei Ihrem Putt.

LINKS Die Farbe des Grases zeigt Ihnen, wie der Ball laufen wird. Eine glänzende helle Farbe deutet darauf hin, dass Sie in die Wuchsrichtung putten – was einen schnellen Putt ergibt. Eine dunklere Farbe gibt an, dass Sie gegen die Wuchsrichtung putten, was zu einem langsameren Putt führt.

DIE PUTTLINIE

Bei der Puttlinie handelt es sich um das wirkliche Geheimnis des Puttings. Unabhängig von der möglichen Abweichung des Putts sollten Sie sich jeden Putt bildlich als gerade Linie vorstellen.

Angenommen, das Grün weist eine Neigung von rechts nach links auf. Um dies zu kompensieren, sollten Sie einen Punkt rechts vom Loch auswählen. Die Linie von Ihrem Ball zu diesem imaginären Loch ist Ihre Puttlinie. Ein auf dieser Linie geschlagener Ball wird in einer Kurve mit der Neigung verlaufen und zum wirklichen Loch abtreiben.

Den Punkt wählen

Je nach Schnelligkeit des Grüns und Ausmaß der Abweichung müssen Sie entscheiden, wie weit entfernt Sie Ihre Linie vom tatsächlichen Loch visualisieren und wie hart Sie den Ball entlang dieser Linie schlagen wollen.

Das Schöne daran ist, dass alle von Ihnen geschlagene Putts gerade statt krumm verlaufen, wobei allerdings der mentale Umgang mit dieser Herangehensweise nicht leicht ist. Außerdem haben Sie die Dinge vereinfacht, wenn Sie sich einen Punkt auf der Linie aussuchen, an dem Ihrer Meinung nach der Ball zum Loch hin abbiegen wird. Zielen Sie auf diese Marke und schlagen Sie hart genug, um zunächst sie und dann darüber hinaus Ihr imaginäres Loch zu erreichen.

Natürlich ist der Rest wieder eher eine Sache der Übung und des Gefühls. Sie müssen möglicherweise auch andere Faktoren berücksichtigen, wie z. B. Anstiege und Gefälle oder die Wuchsrichtung des Grases.

Lange Putts

Obwohl Sie jeden Putt mit Selbstvertrauen angehen sollten, ist ein gewisses Realitätsbewusstsein natürlich wichtig. Selbst die besten Golfer verschlagen mehr Putts, als man eigentlich erwarten würde.

OBEN Das Visualisieren eines Putts kann nur durch ernsthaftes Üben erlernt werden. Behandeln Sie jeden Putt, den Sie auf dem Übungsgrün schlagen, so, als ginge es um einen im Rahmen der Open Championship.

Bei sehr langen Putts ist es besser, darauf abzuzielen, den Putt nahe ans Loch zu bringen, statt ihn einzulochen. Schlagen Sie nahe ans Loch heran und versenken Sie dann beim nächsten Putt. Sie haben jetzt wahrscheinlich ein Par erreicht oder im schlechtesten Fall einen Bogey. Ein Dreier-Putt ist jedoch auf jeden Fall zu teuer, egal, wie viele Schläge Sie bis zum Grün hin gebraucht haben.

Aus über 6 m Entfernung sollten Sie sich einen Kreis von etwa 1 m Durchmesser um das Loch herum vorstellen und darauf abzielen, den Ball in diesen Kreis zu befördern. So befreien Sie sich von großem Druck.

ANGREIFEN ODER STERBEN

Man muss wissen, wann man angreifen und wann man verteidigen muss. Gerade auf abfallenden oder ansteigenden Grüns ist dieses Wissen entscheidend für Ihren Erfolg.

LINKS **Beim Putting muss man wissen, wann ein kraftvollerer und wann ein sanfterer Schlag nötig ist. Tiger Woods und Arnold Palmer sind beide Befürworter eines aggressiven Putts.**

Ein bergan ausgeführter Putt, der auf die Rückwand des Lochs gezielt und hart und aggressiv geschlagen wird, wird aggressiver Putt genannt. Ein bergab ausgeführter Putt, der vorsichtig, aber ausgeklügelt geschlagen wird, ist ein sterbender Putt – der Ball rollt langsam zum Loch hin und fällt mit der letzten Umdrehung hinein.

Der entscheidende Unterschied zwischen diesen beiden Putts ist die Härte, mit der sie geschlagen werden, und die Linie, die man nimmt, um erfolgreich zu sein.

Im Gegensatz dazu wird ein sterbender Putt einen größeren Bogen nehmen, da er eher vorsichtig geschlagen wird und daher mehr Zeit hat, unter das Loch zu kommen und dem Sog der Schwerkraft zu folgen.

KEINE VERSPANNUNG BEI BERGAB-PUTTS

Ein steil bergab gerichteter Putt kann selbst bei erfahrenen Golfern Angst auslösen. Vermeiden Sie, dass diese Angst zur Verspannung führt, die Ihren Puttschlag so behindert, dass Sie den Ball mit einer stechenden Bewegung schlagen und er weit am Loch vorbeirollt. Halten Sie bei Ihrer Aufwärmroutine das lockere Gefühl in Ihren Händen, Armen und Schultern aufrecht und konzentrieren Sie sich darauf, durch den Ball hindurchzuschlagen, so wie sonst auch. Jeder Versuch, den Ball langsam zum Loch hin rollen zu lassen, indem Sie Ihren Durchschwung einschränken, wird den gegenteiligen Effekt haben! Der Ball springt vom Blatt des Putters weg und geht am Loch vorbei. Führen Sie eine kürzere Rückschwungbewegung aus, was automatisch auch Ihren Durchschwung verkürzen wird.

Ausgangssituation

Die Entscheidung, ob man einen aggressiven oder einen sterbenden Putt schlägt, basiert auf Erfahrung und Übung.

Angenommen, Sie benötigen einen Birdie, um einen Punkt in einem Lochspiel zu gewinnen oder das Ausscheiden aus einem Wettkampf zu vermeiden. Dann kann es sogar ratsam sein, einen Bergab-Putt aggressiv zu schlagen. Wenn Sie jedoch auch mit zwei Putts noch gewinnen können, werden Sie wahrscheinlich sogar bergan einen sterbenden Putt spielen, da Sie ja in jedem Fall eine zweite Chance haben.

Vielleicht ist auch ein Grün frisch gemäht und daher sehr glatt. Dann schlagen Sie vielleicht einen ansteigenden Putt mit einer größeren Abweichung und lochen den sterbenden Ball ein.

Wenn umgekehrt das Gras lang und langsam ist, könnten Sie einen Bergab-Putt oder einen Putt quer über den Hang aggressiv schlagen, wohl wissend, dass selbst beim Verfehlen des Lochs der Ball nicht weit rollt.

DIE MENTALE SEITE

Sie wissen nun, wie Sie den grundlegenden Putting-Schlag ausführen und wie Sie die Distanz und Abweichung bestimmen. Die Kunst, den Glauben an Ihren Putting-Schlag aufzubauen, beginnt auf dem Übungsgrün.

Schlagen Sie zunächst nur kurze Putts aus unter 1 m Entfernung. Das sind Putts, die Sie auf dem Platz als geschenkt betrachten.

Aber: Wie viele Male haben Sie andere Golfer gesehen, die solche kurzen Putts verschlagen? Vielleicht haben Sie das selbst auch schon erlebt. Ihre Knie werden weich, Arme und Hände beginnen zu zucken und plötzlich haben Sie einen Putt verschlagen, den die meisten im Schlaf verwandeln. Von diesem Moment an kann Ihre gesamte Runde den Bach hinuntergehen. Glauben Sie mir, das passiert selbst den Besten unter uns.

Positive Erfahrungen

Beschränken Sie sich auf die positive Aktion vor jeder Runde. Schlagen Sie mindestens ein Dutzend kurze Putts, wobei Sie jeden Ball mit Überzeugung und immer mit dem Basisschlag schlagen. Hören Sie, wie der Ball ins Loch fällt. Dann begeben Sie sich mit Entschlossenheit und der Erinnerung an einen gut geschlagenen Putt auf den Platz, was sich auf Ihr Spiel überträgt.

Glauben Sie an sich

Stehen Sie erst einmal auf dem Platz, müssen Sie sich selbst vertrauen. Hier sollten die Übungsstunden, die Erfahrung und Ihr natürlicher Instinkt greifen. Denken Sie daran, dass der erste Blick, den Sie auf die Puttlinie richten, Ihnen möglichst alles sagen muss, was für den Schlag nötig ist zu wissen. Sie schreiben keine Doktorarbeit. Verwandeln Sie den Putt einfach mit Gefühl.

Sie können auch versuchen, sich ein positives Bild vorzustellen, um sich auf den Schlag vorzubereiten. Entspannen Sie sich und stellen Sie sich vor, wie der Ball die Linie hinunterrollt und dann ins Loch fällt. Wenn Sie andererseits negative Gedanken zulassen, ist dies fast eine Garantie dafür, dass Sie diesen und auch den nächsten Putt verschlagen.

Beachten Sie jedoch Folgendes: Selbst wenn Sie bisher auch nur eine einzige wirklich gute Runde in Ihrem Leben gespielt haben, wissen Sie, dass Sie eine Menge Putts versenken können.

Selbst wenn Sie vor jeder Runde nur wenige Minuten Zeit haben: Nutzen Sie diese Zeit. Schlagen Sie einige kurze Putts und bauen Sie Selbstvertrauen auf.

Wie bei jedem Schlag ist die Visualisierung entscheidend. Sehen Sie den Putt im Geiste vor sich und fühlen Sie ihn dann in Ihren Armen und Händen.

Eine gute Übung: Beginnen Sie dicht am Loch, lochen Sie ein und begeben Sie sich dann zum nächsten Ball.

Zu lernen, in Ihren Schlag zu vertrauen, ist der wichtigste Teil des Puttens. Dies erlangen Sie nur durch stetiges Üben.

7 FEHLERKORREKTUR

Perfektion ist im Golf nicht möglich, aber gute Spieler wissen, wie man Fehler schnell korrigiert.

FEHLERKORREKTUR

Golf ist ein Spiel, bei dem man stets mit der eigenen Unvollkommenheit konfrontiert wird. Beim Golf versucht man grundsätzlich, schlechte Schläge zu begrenzen bzw. zu kontrollieren; diese völlig zu beseitigen ist aber unmöglich. Wir sind immer nur so gut wie unsere letzten Schläge.

Der legendäre Ben Hogan sagte einmal, dass noch nicht einmal die großen Golfspieler in der Lage seien, den Ball jedes Mal perfekt zu schlagen. Das Geheimnis des guten Spiels bestehe darin zu lernen, wie man den Grad seiner Fehler reduziere, sodass ein weniger perfekter Schlag immer noch ein einigermaßen guter Schlag sei. Es kommt darauf an, wie schnell wir die Fehler, die sich unvermeidlich in unser Spiel einschleichen, beheben.

Zurück zu den Grundlagen

Das Beheben von Fehlern bedeutet häufig, zu den Grundlagen zurückzugehen. Wenn man die richtige Aufstellung einnimmt – mit gutem Griff, einer guten Ausrichtung, guter Ballposition, Ansprechhaltung, Balance –, kommt man dem Ziel, einen Slice oder einen anderen Schwungfehler zu vermeiden, sehr nahe.

Selbst wenn unsere Aufstellung annähernd perfekt ist, hilft ein methodisches Vorgehen, um z. B. Probleme im Schwungweg zu beseitigen oder auch andere Probleme, die sich eingestellt haben, zu reduzieren.

Griffprobleme

Die meisten Schwungprobleme haben ihre Ursache im Griff. Häufig merkt man gar nicht, dass etwas falsch läuft. Ein falscher Griff kann aber die Schnelligkeit des Schlägerkopfes sowie die Schwungkraft reduzieren und zu erheblichen Richtungsproblemen führen.

Verwenden Sie daher einige Zeit auf die Arbeit an einem korrekten Griff und lassen Sie Ihren Griff regel-

LINKS UND OBEN Wenn ein paar Dinge falsch laufen, überprüfen Sie zuerst die Grundlagen. Beginnen Sie mit Ihrem Schläger, Ihrem Griff und der Ausrichtung Ihres Körpers. In neun von zehn Fällen hat der Fehler seine Ursache in der Aufstellung.

mäßig von einem zertifizierten PGA-Profi kontrollieren. Rund 60 Prozent der Schwungprobleme lassen sich auf die Schlägerhaltung zurückführen. Eine Behebung dieses Problems kann also wesentlich dazu beitragen, den Schwung wieder in Ordnung zu bringen.

Haben Sie einschneidende Veränderungen an Ihrem Griff vorgenommen, widerstehen Sie dem Drang, sofort Bälle zu schlagen. Profigolfer raten, dass sich ein Spieler mehrere Monate lang an einen geänderten Griff durch möglichst häufiges Schwingen des Schlägers mit der neuen Handposition gewöhnen sollte – und zwar ohne Golfball.

Griffdruck

Viele üben einen viel zu starken Druck auf den Schläger aus. Ein Grundinstinkt verleitet uns dazu. Während des Ansprechens neigen viele Golfer dazu, den Schläger viel zu fest zu greifen, weil sie versuchen, mit den Händen und Armen – vor allem jedoch mit den Händen – den gesamten Golfschwung zu diktieren. Dies führt zwangsläufig zu einer eingeschränkten Bewegung des Schlägerkopfes. Statt die freie und fließende Bewegung vom Gewicht des Schlägerkopfes diktieren zu lassen, wird die Schlägeraktion vor allem von den Händen, aber auch von den Armen geführt und kontrolliert.

Das Ergebnis ist normalerweise ein nach rechts abgeblockter oder gelegentlich ein nach links gezogener Schlag.

VERSPANNUNG IM RÜCKEN

Die meisten Golfer sind sich bewusst, dass sie, wenn sie beim Griff zu viel Druck erzeugen, ihre Handgelenke, Unterarme und Schultern verspannen, wodurch der Schwung und die Kraft der durch den Ball führenden Bewegung eingeschränkt werden. Deswegen versuchen sie, diese Bereiche während ihrer Vorbereitungsroutine vor dem Schlag zu entspannen. Manche stellen dann aber fest, dass sie dennoch den Schlag von der Ideallinie wegziehen und im Oberkörper eine Verhärtung spüren. Vielleicht haben sie die Quelle des Problems nicht behoben. Versuchen Sie, den mittleren Teil Ihrer oberen Rückenpartie, zwischen den Schulterblättern, im Kopf zu visualisieren, denn dieser Bereich ist häufig das Zentrum der Muskelverspannung. Holen Sie tief Luft und entspannen Sie die dort liegenden Muskeln. Sie werden in Schultern, Armen und Handgelenken locker und schlagen anschließend den Ball besser.

OBEN Grifffehler können zahlreiche Schwungprobleme hervorrufen.

LINKS Parallel zur Ball-Ziel-Linie ausgelegte Schläger helfen, Ausrichtung und Ballposition zu kontrollieren.

GRIFFPROBLEME

Der Schlägerkopf sollte sich beim Schwung synchron zur Körperdrehung öffnen und schließen. Beim Rückschwung öffnet sich der Schlägerkopf, er beginnt sich bis zur rechtwinkligen Stellung im Treffmoment zu schließen, beim Durchschwung schließt er sich dann vollständig.

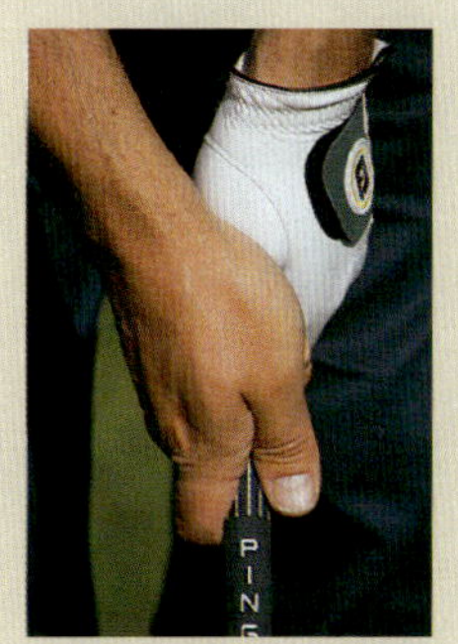

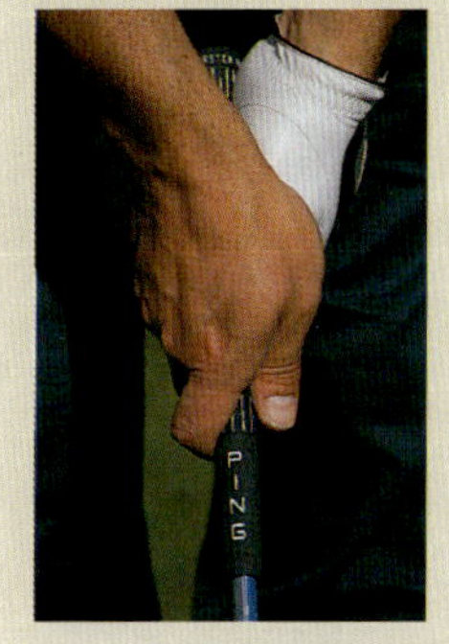

Sind die Hände zu weit links, wie auf dem unteren Bild, ist ein Slice kaum zu vermeiden. Die korrekte Handposition ist auf dem oberen Bild dargestellt.

Ist zu viel Spannung in den Händen, reagiert der Schlägerkopf nicht in natürlicher Weise auf den Schwungweg: Der Schlägerkopf bleibt beim Ballkontakt offen und der Ball biegt nach rechts ab.

Eigenständige Handgelenke

Ein zu festes Greifen des Schlägers kann auch zu Problemen beim Rückschwung führen. Wenn der Schwung mit den Händen eingeleitet wird und nicht mit einer synchronen Bewegung von Händen, Armen und Oberkörper, kommt es zu einem schnellen Einbruch der Gesamtschwungbewegung. Der Oberkörper bleibt hinten und der Schwung ist zum Scheitern verurteilt, weil es keine koordinierte Bewegung ist.

Wie beheben Sie dieses Problem? Achten Sie auf einen lockeren Griffdruck, sodass die Handgelenke eigenständig bleiben und beim Golfschwung in Einklang mit dem übrigen Körper arbeiten können. Dann schwingt der Schlägerkopf in einer fließenden Bewegung durch den Ball hindurch.

Eine zu große Spannung zerstört diese Harmonie.

Dominierende Hand

Neben dem zu hohen Griffdruck ist das zweite große Griffproblem die Position der Hände am Schläger. Die obere bzw. linke Hand tendiert oft dazu, sich um den Schläger herum kriechend auf die rechte Hand zuzubewegen, während die untere bzw. rechte Hand sich zur linken hinbewegt. Wenn dies geschieht, arbeiten die Hände gegeneinander.

Wieso kommt es dazu? Die meisten Rechtshänder führen unbewusst den Schläger mit der rechten Hand. Der rechte Zeigefinger und der Daumen können in der stärkeren Hand des Golfers besonders dominant werden und sich immer weiter zur linken Hand hinarbeiten.

Ben Hogan nannte rechten Daumen und Zeigefinger die „Pinzetten"-Finger. Wenn sie zusammengepresst werden, werden alle Sehnen bis in die Schulter angespannt, was einen korrekten Rückschwung verhindert. Zusätzlich knickt der rechte Arm bei der Rückwärtsbewegung nicht richtig ab und der Schläger schwingt quer zum Ball. Das Ergebnis ist ein Pull oder Slice.

RECHTS Wenn Sie Ihre Hände auf den Schläger legen, sollten der Rücken der linken Hand und die Handfläche der rechten Hand auf das Ziel gerichtet sein.

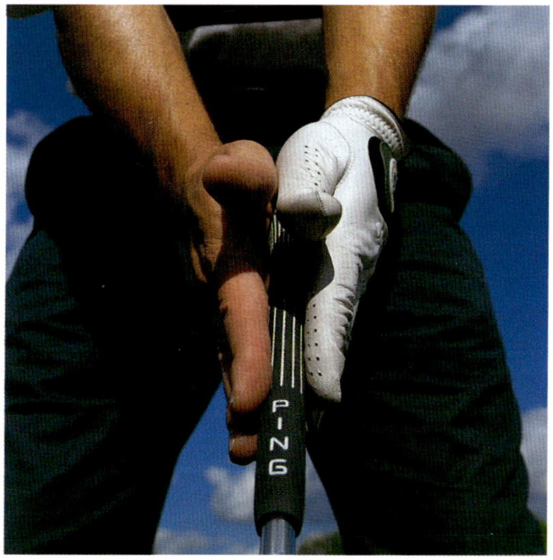

Kriechende Hände

Gleichzeitig neigt die linke Hand häufig dazu, zur rechten oder weiter am Griff nach unten zu kriechen, weil diese Position bequemer erscheint. In der Regel bereitet die linke Hand aber weniger Sorgen als die rechte, sich nach oben bewegende Hand.

Je weiter die rechte Hand sich um den Schläger herum bewegt, desto stärker beeinflusst dies die Positionierung beider Hände und die Art, wie sie den Schlägerkopf im Treffmoment zum Ball stellen. Dies beeinflusst auch die Positionierung der Arme und Schultern bei der Aufstellung.

Wenn die rechte Hand allmählich zur linken um den Schläger herumkriecht, wird die rechte Schulter immer dominanter und gerät aus der korrekten Lage. Je weiter die rechte Schulter sich nach außen bewegt, desto wahrscheinlicher ist es, dass der Golfer von außen nach innen schwingt.

Leider führt dies wiederum zu einem Slice oder Pull, ein häufiger Fehler bei den meisten Golfspielern.

Klatschen und schließen

Um diese Tendenz zu überwinden, wenden Sie einen „natürlicheren" Griff an. Lassen Sie Ihre Arme und Hände einfach nach unten hängen; der linke Handrücken und die rechte Handfläche zeigen zum Ziel hin, so als ob Sie klatschen wollten. Dann schließen Sie nur noch die Hände um den Schläger.

Jede andere Positionierung der Hände bringt eine gewisse Künstlichkeit in den Schwung. Sie müssen Ihre Hände manipulieren, um den Schlägerkopf beim Ballkontakt zurück in rechtwinklige Position zu bringen.

PROFITIPP

Viele Topspieler versuchen, rechten Daumen und Zeigefinger auseinander zu halten – aus Angst, sie beim Schwung zusammenzupressen. Dies kann aber zu einer Verkrampfung der Arm- und Schultermuskeln führen. Hüten Sie sich also davor. Legen Sie Ihren Daumen und Zeigefinger auf den Schaft, wobei zwischen ihnen eine kleine Lücke bleibt, und lassen Sie sie einfach dort liegen.

LINKS Platzieren Sie Ihre Hände locker am Schläger. Nahezu jeder Golfer, der einen Slice schlägt, hält den Schläger zu fest.

LINKS OBEN Mit einem guten Griff schwingen Sie korrekt nach hinten.

OBEN Der starke Griff (Hooker-Griff) ist auf jeden Fall zu vermeiden.

LINKS Ein schwacher Griff (Slicer-Griff) bewirkt, dass Sie quer zum Ball schwingen und der Ball nach rechts driftet.

PROBLEME MIT DER AUSRICHTUNG

Die richtige Ausrichtung ist entscheidend für einen konstanten Golfschwung. Aber leider richtet der Durchschnittsgolfer oft genug seinen Körper in Richtung Ziel statt parallel zur Ball-Ziel-Linie aus.

Um Ihre Ausrichtung zu kontrollieren, legen Sie zunächst einen Schläger neben den Ball, sodass er auf das Ziel gerichtet ist; dann platzieren Sie zwei Schläger jeweils links und rechts neben den Ball, so wie unten gezeigt. Nun können Sie alle Aspekte Ihrer Aufstellung kontrollieren, wobei Sie mit dem Schlägerkopf beginnen und dann Ihren Körper ausrichten. Vergleichen Sie alle Unterschiede mit Ihrer normalen Aufstellung auf dem Platz – und Sie haben Ihr Problem erkannt.

Woher kommt das, fragen Sie? Vielleicht haben auch Sie beim Golfschlag automatisch die Vorstellung, wie mit einem Gewehr auf einen bestimmten Punkt zu zielen und zu feuern. Dies ist im Golf völlig falsch!

Wenn Sie einen Golfschläger schwingen, bewegen Sie den Schlägerkopf im rechten Winkel zur Ball-Ziel-Linie und der Körper muss parallel zur Ziellinie ausgerichtet sein. Denken Sie daran, dass der Schlägerkopf – nicht der Körper – den Ball trifft.

Pull und Slice

Wenn Sie Ihrem Schwung in die Quere kommen, haben Sie ein ernsthaftes Problem. Zeigt Ihr Körper direkt zum Ziel, ist er zu weit nach rechts ausgerichtet und Sie blockieren das Durchschwingen des Schlägerkopfes zum Ziel hin. Das Resultat ist ein von außen nach innen führender Schwungweg. Im Allgemeinen produzieren Golfer, die diesen Fehler machen, mit einem Eisen für kurze Entfernungen einen Pull, mit Schlägern für längere Entfernungen einen Slice.

Hilfsmittel beim Üben

Wodurch behebt man eine falsche Ausrichtung? Stellen Sie sich auf der Driving Range nicht nur in einer Linie mit der Kante der Matte auf oder mit einer anderen Markierung in Ihrer Schlagzone. Suchen Sie sich ein bestimmtes Ziel und richten Sie sich korrekt danach aus. Anderenfalls werden Sie sich wahrscheinlich falsch aufstellen.

Die beste Methode, eine korrekte Ausrichtung zu üben, besteht darin, einige Golfschläger auf den Boden zu legen; sie helfen Ihnen, richtig zu zielen. Platzieren Sie einen Schläger direkt neben den Ball und parallel zur Ziellinie. Dann legen Sie einen weiteren Schläger unmittelbar rechts daneben, ebenfalls parallel zur Ziellinie. Legen Sie schließlich einen dritten Schläger parallel zu den ersten beiden, aber links vom Ball (näher zu Ihren Füßen). Wenn Sie nun den direkt neben dem Ball liegenden Schläger fortnehmen, haben Sie das korrekte Ausrichtungsmuster, das durch die beiden parallel liegenden Schläger gekennzeichnet ist.

ÜBERPRÜFEN DER AUSRICHTUNG

LINKS **Hüften und Schultern müssen ebenso kontrolliert werden wie die Füße. Sie sollten parallel zur Ball-Ziel-Linie verlaufen – was bedeutet, dass Ihr Körper auf einen Punkt leicht links von Ihrem Ziel gerichtet ist, nicht auf das Ziel, wie die meisten Golfer glauben.**

Zielen Sie mit dem Schlägerkopf im rechten Winkel zu den Schlägern am Boden und stellen Sie Ihre Füße entlang der Ziellinie auf.

Hilfsmittel auf dem Platz

Golfplatzarchitekten sind clever. Wenn sie ein Loch gestalten, richten sie den Abschlagplatz oft so aus, dass er nach rechts oder links vom Ziel gerichtet ist, zum Rough oder anderen Problembereichen hin. In diesen Situationen müssen Sie quer zum Tee zielen, was schwierig ist. Spielbahnen können auch abgeschnitten sein, um Sie in die Versuchung zu führen, nach rechts oder links vom Loch zu zielen.

Gehen Sie hinter den Ball und wählen Sie ein Ziel, das einige Zentimeter vor dem Ball liegt. Konzentrieren Sie sich auf ein Büschel Gras, einen Divot, einen Zweig oder etwas anderes, das auf der korrekten Ball-Ziel-Linie beim Putten liegt. Suchen Sie sich immer einen Gegenstand vor dem Ball, an dem Sie sich ausrichten können.

Der Körper zuletzt

Nun kommt der wichtigste Teil. Der Schlüssel zum richtigen Ausrichten besteht darin, dass Sie zunächst den Schlägerkopf korrekt entlang der gewählten Linie ausrichten und erst danach Ihren Körper parallel zu dieser Linie.

Gehen Sie nie umgekehrt vor und richten Ihren Körper zuerst aus und dann den Schläger. In dem Fall stimmt Ihre Ausrichtung im Allgemeinen nicht.

Nutzen Sie ein nahes Ziel in Verbindung mit den parallel zur Ball-Ziel-Linie liegenden Schlägern. Dies wird Schwungprobleme deutlich erkennbar machen.

PROFITIPP

Haben Sie keine Hemmungen, die korrekte Ausrichtung und das Zielen auf der Range zu üben! Viele Golfer nehmen sich dafür keine Zeit und nehmen Fehler dann mit auf den Platz. Ich habe Jack Nicklaus viele Male üben sehen; wenn er nicht gerade zu einem sehr schnellen Aufwärmen gezwungen ist, legt er regelmäßig Schläger auf den Boden, um die richtige Ausrichtung zu erreichen.

PROBLEME MIT DER BALLPOSITION

Die Position des Balls in Relation zu Ihrem Stand ist wichtig. Platzieren Sie den Ball im Verhältnis zu Ihrer Aufstellung falsch, können Sie nur schwer einen guten Schlag ausführen.

Wenn der Ball zu weit vor Ihrem Stand liegt oder unter extremen Umständen sogar links von Ihrem linken Fuß, führt dies dazu, dass Ihre Schultern herumgezogen werden, weil Sie sich nach dem Ball strecken müssen. Der rechte Arm wird nun extrem dominant.

Ziemlich oft zeigt der Golfer, der den Ball nicht in die richtige Position legt, auch einen schlechten Griff und eine schlechte Ausrichtung. Es kann sein, dass er nach rechts zielt und den Ball dann viel zu weit vor seinen Stand platziert.

Häufiger Fehler

Dies kann zu einem katastrophalen Schlag führen. Der Spieler ist jetzt so weit herumgedreht, dass seine Füße nach rechts und seine Schultern nach links von der Ziellinie gerichtet sind.

Bei dieser Aufstellung ist ein guter Golfschwung nicht möglich. Der Spieler wird wieder einmal mit seinen Schlägern für kurze Distanzen einen Pull und mit den Schlägern für lange Distanzen einen ausgeprägten Slice erzeugen.

GANZ LINKS Ein in Relation zu Ihrem Stand zu weit vorne platzierter Ball führt zu einem Pull oder Slice.

LINKS Wenn Ihr Ball zu weit vorne liegt, führt dies häufig zu einer geschlossenen Schlagfläche und einem Schwungweg von außen nach innen.

LINKS UNTEN Ein zu weit hinten platzierter Ball führt zu einer geöffneten Schlagfläche und einem Schwungweg von innen nach außen.

BALL ZU WEIT VORNE

BALL ZU WEIT HINTEN

Öffnen und Push

Den Ball relativ zum Stand zu weit hinten zu platzieren ist viel seltener, führt aber ebenfalls zu Problemen. Eine derartige Position verursacht einen Push bzw. führt dazu, dass der Ball gerade nach rechts fliegt. Denken Sie daran, dass die Körperrotation beim Schwung den Schlägerkopf öffnet und schließt. Wenn der Ball also zu weit hinten liegt, treffen Sie ihn zu früh im Schwung bei noch geöffnetem Schlägerkopf.

Weil der Schläger noch immer auf einer Innenbahn schwingt, kann es auch sein, dass Sie dem Ball einen unerwünschten Spin vermitteln. Wenn der Ball nicht nach rechts abgedrückt wird, ist es durchaus möglich, dass Sie ihn mit einem seitlichen Drall aufgrund eines Hook nach links schicken.

Auf den vorangegangenen Seiten über die Ausrichtung habe ich vorgeschlagen, zu Übungszwecken zwei Schläger auf den Boden zu legen, parallel zur Ball-Ziel-Line. Dies ist auch eine gute Methode, die korrekte Ballposition zu überprüfen. Legen Sie einen weiteren Schläger hinter den Ball, im rechten Winkel zu den beiden anderen Schlägern. Das verdeutlicht, wo sich der Ball im Verhältnis zu Ihrer Stellung befindet.

PROFITIPP

Es ist egal, ob ein Golfer jeden Schlag von der linken Ferse aus spielt, solange er damit entspannt umgeht und den Ball richtig platziert. Andererseits ist die traditionelle Methode der Ballpositionierung für viele Golfer auch richtig, wobei die Hölzer und Eisen für lange Distanzen von der linken Ferse aus gespielt werden, die Eisen für mittlere Entfernungen (5, 6 und 7) von einem Punkt zwischen dem Standzentrum und der linken Ferse und die Schläger für kurze Distanzen (8 und 9 sowie Wedges) von der Mitte der Standposition aus. Es handelt sich letztendlich um individuelle Vorlieben und jede Wahl ist eine gute Wahl. Entscheidend ist nur die Beständigkeit.

OBERE REIHE Ein Schwung von außen nach innen ist das Ergebnis eines zu weit vorne liegenden Balls.

UNTERE REIHE Liegt der Ball zu weit hinten, kommt es oft zu einem Schwung von innen nach außen.

HALTUNGSPROBLEME

Eine gute Ansprechhaltung ist der Eckpfeiler des sportlichen Golfschwungs. Sie vermittelt dem Schwung die nötige Balance, die wiederum die gesamte Bewegung stützt. Ein schlechte Ansprechhaltung führt zu Problemen in der Balance, was wiederum zu allen möglichen anderen Problemen führen kann.

DIE ATHLETISCHE AUFSTELLUNG

Viele Golfer versuchen, zu dicht an den Ball zu kommen. Seien Sie mutig, stehen Sie aufrecht, beugen Sie Ihre Hüften und verlagern Sie Ihr Gewicht nach hinten.

Ihr Körpergewicht sollte leicht nach hinten verschoben sein. Denn verlagern Sie Ihren Schwerpunkt vor die Körpermitte, wird das Ergebnis ein Schwung von außen nach innen sein: Der Schläger schneidet den Ball quer.

In so einem Fall schieben Sie Ihren Körper in den Schwungweg, vor allem beim Schwung durch den Ball. Sie sind dann gezwungen, den Schläger weiter außerhalb des normalen Schwungwegs zu verlagern – oder weiter weg vom Körper –, was wiederum dazu führt, dass Sie dem Ball einen Streifschlag verpassen. Das Ergebnis ist häufig ein Slice nach weit rechts vom Ziel bei Schlägern für längere Distanzen und ein Pull bei den Schlägern für kurze Distanzen.

Distanz zum Ball

Eine Methode, eine gute Ansprechhaltung und Balance beizubehalten, ist, das Gewicht leicht hinter der Körpermitte zu halten. Während der gesamten Schwungbewegung rotieren Sie beim Rückschwung auf dem rechten Absatz, beim Durchschwung auf dem linken. Halten Sie Ihren Körper stets in genau derselben Distanz zum Ball. Nur dann können Sie den Schläger wirklich um Sie herum schwingen.

Bewegen Sie sich näher zum Ball hin oder weiter weg, verlieren Sie die Balance. Sie befinden sich beim Ballkontakt in einer anderen Position als beim Ansprechen; so kann der Schwung nicht konstant sein.

In dem Moment, wo Sie versuchen, einen korrekten Schwung auszuführen, kämpfen Sie eigentlich damit, Ihre Bewegung wieder aufzubauen.

Schwungebene

Hier eine andere Methode, sich auf die Körperhaltung und Balance zu konzentrieren: Denken Sie an die

Schwungebene. Das Aufrichten des Oberkörpers während des Rückschwungs bewirkt eine zu flache Schwungebene. Fällt der Oberkörper hingegen dramatisch ab, ergibt sich eine zu hohe Schwungebene – die Arme werden unabhängig vom Körper in die Luft gerissen.

Die Schwungebene wird durch die Anfangshaltung bei der Aufstellung gebildet und der Winkel Ihres Rückgrats bestimmt diese Ebene. Das Rückgrat bleibt während des gesamten Schwungs in einer stabilen Position, und wenn dieser Winkel konstant bleibt, bewegt sich der Schläger in einem konstanten Kreis um den Körper.

Jede Veränderung des Rückgratwinkels wirkt sich auf Arme, Hände und Schläger aus, was zu einer deutlichen Veränderung der Schwungebene und damit des Schlags führt.

Spiegel als Hilfe

Benutzen Sie einen Spiegel, um Ihre fehlerhafte Ansprechhaltung zu korrigieren. Kontrollieren Sie Ihre Haltung auf diese Weise so oft wie möglich und prüfen Sie den Winkel Ihrer Wirbelsäule von hinten. Noch besser ist, sich mit einer Videokamera aufzeichnen zu lassen. Wenn Sie die Ansprechhaltung üben, schließen Sie die Augen und prägen Sie sich das Gefühl der korrekt eingenommenen Ansprechhaltung ein.

Die für Sie korrekte Haltung wird durch Ihre Körpergröße, die Länge Ihrer Arme sowie die Schlägerlänge bestimmt. Kleinere Spieler sollten aufrechter, größere weiter nach vorne gebeugt stehen:

1 Beugen Sie, mit einem Golfschläger in der Hand, Ihren Oberkörper in der Hüfte – nicht in der Taille – nach vorne und bewahren Sie einen Abstand von Kopf und Kinn zur Brust. Versuchen Sie, Ihre Kopfposition auf einer geraden Linie, die zur Basis Ihrer Wirbelsäule verläuft, beizubehalten. Wenn Sie sich nach vorne über den Ball beugen, müssen Sie diese Linie beibehalten.
2 Berühren Sie nun mit dem Schlägerkopf den Boden.
3 Da Ihr Gewicht etwas nach vorne verlagert sein soll, müssen Sie dies dadurch ausgleichen, dass Sie Ihr Gesäß nach hinten schieben. Es geht einfacher, wenn Sie Ihre Knie leicht beugen. Es fühlt sich dann an, als würden Sie sich gegen einen Stuhlrücken lehnen.

Die exakte Ausführung dieser Bewegungen ist von Spieler zu Spieler und auch je nach eingesetztem Schläger etwas unterschiedlich. Ein sehr großer Golfer mit einem kurzen Schläger muss sein Gesäß schon ziemlich weit nach hinten schieben. Andererseits wird ein kleinerer Golfspieler mit einem längeren Schläger sich kaum nach vorne beugen.

LINKS OBEN Wenn Ihre Beine zu gestreckt sind, müssen Sie sich zu weit nach vorne beugen.

RECHTS OBEN Beugen Sie Ihre Beine zu sehr, ist Ihr Oberkörper zu aufrecht und Sie werden den Ball in der oberen Hälfte treffen.

UNTEN Achten Sie darauf, Ihren Kopf bei der Aufstellung oben zu halten.

DIE POSITION MIT ANGEHOBENEM KOPF

KORREKTUR EINES SLICE

Beginnen Sie bei der Fehlersuche grundsätzlich mit der Aufstellung. Kontrollieren Sie Griff, Ausrichtung, Ballposition und Ansprechhaltung. Meist ist der Schwung selbst das Letzte, was falsch ist.

GANZ RECHTS UNTEN Da ein Slice dadurch verursacht wird, dass Sie den Schläger nach links vom Ziel schwingen, üben Sie bewusst, den Schläger mehr nach rechts vom Ziel zu schwingen.

Aber angenommen, Ihre Aufstellung ist perfekt, welche anderen Faktoren lohnen die Betrachtung? Ein einflussreicher Faktor ist der Schwungweg durch den Ball. Wenn Sie einen Slice schlagen, schwingen Sie von außen nach innen quer zum Ball, womit Sie dem Golfball einen Drall im Uhrzeigersinn mitgeben.

Das Gegenteil machen

Wenn Sie sicher sind, dass Ihre Aufstellung korrekt ist, tun Sie das Gegenteil von dem, was das Problem verursacht. Schwingen Sie entlang einem Schwungweg von innen nach außen. Der Schlägerkopf muss beim Ballkontakt frontal und geschlossen sein.

Versuchen Sie zu Beginn nur halbe Schwünge, um ein Gefühl für die Bewegung zu entwickeln und sie als Schwungweg festzulegen. Denken Sie daran, dass Sie sich beim Slice daran gewöhnt haben, von außen nach innen zu schwingen.

Wählen Sie dann ein Ziel auf dem Golfplatz aus, legen Sie einige Schläger auf den Boden und kontrollieren Sie so, ob Ihre Ausrichtung richtig ist. Sie möchten, dass sich der Ball von rechts nach links bewegt. Spielen Sie also den Ball mit einem Draw.

Wichtig ist wieder, dass Ihre Hände den Griff locker umfassen, Ihre Handgelenke frei sind und der Schlägerkopf beim Ballkontakt geschlossen ist.

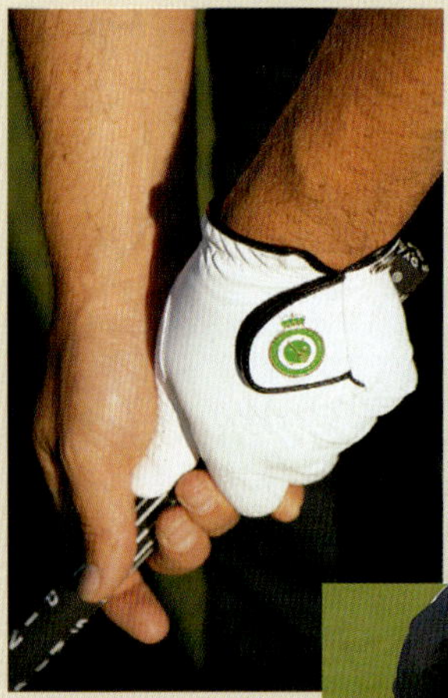

LINKS Die Hände umfassen locker den Griff.

RECHTS Der Ball darf nicht zu weit vor Ihrem Stand liegen.

SCHLECHTER SCHWUNG

GUTER SCHWUNG

SCHWUNGWEG VON AUSSEN NACH INNEN

PROFITIPP

Schlagen Sie aus einer seitlichen Hügellage, bei der der Ball oberhalb Ihrer Füße liegt. Es hilft, eine bessere Schwungebene und einen Schwungweg von innen nach außen zu erzeugen.

OBERE REIHE Der Schwungweg von außen nach innen kann nur einen Pull oder Slice verursachen.

MITTLERE REIHE Hier demonstriere ich den korrekten Schwung. Achten Sie auf die Unterschiede bei der Aufstellung, auf dem Höhepunkt des Rückschwungs und bei der Bewegung durch den Ball.

UNTERE REIHE Der Schwungweg von außen nach innen im Detail.

KORREKTUR EINES HOOK

Der Hook ist häufig das Ergebnis mehrerer Aufstellungsfehler. Meist haben sich die Hände zu sehr nach rechts bewegt, eine Position, die als starker Griff oder Hooker-Griff bekannt ist.

Und während die Hände um den Schlägergriff herumkriechen, nehmen die Schultern eine zunehmend geschlossene Stellung ein. Wenn diese Fehler auftreten, ist es nicht selten, dass der Spieler auch den Ball in Relation zu seinem Stand zu weit nach hinten legt. Häufig öffnet er auch noch unabsichtlich die Schlagfläche zu weit. Warum? Wenn der Ball beim Schlagen immer weiter von rechts nach links fliegt, versteinert der Golfer sozusagen an der linken Seite des Golfplatzes und wird alles tun, um rechts zu bleiben. Er tendiert also dazu, seine Schlagfläche zu öffnen und nach rechts von der Ball-Ziel-Linie zu zielen.

Den meisten Spielern ist das nicht bewusst. Sie würden sogar wetten, dass sie geradeaus zielen – auch wenn sie 30 Grad nach rechts zielen. Der Ball kann nur noch nach rechts gehen und der Schwungweg verläuft immer mehr von innen nach außen, wodurch sich die Tendenz, einen Hook zu schlagen, nur noch erhöht.

DIVOT-LINIE

Ein verräterisches Zeichen für einen übermäßigen Golfschwung von innen nach außen ist der von Ihnen erzeugte Divot. Schauen Sie sich aus diesem Grund Ihren Divot nach jedem Schlag genau an. Wenn er nach rechts vom Ziel gerichtet ist, schwingen Sie zu viel von innen nach außen. Dadurch produzieren Sie einen Hook.

Problemzone

Wenn aber der Golfer von innen nach außen schwingt und den Ball mit einer rechtwinklig gestellten Schlagfläche trifft, wird der Ball mit einem Drall von rechts nach links fliegen. Der Ball fliegt geradeaus weg, um dann nach links abzubiegen. Im Gegensatz dazu wird das Treffen des Balls mit einer nur leicht geschlossenen Schlagfläche – z. B. um ein bis zwei Grad – zu einem Duck-Hook oder Snap-Hook führen.

So gewinnt der Ball kaum an Höhe und wird schnell nach links abbiegen. Wie Lee Trevino sagt: Mit einem Fade kann man reden, aber nicht mit einem Hook.

Anfangsphase des Flugs

Worin besteht die Korrektur? Schauen Sie sich zuerst Ihre Aufstellung an, überprüfen Sie Ihren Griff, die Ausrichtung und die Ballposition. Kontrollieren Sie dann die Schlagfläche. Wenn sie weit geöffnet ist, bringen Sie sie rechtwinklig hinter den Ball. Legen Sie schließlich einige Schläger auf den Boden, um Ihre Ausrichtung zu kontrollieren, und suchen Sie sich ein definiertes Ziel aus, um an der Anfangsfluglinie des Balls zu arbeiten.

Es ist hilfreich, wenn Sie in dieser Phase einen Freund bitten, sich hinter Sie zu stellen. Er kann Ihnen sagen, ob der Ball am Anfang mit einem Drall nach rechts wegfliegt, was Sie selbst nicht sehen können. Nehmen Sie die Schläger zu Hilfe, um sich auszurichten, sollten Sie daran arbeiten, den Rückschwung in einer geraden Linie einzuleiten. Holen Sie schon von Anfang an weit genug aus. Wenn Sie dann durch den Ball kommen, denken Sie daran, den Schläger mit Ihrem linken Arm durchzuziehen, wobei Sie den linken Arm und die linke Hand vor dem Schlägerkopf halten und von außen nach innen schwingen, ungefähr so, als ob Sie einen Schlag aus dem Bunker ausführen würden.

OBEN Der Hooker zielt im Allgemeinen zu weit nach rechts und erzeugt dann einen flachen Schwung mit übermäßigem Handeinsatz.

UNTEN Ein gutes Heilmittel für den Hook: Benutzen Sie Ihren linken Arm und versuchen Sie, den Ball quer zu schneiden, als ob Sie einen Fade oder Slice schlagen würden.

Sie versuchen tatsächlich, den Ball zu schneiden bzw. ihn von links nach rechts zu bewegen, also einen Slice zu schlagen.

Das Gegenteil versuchen

Fuzzy Zoeller hat einmal gesagt, dass es für ihn der leichteste Job der Welt sei, ein guter Golfer zu sein; sein einziger Fehler sei der Hook, weswegen er versuche, jeden Ball als Slice zu schlagen.

Wie bei der Korrektur des Slice müssen Sie also auch bei der Korrektur des Hook den entgegengesetzten Schlag einsetzen. Versuchen Sie sich bildlich vorzustellen, den Ball mit einem Slice zu schlagen. Versuchen Sie, den Ball so zu schlagen, dass er nach links vom Ziel wegfliegt, und verpassen Sie ihm einen Drall nach rechts. Dies ist die schnellste Methode, einen Hook zu korrigieren.

UNTEN Einmal mehr sollten Sie Ihre Körperausrichtung kontrollieren – sie stellt häufig die Ursache des Problems dar.

GETOPPTE UND DÜNN GETROFFENE BÄLLE

Den Ball zu toppen kann durch viele Faktoren verursacht werden; die häufigste Ursache ist die Tendenz, den Kopf beim Schwung starr nach unten zu halten, wodurch die richtige Körperdrehung behindert wird.

Der durchschnittliche Golfer versucht oft, den Ball permanent anzusehen. Denken Sie jedoch daran, dass Sie den Ball nicht ständig mit beiden Augen gleichzeitig ansehen müssen! Die meiste Zeit sehen Sie den Ball nur mit einem Auge.

Einfrieren

Viele Golfer sind so sehr darauf bedacht, den Ball anzustarren, dass sie regelrecht über dem Ball einfrieren. Wenn sie dann versuchen, nach hinten zu schwingen, dreht sich der Kopf nicht so, wie er sollte; der Oberkörper wird daran gehindert, sich zu öffnen und eine volle Drehung auszuführen.

Dies führt häufig zu einem zweiten Fehler. Wenn sie ständig von immer wiederkehrenden Gedanken wie: „Ich muss den Ball immer im Auge behalten" geplagt werden, blockieren sie sich selbst und ihr Spiel wird negativ beeinflusst.

Weil Ihr Kopf sich nicht richtig gedreht hat und Ihre Anfangsbewegung nicht korrekt war, zwingen Sie sich im Durchschwung unbewusst, Ihren Körper nach unten zum Ball hin zu bewegen – ein Desaster.

Zusammenbruch

Dies bewirkt ein Abfallen des Rückgratwinkels – und von da an können Sie es vergessen, den Körper noch korrekt hinter dem Ball zu drehen. Die Bewegung der Arme bricht zusammen, Sie verlieren an Schwungweite. Da Sie jetzt näher am Ball sind und Ihr Gewicht möglicherweise zu weit nach vorne verlagert haben, wird auch Ihr Gleichgewicht beeinträchtigt sein.

Nun haben Sie auf dem Höhepunkt Ihres Rückschwungs eine Zehntelsekunde, bis Sie den Ball schlagen. Aber: Sie sind 8–10 cm näher am Ball, als Sie sein sollten oder während des Ansprechens waren. Was tun Sie also, um nach oben zu kommen?

Beim Durchschwung müssen Sie Ihren Körper anheben, um den Ball sauber zu treffen. Dies ist jedoch sehr schwierig, wenn man es noch nicht oft geübt hat. Sehr wahrscheinlich neigen Sie an diesem Punkt zu einem der beiden folgenden Fehler:

- Sie richten sich aus Kompensationsgründen zu sehr auf und treffen den Ball zu weit oben.
- Sie richten sich nicht genug auf und treffen den Boden hinter dem Ball.

UNTEN Ein getoppter Ball ist oft das Ergebnis eines zu intensiven Bemühens, den Kopf unten oder krampfhaft ruhig zu halten.

SCHLECHTE TECHNIK: DER BALL WIRD GETOPPT

Sackgasse

Fragen Sie nun Ihre Freunde um Rat, bekommen Sie zu hören, dass Sie Ihren Kopf angehoben haben und die Bewegung Ihres linken Arms zusammengebrochen ist! Beim nächsten Schlag versuchen Sie also noch intensiver, unten zu bleiben, wodurch Sie noch tiefer absacken und Ihr Problem verschlimmern. Wieder wird sich Ihr Körper nicht richtig drehen, der Schwung gerät zu kurz, und selbst wenn es Ihnen noch irgendwie gelingen sollte, den Ball zu treffen, wird dies ohne Kraft erfolgen.

Komplette Drehung

Die Methode zur Behebung dieses Fehlers besteht darin, Ihren Kopf bewusst und auf natürliche Weise hinter dem Ball maximal zu drehen, indem Sie den Ball nicht mit beiden Augen fixieren. Zuerst mag es Ihnen so vorkommen, als würden Sie vom Ball wegdriften, aber wenn Sie Ihr Gewicht richtig verlagern und Ihren Rückgratwinkel beibehalten, können Sie gar nicht anders, als einen sauberen Rückschwung auszuführen. Üben Sie diese Bewegung vor einem Spiegel, um sich davon zu überzeugen.

LÖSEN VOM BODEN

Konzentrieren Sie sich auf einen geschmeidigen, konstanten Schwung und die korrekte Gewichtsverlagerung. Stecken Sie einen Teestift in den Boden und führen Sie halbe Schwünge aus, wobei Sie den Stift sanft aus dem Boden schlagen. Auf diese Weise festigen Sie die Vorstellung des korrekten Schwungwegs und Schlagens durch den Ball. Ersetzen Sie dann den Teestift durch einen Ball. Konzentrieren Sie sich auf die Vorstellung, Ihr Gewicht erst nach hinten zu verlagern und dann nach vorne; schwingen Sie langsam und beobachten Sie, wie sich Ihr Gewicht zurück auf den rechten Fuß und dann nach vorne auf den linken Fuß verlagert (rechtes Bild). Hat Ihre Gewichtsverlagerung das richtige Timing und ist sie vollständig ausgeführt, wird die Schlagfläche den Ball einfach vom Rasen fegen, wobei sie ihn korrekt in der Mitte – und nicht in der oberen Hälfte – trifft (linkes Bild).

UNTEN Ein flüssiger Schwung mit korrekter Körper- und Kopfhaltung führt nur selten dazu, dass man den Ball toppt. Sagen Sie sich selbst, dass Sie sehen wollen, wie der Schlägerkopf den Ball trifft – so schränken Sie Ihre Bewegung nicht ein.

GUTER SCHWUNG: EIN ERSTKLASSIGER SCHLAG

FETTE UND ZU HOHE SCHLÄGE

Schläge, bei denen der Boden hinter dem Ball getroffen wird, entstehen durch den gleichen Fehler wie getoppte Bälle. Wenn Sie Ihren Kopf senken und gleichzeitig beim Durchschwung nicht den Kopf nach oben ziehen, werden Sie in den Boden schlagen.

OBEN Sie können den Ball auf einen Teestift setzen, um das zu hohe Schlagen der Bälle zu korrigieren.

RECHTS OBEN Ein falscher Schwungweg ist die häufigste Ursache für Schläge in den Boden oder zu hoch geschlagene Bälle.

> **PERFEKTER DIVOT**
> Ein perfekter Divot sollte leicht nach links zeigen. Er sollte nach dem Treffen des Golfballs erzeugt werden, wenn der Schläger während des Durchschwungs zurück zur Innenseite geführt wird.

RECHTS UNTEN Wenn Sie die Bälle regelmäßig hoch in die Luft schlagen, sollten Sie den Schläger bei der Rückführung niedrig halten.

Der zweite Grund für diesen sehr häufigen Fehler ist ein stumpfer Schlag gegen den Ball, der direkt auf den Schwungweg zurückgeführt werden kann. Viele Golfer bringen den Schläger beim Rückschwung zu sehr nach innen und führen ihn dann auf demselben Innenwinkel zurück. Dann befindet sich der Schlägerkopf bei der Annäherung an den Ball aber zu nahe am Boden.

Wie oft passieren Ihnen solche fetten Schläge? Wie häufig toppen Sie den Ball? Vielleicht liegt es daran, dass auch Sie den Schläger zu sehr auf einer Schwungbahn von innen nach außen führen.

Divot-Muster

Legen Sie einige Schläger auf den Boden und üben den korrekten Schwungweg; bemühen Sie sich, den Schläger mehr von innen nach innen zu führen. Schauen Sie sich auch nach jedem Schlag Ihr Divot-Muster an. Wenn Ihr Divot nach rechts zeigt, bedeutet dies, dass Sie zu weit von innen nach außen kommen und hinter dem Ball in den Boden schlagen. Wenn der Ball etwas tiefer liegt, kann es sein, dass Sie ihn auch toppen.

Zu hoch geschlagene Bälle

Falls Sie den Ball zu hoch schlagen (Sky-Schlag), heben Sie wahrscheinlich den Schläger beim Rückschwung zu früh, wobei Sie Ihre Arme mit einer schlechten Körperrotation gerade nach oben nehmen. Dies führt beim Durchschwung zu einer hackenden Bewegung. Ein anderer Fehler ist, dass im Durchschwung der Unterkörper beim Drehen der linken Hüfte zu weit von der Flugrichtung des Balls abweicht. Der Unterkörper muss den Abschwung einleiten. Wenn jedoch der Oberkörper dominiert, ist der Schläger gezwungen, außerhalb des korrekten Schwungwegs zu verlaufen. Sie schlagen nun quer zur Ziellinie – häufig hackt der Schläger hinunter in den Ball und schickt diesen hoch in die Luft.

Stellen Sie fest, welche Seite des Schwungs Ihnen das Problem verschafft! Dafür brauchen Sie die Hilfe eines Lehrers, eines Freundes oder einer Videokamera.

Niedrig und langsam

Halten Sie den Schläger bei der Rückführung niedrig. Ihr linker Arm und der Schaft sowie der Schlägerkopf bilden eine Linie, was zu einem weiten Schwungbogen führt. Heben Sie den Schläger nicht aktiv mit Ihrem rechten Arm, sonst werden Sie auf den Ball niederhacken.

Finden Sie heraus, ob Sie sich beim Durchschwung im Gleichgewicht befinden und ob sich Ihr Körpergewicht auf die linke Ferse verlagert hat. Wenn nicht, haben Sie sich zuerst mit dem Oberkörper bewegt, vielleicht auch mit Ihren Armen und Händen.

Versuchen Sie, die Vorstellung zu festigen, dass Sie den Durchschwung mit dem Unterkörper einleiten und die Körperdrehung von unten nach oben auflösen.

KORREKTUR EINES SHANK

Der Shank ist im Golf so gefürchtet, dass ich mich hüte, dieses Wort hier noch einmal zu wiederholen. Bei diesem manchmal ansteckenden Fehlschlag trifft man den Ball mit dem Verbindungsstück zwischen Schaft und Schlägerkopf (Hosel). Der Ball fliegt unkontrolliert und mit hoher Geschwindigkeit fort, oft im rechten Winkel zur Ziellinie.

Die Ursache liegt häufig darin, dass der Spieler zu nahe am Ball steht oder sein Gewicht zu weit nach vorne verlagert ist. Aber meistens wird der Shank durch Verspannung in Armen und Händen verursacht.

Schärfere Schläge

Sie können diesen Fehler korrigieren, indem Sie schärfere Schläge üben. Ihre Füße stehen dabei eng beieinander. Diese Übung stellt das Timing wieder her und fördert ein besseres Gefühl für die Gewichtsverlagerung und die freie Schwungbewegung von Händen und Armen.

Atmen Sie schließlich ruhig und gleichmäßig tief ein und aus; achten Sie außerdem auf eine entspannte und gleichmäßige Haltung. Lockern Sie den Druck Ihres Griffs.

UNTEN Das Üben von halben Schwüngen ist eine hervorragende Methode, den Shank loszuwerden und den Schlag gegen den Ball zu verschärfen. Halten Sie Ihre Hände locker und schwingen Sie den Schläger frei herum.

HALBE SCHWÜNGE ÜBEN

Von einem Shank spricht man, wenn der Ball mit der Schlägerferse getroffen wird. Er wird häufig dadurch verursacht, dass der Spieler zu dicht am Ball steht. Beseitigen Sie die Verspannung beim Ansprechen und Sie bekommen den Shank fast immer in den Griff. Soforthilfe: Sprechen Sie den Ball mit der Schlägerspitze an.

8 PROBLEMLAGEN

Selbst Profis stehen gelegentlich problematischen Situationen gegenüber und müssen diese meistern. Dieses Kapitel zeigt, wie auch Sie das schaffen.

PROBLEMLAGEN

Bei jeder Golfrunde spielt es eine wichtige Rolle, sich erfolgreich aus Schwierigkeiten zu befreien. Jeder Spieler wird immer wieder einige Schläge ins Rough oder in einen Fairway-Bunker setzen.

UNTEN Bestimmte Situationen, in die Sie geraten, verdienen Respekt. Wenn Sie in Schwierigkeiten sind, müssen Sie sich manchmal bewusst machen, dass Sie nicht Tiger Woods sind und es am besten ist, den Ball mit einem vernünftigen Schlag, von dem Sie wissen, dass Sie ihn beherrschen, zurück ins Spiel zu bringen.

Vielleicht müssen Sie auch einen wichtigen Schlag von einem Divot, einer engen Lage im Vorgrün, einer losen Lage auf der Spielbahn oder von einem steilen Hang ausführen. Oder der Ball liegt ober- bzw. unterhalb Ihrer Füße.

In solchen Situationen ist es entscheidend, dass Sie die Probleme in Erfolge verwandeln und damit den Schaden auf Ihrer Scorekarte begrenzen. Trösten Sie sich: Selbst die Topprofis haben Probleme, sich aus schwierigen Situationen zu befreien. Spielen Sie unbedingt realistisch innerhalb der durch die Situation gesetzten Grenzen und im Rahmen Ihrer eigenen Fähigkeiten. Dies ist kaum der richtige Zeitpunkt, übermäßigen Ehrgeiz zu entfalten. Ihr Ziel sollte es sein, den Ball zurück ins Spiel zu bringen.

Oberste Prämissen

Wie befreien wir uns aus Schwierigkeiten? Ich kann es nicht oft genug wiederholen: Wenn Sie ein Anfänger sind, müssen Sie vor Betreten des Platzes Problemschläge unbedingt üben. Die meisten Golfspieler tun das häufig nicht intensiv genug.

Stehen Sie dann auf dem Platz, ist die Entscheidung, welcher Schlag möglich ist, der erste und wichtigste Schritt. Wenn Sie diese Entscheidung getroffen haben, wählen Sie den richtigen Schläger aus und nehmen Sie alle notwendigen Anpassungen vor (Aufstellung, Stand, Ballposition, Schwung).

Dann bedarf es einer letzten Komponente: Glauben Sie an sich selbst! Nach der Wahl Ihrer „Fluchtroute" müssen Sie den Schlag mit Selbstvertrauen spielen. Sind Sie sich nur geringfügig im Unklaren, ist es wahrscheinlich, dass Sie sich mit Ihrem nächsten Schlag in eine weitere schwierige Lage bringen.

Das oberste Ziel besteht nicht darin, den Schlag Ihres Lebens auszuführen, sondern einfach den Ball zurück ins Spiel zu bringen. Sie werden überrascht sein, wie leicht es Ihnen bei dieser Herangehensweise fällt, eine gute Runde am Laufen zu halten.

Spiel aus dem Rough

Wenn der Ball im Rough landet, ist der durchschnittliche Golfer häufig nicht bereit, diese „Bestrafung" anzunehmen. Er vergisst, dass der Golfplatzarchitekt

ZURÜCK IN EINE SICHERE LAGE SPIELEN

das Rough aus einem bestimmten Grund so gestaltet hat – nämlich, um Fehlschläge zu bestrafen. Eventuell müssen Sie akzeptieren, einen zusätzlichen Schlag bei dem betreffenden Loch zu spielen und Ihr Punktergebnis zu verschlechtern.

Die meisten Golfspieler sind zu ehrgeizig. Sie wollen mit einem Schlag direkt eine ganze Reihe von Problemen überwinden und erkennen nicht, dass der einfachste Schlag darin besteht, den Ball seitwärts aus der Problemlage herauszuschlagen und dann einen sauberen Schlag von der Spielbahn auszuführen. Denken Sie daran, dass es im Rough im Allgemeinen nicht leicht ist, den Ball voll zu treffen, und dass der Ball nicht weit fliegt. Zusätzlich müssen Sie einen Schläger mit ausreichend Loft wählen, um den Ball wirklich nach oben aus dem dichten Gras herauszuschlagen.

Lagebeurteilung

Die Art, wie der Ball im Rough liegt, variiert – manchmal sogar erheblich. Für die Beurteilung der Lage sollte man sorgfältig untersuchen, wie viel Gras direkt hinter dem Ball ist. Wenn es sich nur um einige kleine Grashalme handelt, ist dies bedeutungslos. Aber Vorsicht: Das Gras auf Link-Plätzen sieht oft harmlos aus; dennoch können selbst wenige Halme den Schläger unglaublich verdrehen.

Befindet sich andererseits eine Menge Gras hinter dem Ball, sodass Sie noch nicht einmal seine Rückseite sehen können, haben Sie in jedem Fall ein ernstes Problem. Vielleicht liegt der Ball tiefer, ist eingebettet oder sogar wie in einem Vogelnest von Gras umhüllt. Was dann?

Zunächst wissen Sie in dieser Situation, dass Sie den Ball nicht sehr weit schlagen können. Nehmen Sie sich also den Schläger mit dem meisten Loft aus der Tasche – einen Sand Wedge.

DAS SPIEL AUS PROBLEMLAGEN

OBEN Analysieren Sie Ihren Schlag sorgfältig, bevor Sie ihn ausführen. Es ist nicht verkehrt, Mut zu beweisen, wenn Sie wissen, dass Sie den Ball aus der Situation spielen können.

EINEN SAND WEDGE IM ROUGH EINSETZEN

Die schwere Sohlenplatte des Sand Wedge ist im dicken Rough besonders nützlich, weil sie den Schwung durch das Gras und andere hinderliche Dinge unterstützt.

UNTEN Wenn Sie sich im dicken Rough wiederfinden, ist der Sand Wedge eine gute Wahl, um den Ball zurück ins Spiel zu bringen. Unabhängig davon, wie dick das Rough ist – schwingen Sie durch den Ball hindurch.

Bleibt ein Golfschläger im Rough hängen, dann bewegt sich der Ball nur minimal – oder gar nicht.

Sie brauchen also einen schweren Schläger, mit dem Sie den Ball herausheben können. Zusätzlich müssen Sie den Schläger durch das Gras hinter dem Ball schwingen, bevor Sie den Ball treffen, wodurch sich der Schläger im Gras verhaken und die Schlagfläche beim Treffen schließen kann. In diesem Fall gewinnt der Ball wahrscheinlich nicht an Höhe.

Möglicherweise wird der Ball auch noch tiefer ins Gras getrieben. Wenn das Gras sehr tief ist, kann der Ball sogar verloren gehen ...

Schlagfläche öffnen

In schwerem Rough tendiert sogar ein Sand Wedge dazu, sich zu verhaken, wenn Sie die Schlagfläche schließen. Öffnen Sie zum Ausgleich die Schlagfläche ein wenig und spielen Sie den Schlag so wie in einem Bunker. Denken Sie daran: Zuerst die Schlagfläche öffnen, dann den Schläger greifen, sodass der Schläger (geöffnet um fünf bis zehn Grad) richtig in Ihrer Hand liegt. Führen Sie einen vollen Schwung aus, schlagen Sie durch den Ball.

Auch wenn sich der Schläger verhaken sollte und stoppt, sollten Sie sich darauf konzentrieren, durch den Ball zu schlagen. Dadurch bekommen Sie den Ball normalerweise heraus.

Spielen Sie den Ball auf einen Punkt der Spielbahn, der nicht zu ehrgeizig ist. Wenn es nicht sein muss, sollten Sie nicht versuchen, den Ball weit über das Rough hinauszuschlagen, weil das häufig nicht erfolgreich ist.

MODERATE LAGEN IM ROUGH

Die Landung des Balls im Rough ist nicht immer ein Desaster. Wenn Sie die Rückseite des Balls nur ein wenig sehen, können Sie auch einen positiven Schlag ausführen. Sie benötigen aber einen Schläger mit sehr viel Loft.

Niedriger als ein Eisen 8 sollten Sie nicht gehen, wenn Sie aus einem schwierigen Rough schlagen. Ein Flyer ist ein Schlag, bei dem sich zwischen Ball und Schlagfläche Gras befindet, was verhindert, dass Sie den Ball mit Backspin schlagen können. Der Ball schießt im wörtlichen Sinne vom Schläger weg und fliegt 30 bis 40 Prozent weiter, als es normalerweise der Fall wäre.

Manchmal kann das zu Ihrem Vorteil sein. Wenn Sie normalerweise mit einem Eisen 8 rund 120 bis 140 m weit schlagen, kann der Ball bei einem Flyer gut 150 bis 170 m weit fliegen und rollen. Haben Sie einen langen Weg zum Grün, könnte dies eine Hilfe sein, einen Schlag einzusparen. Aber ein Flyer kann auch gegen Sie arbeiten. Ziehen Sie die zusätzliche Distanz, die sich ergeben kann, in Betracht. Zu wissen, dass der Ball bei der Landung weit rollen wird, hilft Ihnen zumindest bei der Planung der Schlagausführung.

Wollen Sie einen kurzen Annäherungsschlag zum Grün hin spielen, bedenken Sie, dass Sie nicht in der Lage sein werden, den Ball zu stoppen. Stattdessen müssen Sie vielleicht den Ball zum Grün hin rollen lassen.

LINKS Wenn Ihr Ball im ersten Abschnitt des Rough liegt, sollten Sie ein Eisen mit Loft in Betracht ziehen. Für längere Schläge bieten sich ein Holz 5 oder 7 an.

OBEN Denken Sie beim Spiel aus dem Rough daran, dass der Ball viel weiter rollen wird als beim Spiel von der Spielbahn.

UTILITY-HÖLZER IM ROUGH EINSETZEN

Das Holz 7 ist eine neue Entwicklung und kann Ihnen im Rough sehr helfen. Sie können auch eines der neueren Hölzer 9 oder sogar ein Holz 11 verwenden. Viele Damen und Senioren benutzen diese Schläger, aber auch immer mehr Spieler mit niedrigem Handicap und Profis.

Ein Holz 7 ist wahrscheinlich ein besserer Schläger für viele Spieler als ein schwieriges Eisen 3. Utility-Hölzer sind in allen möglichen Situationen rund um den Platz viel leichter einsetzbar. Der Einsatz eines Holzes hängt jedoch von der Lage ab, in der sich Ihr Ball befindet. Damit Sie ein Fairway-Holz im Rough verwenden können, müssen Sie etwas von der Rückseite des Balls sehen.

RECHTS **Utility-Hölzer sind ideal für lange Schläge aus dem Semi-Rough.**

RECHTS UNTEN **Im Rough müssen Sie den Schläger fest halten, damit er sich nicht im Gras verhakt.**

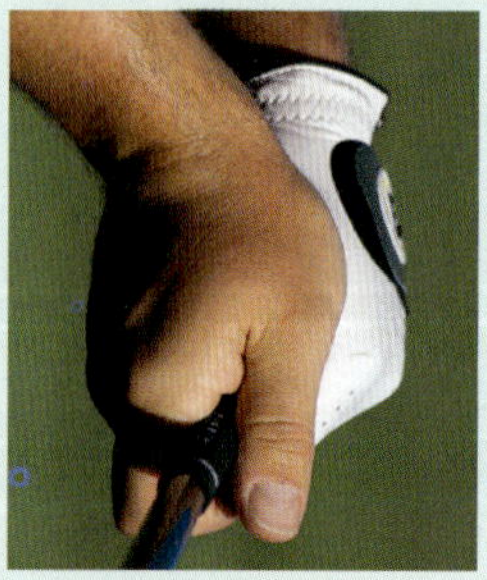

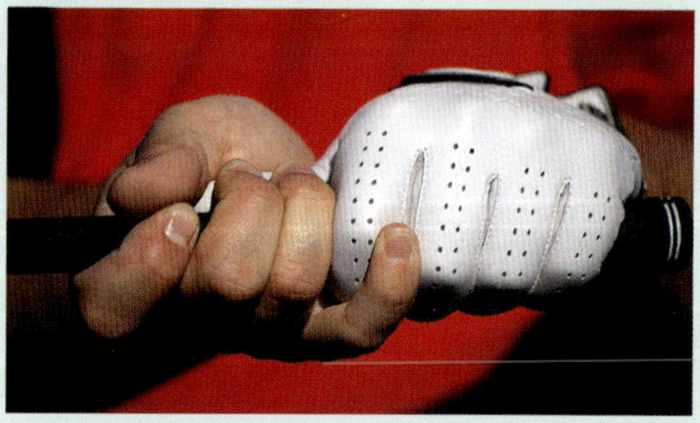

UNTEN **Den Schläger mit der linken Hand zu führen (wie bei einem Pitch-Schlag) führt zu einem ausgeprägteren Schwung von außen nach innen – dies hilft, einen schärferen Schlag in längerem Gras auszuführen.**

Kein Verhaken

Der Grund für die Verwendung der Utility-Hölzer im Rough ist ihr runder Schlägerkopf und bei einigen auch die v-förmige Sohle, die sich im Gras nicht verhaken kann. Zusätzlich hat die Schlagfläche Loft und kann den Ball sehr schnell heben. Je schneller der Ball nach oben geht, desto weniger fliegt er seitlich weg. Bei Utility-Hölzern sollten Sie mit einem etwas höheren Griffdruck spielen. Sie müssen sich in den Ball und durch ihn hindurchbewegen, wobei Sie mit Ihrer linken Hand führen.

Schwungweg im Rough

Egal, ob Sie im Rough ein Holz oder ein Eisen verwenden, Sie sollten mehr von außen nach innen schwingen. Da Sie versuchen, von außen an den Ball zu kommen, führen Sie den Schläger leicht außerhalb der Linie zurück und heben ihn etwas abrupter an als bei Ihrem normalen Schwung – etwa wie bei einem Bunkerschlag.

Denken Sie dann daran, den Schläger im Winkel nach unten zu führen, wobei Sie sich vorstellen, fast einen Slice zu schlagen und den Ball so weit wie möglich von links nach rechts zu bewegen. Je ausgeprägter Ihre Slice-Bewegung zur Ziellinie ist, desto größer ist Ihre Chance, einen scharfen Schlag gegen den Rücken des Balls zu landen, wodurch er schnell heraus-, dann nach vorne weg- und wie geplant weiterfliegt.

Aufgrund dieses Schwungwegs könnten Sie sogar mit einem Holz einen Flyer erzielen. In diesem Fall würde der Ball so weit fliegen, wie er es aus einer normalen Lage von der Spielbahn aus tun würde. Aber es bedarf wiederum der Übung, um diese Bälle richtig zu beurteilen. Je öfter Sie Schläge aus dem Rough üben, desto weniger werden sie Ihnen Angst machen.

Im Rough führe ich den Schläger ein wenig außerhalb der Linie zurück – ziele ein wenig nach links und visualisiere einen Fade-Schlag.

Bewahren Sie auf dem Höhepunkt des Rückschwungs Ruhe – allzu häufig geraten Spieler in Panik, wenn sie aus dem Rough spielen.

Wenn Sie durch den Ball schwingen, sollten Sie versuchen, leicht von außen nach innen zu kommen, wobei Sie nach unten und quer zum Ball schneiden.

Wenn Sie durch den Ball schwingen, führen Sie mit der linken Hand. Dies ergibt eine „schneidende" Bewegung, die einen schärferen Schlag gegen den Ball bewirkt.

Beenden Sie den Schwung durch den Ball mit einem positiven und athletischen Finish und beobachten Sie, wie der Ball zum Grün hin segelt.

PROFITIPP

Es ist wichtig, dass man das Schlagen von Bällen aus dem Rough übt. Tun Sie dies nicht, stehen Sie der Situation hilflos gegenüber. Sie müssen fähig sein, den Schlag einzuschätzen und die richtige Methode zu wählen, um aus den Schwierigkeiten herauszukommen.

Suchen Sie sich ein leeres Feld, auf dem Sie üben können, oder einen Bereich mit ungemähtem Gras. Probieren Sie verschiedene Schläge und verwenden Sie Ihren Sand Wedge oder Ihr Utility-Holz. Eine andere Möglichkeit ist, an einem ruhigen Tag das Rough Ihres Golfplatzes zu verwenden oder die ungepflegten Bereiche um die Übungsplätze herum. Weil diese meist nicht gepflegt werden, wird der Klub wahrscheinlich nichts dagegen haben, aber fragen Sie sicherheitshalber vorher.

FAIRWAY-BUNKER

Fairway-Bunker variieren von den tiefen Potbunkern auf Link-Plätzen bis hin zu den flacheren Varianten, die man oft auf öffentlichen Plätzen findet. Wenn Ihr Ball in einem Fairway-Bunker landet, bestimmen Sie, wie hoch der Bunkerrand ist und wie nahe Sie am Rand sind.

HERANGEHENSWEISE

Schauen Sie oben auf den Ball. Greifen Sie den Schläger etwas weiter unten und wählen Sie einen Schläger, der genügend Loft besitzt.

Dann müssen Sie entscheiden, ob es klug wäre, einen Distanzschlag zu wagen oder versuchen, nur herauszukommen.

Potbunker

Im Allgemeinen sind Potbunker nahezu unsichtbar; wenn Sie auf dem Tee stehen, ist die Sicht auf sie oft verdeckt. Es kann auch sein, dass das Gelände sich zu ihnen hin absenkt, sodass der Ball in sie hineinrollt.

Schauen Sie sich also vor dem Spiel den Platzplan an. Finden Sie heraus, wo die Bunker sind und wie weit sie auseinanderliegen. Berücksichtigen Sie die Entfernung, über die Sie mit einem Driver oder anderen Schläger vom Tee aus normalerweise schlagen. Wenn sich z. B. ein Potbunker 210 m vom Tee entfernt befindet, könnte es klüger sein, einen Schläger zu verwenden, mit dem Sie nur 200 m weit schlagen können, um sicherzugehen, dass Sie nicht in den Sand geraten. Dann sind Sie selbst bei einem Fehlschlag nach links oder rechts von der Spielbahn sicher. Für Durchschnittsgolfer ist es schlicht nicht sinnvoll, mit Fairway-Bunkern so umzugehen, wie dies die Profis tun. Wenn Ihr Ball trotzdem im Bunker landet, sind Sie mit einem sehr heiklen nächsten Schlag konfrontiert.

Schadensbegrenzung

Egal, in welche Schwierigkeiten Sie Ihr letzter Schlag gebracht hat, nun ist es an der Zeit, nach vorne zu schauen und zu versuchen, sich möglichst elegant aus der schwierigen Situation zu befreien.

Beantworten Sie vor Ihrem Schlag einige Fragen: Wie hoch ist der Rand des Bunkers? Wie weit ist der Ball vom Rand entfernt? Wie liegt der Ball? Danach wählen Sie einen Schläger mit genügend Loft aus, um sich aus dem Bunker zu befreien.

OBEN UND UNTEN Ich verwende ein Eisen 5, weil ich etwas tiefer im Bunker stehe als in der Situation unten, wo ich näher am Rand stehe und daher ein Eisen 7 verwenden muss, um über den vorderen Rand zu schlagen.

DER EINSATZ EINES HOLZES 5

In vielen Fairway-Bunkern ist es Ihnen aufgrund eines niedrigen Rands möglich, den Ball mit jedem Schläger bis zum Holz 5 zu schlagen.

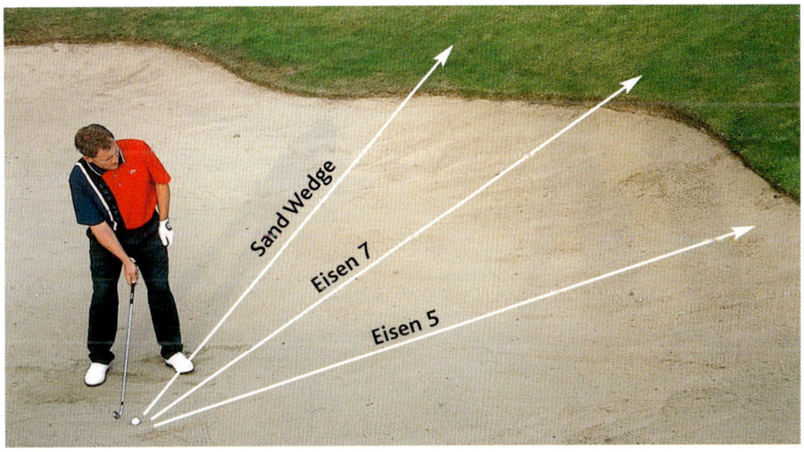

UNTEN Verwenden Sie einen Schläger, der sicher den Ball über den vorderen Bunkerrand schlägt.

DER EINSATZ EINES SAND WEDGE

LINKS Selbst wenn Sie einen Sand Wedge verwenden, denken Sie darüber nach, wohin Sie den Ball auf die Spielbahn für Ihren nächsten Schlag spielen wollen.

EINEN LOB WEDGE VOM GRÜNBUNKER EINSETZEN

Wenn Sie den Ball schnell aus einem Fairway-Bunker befördern müssen, könnten Sie auch einen Lob Wedge in Betracht ziehen, den viele Spieler heute besitzen. Der Lob Wedge kann einen Loft von 60–64 Grad haben, im Gegensatz zum Sand Wedge mit nur 56 Grad.

Für die meisten Golfer ist der größte Vorteil des Lob Wedge, dass man die Schlagfläche nicht öffnen muss. Ein Lob Wedge kann mit rechtwinklig stehender Schlagfläche eingesetzt werden. Dadurch fällt es viel leichter, durch den Ball hindurchzuspielen. Und das verringert den Stress, der ohnehin schon bei einem Fairway-Bunker auftritt, deutlich.

Mehr Hub

Natürlich können Sie auch einen Lob Wedge öffnen, um den Ball mit noch mehr Hub zu schlagen, aber im Allgemeinen würde ich das nicht empfehlen. Sonst laufen Sie Gefahr, glatt unter den Ball zu schlagen, sodass der Ball im Bunker liegen bleibt. Nehmen Sie also beim Einsatz des Lob Wedge die konventionelle Aufstellung im Bunker ein und führen Sie den Schlag dann mit einer rechtwinklig stehenden Schlagfläche aus. Zielen Sie mit der Schlagfläche entlang der Fluglinie, ziehen Sie den Schläger durch den Sand und bewegen Sie ihn nach vorne und nicht nach unten.

Lob Wedge versus Sand Wedge

Warum sollten Sie überhaupt einen Sand Wedge einsetzen, wenn Sie einen Lob Wedge besitzen?

Ein Lob Wedge hat normalerweise nur einen geringen Flansch – die dickere Sohle unter einem Sand Wedge, die eine leichte Winkelstellung aufweist, um dem Schlägerkopf eine Krümmung zu verleihen, und sein Eingraben in den Sand verhindert.

Ein Lob Wedge kann eine dünnere Sohlenplatte haben, aber er hat nicht den umgekehrten Winkel eines Sand Wedge. Dessen Rückseite sitzt auf dem Boden auf, während die Vorderkante der Schlagfläche sich um bis zu 20 Grad in der Luft befindet.

Gekrümmte Kante

Diese Kante ist so gestaltet, dass sie den Sand trifft, ohne sich in ihn hineinzugraben. Sonst würde der Schläger durch den Sand abgebremst.

Mit einem Sand Wedge können Sie wirklich in den Sand hineinschlagen, weil die Krümmung an seiner Unterseite seine weitere Fortbewegung unterstützt, während ein Lob Wedge zum Stillstand kommen kann. Folglich sollten Sie mehr durch den Sand fahren, sich mehr nach vorne als nach unten bewegen. Natürlich sollten Sie noch immer etwas Sand mitnehmen. Wenn Sie versuchen, zu sauber zu schlagen, laufen Sie Gefahr, den Ball zu toppen. Vertrauen Sie Ihrem Lob Wedge und schwingen Sie nach vorne auf Ihr Ziel hin.

Ein Lob Wedge kann bis zu 64° Loft besitzen. Er ist ideal, wenn Sie den Ball schnell anheben müssen und dieser weich landen soll.

Ein Sand Wedge kann eingesetzt werden, um einen sehr hohen Ball zu schlagen, aber er muss geöffnet werden.

Führen Sie den Schläger außerhalb der Ball-Ziel-Linie zurück.

Führen Sie einen kompletten Rückschwung aus.

Führen Sie den Schläger quer durch den Ball hindurch nach links.

Halten Sie die Hände jetzt vor der Schlagfläche.

Schwingen Sie über die gesamte Schwungbahn zum vollständigen Finish.

BEFREIUNG AUS FAIRWAY-BUNKERN

Der Standard-Fairway-Bunker hat mit maximal 1,20 m Höhe einen viel niedrigeren Rand als ein Potbunker. Er ist jedoch immer noch hoch genug, um Angst einzuflößen und über die Ausführung des Schlags zu verunsichern.

Möglicherweise müssen Sie auch noch eine beträchtliche Distanz überbrücken, bevor Sie den Ball auf das Grün bringen. Atmen Sie also tief ein und schätzen Sie ab, was Sie unter den gegebenen Umständen tun oder nicht tun können. Erzeugen Sie im Kopf gleichzeitig die Vorstellung eines erfolgreich aus dem Bunker fliegenden Balls.

PROFITIPP

In einem Bunker ist es nie erlaubt, vor dem Schlag den Schlägerkopf hinter dem Ball auf den Boden aufzusetzen. Es ist also eine gute Idee, die Technik zu üben. Sie brauchen dafür noch nicht einmal einen Bunker. Halten Sie auf der Driving Range den Schläger genau so von der Abschlagmatte entfernt, wie Sie es im Bunker tun würden. Lassen Sie den Schlägerkopf über dem Boden schweben, holen zum Schwung aus und schlagen den Ball. Sie werden sich schnell daran gewöhnen, einen guten Schlag auszuführen – auch im Bunker.

BESTIMMUNG DER LAGE

Bestimmen Sie die Lage des Balls vor der Auswahl Ihres Schlägers. Wenn der Ball im Sand steckt, setzen Sie einen Schläger mit Loft ein, um den Ball herauszubekommen.

Distanz zum Bunkerrand

Der erste Faktor, den Sie in Ihre Überlegungen mit einbeziehen müssen, ist Ihre Distanz zum vorderen Rand des Bunkers.

Wenn Sie nur einige Meter vom Rand entfernt sind, müssen Sie anders schlagen als bei einer Position weiter hinten, wo der Rand des Bunkers vielleicht keine Rolle mehr für Ihren Schlag spielt. Stellen Sie sicher, dass Ihr Ball sich nach dem Schlag nicht mehr im Bunker befindet.

Im ersten Fall entscheiden Sie sich eventuell für einen Schläger mit Loft, um über den Rand hinwegzuschlagen; im zweiten wählen Sie vielleicht sogar ein Holz 3, um neben der Befreiung aus dem Bunker eine maximale Schlagweite zu erzeugen.

Beurteilung der Lage

Der zweite Faktor, den Sie in einem Fairway-Bunker berücksichtigen müssen, ist die Lage des Balls. Grundsätzlich handelt es sich um einen Schlag, bei dem Sie den Ball voll treffen müssen. Wenn der Ball jedoch im Sand steckt, ist dies unmöglich. Nehmen Sie also einen Sand Wedge, spielen Sie den Ball sicher heraus und erwarten Sie nicht zu viel.

Sollte der Ball jedoch gut liegen und freie Sicht zum Grün bestehen, könnten Sie wiederum ein Holz in Betracht ziehen und auf das Grün abzielen, wenn Sie sich den Schlag zutrauen.

Schlag über den Rand

Wenn der Rand eines Bunkers ein Faktor ist, müssen Sie einen Schläger mit genug Loft wählen, sowohl um den Ball herauszubekommen als auch um die erforderliche Distanz zu überbrücken. Ändern Sie aber nicht Ihren Golfschwung. Das Ausführen eines normalen Schwungs ist schwierig genug.

WAHL DES WINKELS

UNTEN Wenn ich einen Schlag aus dem Fairway-Bunker ausführe, gehe ich so vor: Ich ziele (und öffne gegebenenfalls die Schlagfläche), grabe meine Füße in den Sand, führe einen Dreiviertelschwung aus und schaue die obere Hälfte des Balls an – und dann schlage ich.

LINKS UND OBEN Ein Trick, den Ball herauszubekommen und trotzdem weit zu schlagen, ist, ein Eisen oder Holz mit einer niedrigeren Nummer zu nehmen und die Schlagfläche zu öffnen. Zielen Sie nach links, sonst landet der Ball rechts im Rough.

SCHLAG AUS DEM FAIRWAY-BUNKER

Die Lösung

Wie lösen Sie dieses Dilemma? Angenommen, Sie müssen einen Schlag ausführen, der die Distanz eines Eisens 7, aber die Höhe eines Eisens 9 hat. Um die zusätzliche Distanz und Höhe zu erreichen, visieren Sie einen Punkt links vom Ziel an, öffnen Sie dann die Schlagfläche leicht und spielen Sie den Ball mit einem leichten Fade oder sogar einen geringfügigen Slice. Dies führt zu einem Schlag mit mehr Loft – aber unter Beibehaltung Ihres normalen Schwungs.

Konzentrieren Sie sich auch auf die obere Hälfte des Balls, um nicht Gefahr zu laufen, ihn fett zu treffen. Stehen Sie fest im Sand, um nicht auszurutschen. Führen Sie einen Dreiviertel- bis vollen Schwung aus und versuchen Sie nur, den Ball zu treffen. Treffen Sie zuerst den Sand, tötet dies den Schlag.

Auf dem Boden bleiben

Seien Sie nicht übereifrig. Haben Sie einen Schläger gewählt, mit dem es nahezu unmöglich ist, den erforderlichen Hub zu erzeugen, wird der Ball gegen den Bunkerrand prallen und zu Ihnen zurückrollen. Dann befinden Sie sich wirklich in einer Problemlage.

UTILITY-HÖLZER IM BUNKER EINSETZEN

Angenommen, Sie stehen in einem Fairway-Bunker weit genug hinten, sodass Sie der Rand nicht behindert. Angenommen, der Ball liegt auch noch gut. Dann können Sie den Einsatz eines Holzes in Betracht ziehen.

Führen Sie Ihren normalen Schwung in einem Fairway-Bunker mit einem Utility-Holz aus und Sie werden überrascht sein, wie erfolgreich Sie schlagen.

In dieser Situation besteht die größte Gefahr darin, dass Sie den Ball fett treffen.

Utility-Hölzer sind ideal für diesen Schlag, obwohl Sie auch ein Holz 3 einsetzen könnten. Ich empfehle den meisten Golfern jedoch ein Holz 5, 7 oder 9.

Jeder dieser Schläger vereint die Kombination von Weite und sauberem Schlag in sich, was Ihnen helfen wird, sich aus der Problemlage zu befreien und vielleicht sogar das Par zu retten.

Breite Sohle

Die meisten Golfer sind überrascht, wenn ich ihnen sage, dass jedes Holz in einem Fairway-Bunker leichter zu schlagen ist als ein Eisen: Aus einfachen physikalischen Gründen ist die breite Sohle eines Holzes eine große Hilfe. Selbst wenn Sie den Sand hinter dem Ball treffen, kann sich das Holz nicht eingraben – es sei denn, Ihr Schwung ist sehr fehlerhaft.

Bei Anwendung des richtigen Schwungs wird sich das Holz weiter durch den Sand bewegen.

Allgemeine Richtlinien

1. Das anfängliche Gewichten des Schlags ist entscheidend.
2. Das Wissen, welchen Schläger Sie einsetzen müssen und wie viel Höhe Sie dem Ball vermitteln können, ist unerlässlich.
3. Wenn Sie irgendetwas anders als sonst tun müssen, z. B. den Ball mit einem leichten Slice schlagen, müssen Sie an den Schlag glauben.
4. Gebrauchen Sie Ihren gesunden Menschenverstand für die Entscheidung, wo der Ball landen soll, wenn Sie das Grün nicht erreichen können.
5. Versuchen Sie, den Ball an einer Stelle landen zu lassen, von wo aus der nächste Schlag so leicht und unkompliziert wie möglich ist.
6. Das Schlimmste, was Sie in einem Fairway-Bunker tun können, ist, zu ehrgeizig zu sein und den Schlag zu erzwingen. Das ist eine Garantie dafür, dass Sie schon bald einen weiteren Schlag aus einer mehr oder weniger gleichen Lage spielen müssen.

ES IST LEICHTER, ALS SIE DENKEN

LINKS Denken Sie gut darüber nach, wohin Sie Ihren Schlag platzieren wollen. Hier spiele ich den Ball nach links und schlage ihn mit einem leichten Fade zurück zur Mitte der Spielbahn. Auf diese Weise entgehe ich den Schwierigkeiten auf der rechten Seite.

Die Form des Utility-Holzes (besonders die breite Sohle) macht es leichter, mit diesem Holz als mit einem Eisen zu spielen.

Berühren Sie beim Ansprechen oder auf dem Rückweg nicht den Sand – anderenfalls handeln Sie sich zwei Strafschläge ein.

Schauen Sie bei allen Schlägen aus einem Fairway-Bunker den oberen Teil des Balls an, um einen freien Schlag zu garantieren.

LINKS Schätzen Sie die Situation gut ein – befindet sich der Ball weit genug vom Rand entfernt, sodass Sie ihn ohne Probleme überwinden können?

PROFITIPP

Die für das Bunkerspiel geltenden Regeln:

- Setzen Sie den Schläger vor dem Schlag nicht hinter dem Ball auf den Boden auf.
- Berühren Sie beim Rückschwung nicht den Sand oder den hinteren Rand des Bunkers.
- Wenn der Ball nicht aus dem Bunker fliegt, beseitigen Sie nicht Ihre Fußspuren, bevor Sie den zweiten Schlag ausführen. Der Ball befindet sich noch immer im Bunker und daher dürfen Sie die Sandoberfläche erst glätten, wenn Sie ihn herausgeschlagen haben.

Alle Verstöße gegen diese Regeln ziehen zwei Strafschläge nach sich.

KURZER ANNÄHERUNGSSCHLAG AUS EINEM DIVOT

Landungen in einem Divot kommen vor und sie passieren jedem. Dies müssen Sie akzeptieren und entsprechend damit umgehen. Gehen Sie diesen Schlag also positiv an.

RECHTS Das Spiel aus einem Divot ist nicht der leichteste Schlag im Golf. Wenn Sie jedoch einen Schläger mit Loft verwenden, muss es kein Desaster geben.

Beim Spiel aus einem Divot geht es darum, den Schläger in das Loch zu bekommen und den Ball unbehindert zu spielen. Die Schlägerauswahl ist entscheidend.

Meist landet der Ball in einem Divot etwa 90 m vom Grün entfernt. Wenn eigentlich ein Sand Wedge der richtige Schläger wäre, um die Entfernung bis zum Grün zu überbrücken, haben Sie ein echtes Problem. Der Sand Wedge prallt vom Untergrund ab und ist nicht dazu bestimmt, in ein Loch hineinzufahren. Einen Sand Wedge sollten Sie also nicht in Betracht ziehen.

Der Lob Wedge

Der Lob Wedge ist eine gute Wahl. Positionieren Sie sich so zum Ball, dass dieser näher bei Ihrem rechten Fuß liegt, und schließen Sie die Schlagfläche ein wenig. Dies wird Ihren Lob Wedge in einen Sand Wedge verwandeln und Sie können den Schläger nach unten in das Divot-Loch führen.

Halten Sie Ihre Hände vor dem Körper und verlagern Sie Ihr Hauptgewicht auf den vorderen Fuß. Wählen Sie für eine kompaktere Bewegung einen Dreiviertelschwung. Es hilft, nach unten durch den Ball zu schlagen. Ich betone „nach unten", denn wenn Ihr Schläger nur über die Oberfläche der Spielbahn fegt, werden Sie den Ball toppen. Das Entscheidende bei diesem Schlag ist, in den Ball hineinzuschlagen und einen weiteren Divot zu erzeugen.

Spielraum für Fehler

Ich muss Sie warnen: Der Ball kann herausschießen und abheben – aber er kann auch normal fliegen. Wenn Sie also den Platz, wo der Ball auf dem Grün landen soll, auswählen können, würde ich die breiteste offene Zone ins Visier nehmen. Wählen Sie nicht die engste Linie, z. B. über einen Bunker. Sie brauchen viel Platz für einen Fehlerspielraum.

Neben dem Lob Wedge können Sie auch je nach Situation ein Eisen 8, 9 oder ein Pitching Wedge in Betracht ziehen. Keiner dieser Schläger hat eine gekrümmte Sohle.

DER SCHLAG AUS EINEM DIVOT

LINKS Ich stelle mich so auf, dass meine Hände weiter vor dem Schlägerkopf sind als normal. Beim Rückschwung verlagere ich etwas mehr Gewicht auf meinen linken Fuß und versuche, einen weiteren Divot zu erzeugen. Und schließlich schlage ich durch den Ball hindurch.

LANGER ANNÄHERUNGSSCHLAG AUS EINEM DIVOT

Wenn Sie aus einem Divot herausspielen und weit schlagen müssen, sollten Sie kein Eisen 3 oder 4 einsetzen. In dieser Situation können Ihnen wieder die Utility-Hölzer zu Hilfe kommen.

Sollte die Sohle Ihres Lieblingsholzes jedoch flach sein, sind die Dinge schwieriger. Moderne Fairway-Hölzer, vor allem die mit Loft, besitzen ein niedriges Massenzentrum. Daher kann man mit diesen Schlägern den Ball schnell in die Luft befördern. Mit einem Holz 3 würden Sie einen Ball nicht aus einem Divot schlagen können und selbst mit einem Holz 5 wäre dies ein ehrgeiziges Unterfangen. Die neuen Hölzer 7 und 9 mit V-Sohlen aber sind perfekt dafür.

Realistische Ziele

Angenommen, Sie sind 160 m vom Grün entfernt und haben kein Utility-Holz. In diesem Fall kann ich Ihnen guten Gewissens die Empfehlung geben, zu einem Eisen 6 oder 7 zu greifen. Leider werden Sie nicht weiter schlagen als sonst auch, da Sie aus einem Divot keinen Flyer schlagen können. Bleiben Sie realistisch.

Wenn um das Grün herum Hindernisse liegen, ist die beste Taktik, ein Eisen 9 oder ein Pitching Wedge zu nehmen und den Ball in die richtige Position zu spielen.

Und denken Sie daran, ein neues Divot zu erzeugen, um den Ball aus einem Divot zu befreien!

Die Etikette bei Divots

Die Auffassung, dass Divots durch das herausgeschlagene Rasenstück wieder aufgefüllt werden sollten, wird von einigen Golfklubs nicht mehr vertreten. Einige haben die Erfahrung gemacht, dass Divots so nicht gut nachwachsen. Immer mehr Klubs ziehen es vor, die Divot-Löcher mit Grassamen und Erde aufzufüllen.

EINEN DIVOT PRODUZIEREN

Denken Sie daran, dass Sie einen weiteren Divot erzeugen müssen. Viele Spieler erzeugen keine Divots hinter dem Ball, weil es ihnen an Selbstvertrauen fehlt und sie nie gelernt haben, ein Eisen scharf nach unten zu schlagen. Üben Sie mit einem Teestift, den Sie 2–5 cm vor dem Ball auf dem Übungsplatz in den Boden stecken. Konzentrieren Sie sich darauf, nach unten durch den Stift hindurchzuschlagen.

UNTEN Die Ausführung dieses Schlags erfordert Einsatz und Glaube. Führen Sie einen kompakten Rückschwung aus und schlagen Sie mit fixierten Handgelenken durch den Ball hindurch. Erzeugen Sie einen neuen Divot.

Zielen Sie bei der Befreiung des Balls aus dieser Lage nach links von Ihrem Ziel. Sie können es!

SO SCHLAGEN SIE SICH AUS DER SCHWIERIGKEIT HERAUS

ENGE LAGEN, HARTER BODEN

Enge Lagen findet man häufig auf Link- und Kreidebodenplätzen, aber auch auf Plätzen ohne Bewässerungssystem, vor allem, wenn es heiß ist.

Das Gewicht auf dem vorderen Fuß zu halten ist der Schlüssel zum Erfolg.

So spielt man den Ball nicht. Der Versuch, den Ball in die Luft zu löffeln, führt zu einem Desaster.

Es kann sein, dass Spielbahnen austrocknen, das Gras nicht mehr gut wächst oder sehr kurz gemäht ist. Dann sieht es so aus, als ob der Ball tiefer läge. Viele Golfer empfinden diese Lage als psychisch schwierig. Oft fehlt ihnen das Selbstbewusstsein, ihren normalen Schwung auszuführen, weil sie befürchten, nicht richtig unter den Ball zu kommen und ihn nur fehlerhaft treffen zu können.

Tatsächlich liegt der Ball auf üppigem Gras leicht höher. Das bedeutet jedoch nicht, dass Golfer, die an üppiges Gras gewöhnt sind, nicht aus engen Lagen schlagen können.

So ist z. B. der Unterboden auf vielen Link-Plätzen weicher, als es zunächst scheint. Nach unten durch den Ball zu schlagen und dabei einen perfekten Divot zu erzeugen, ist ziemlich einfach – wenn Sie davon überzeugt sind.

Die wirklich schwierige enge Lage ist jedoch der Schlag von einem extrem harten Boden, von ausgetrockneten Stellen, die manchmal hart wie Stein sind. Aber selbst aus derartigen Lagen kann der Ball erfolgreich und mit erheblichem Backspin geschlagen werden, vorausgesetzt, die richtige Aufstellung ist gewählt und ein korrekter Schwung durchgeführt.

Ein Ball in einer engen Lage oder auf extrem hartem Boden ist der Albtraum der meisten Golfer. Wenn Sie jedoch wissen, wie Sie diesen Ball spielen müssen, ist es ganz einfach.

Die Angst überwinden

Das größte Hindernis beim Spielen aus einer engen Lage ist die Psyche des Spielers. Viele sind von der Furcht besessen, den Ball zu toppen, was sie erstarren lässt. Folglich versuchen sie viel zu verkrampft, unter den Ball zu kommen.

Wenn man versucht, den Ball bewusst zu „heben", besteht die Tendenz, auf dem hinteren Fuß zu bleiben und nach oben zu schwingen. Tut man dies, wird man den Ball sicher toppen. Bei engen Lagen sollten Sie Ihren Schwung also nicht ändern!

Gehen Sie immer leicht nach unten in den Ball hinein. Beachten Sie jedoch einen Punkt: Wenn Sie zu kräftig in einen harten Boden schlagen, besteht die Gefahr einer Handgelenksverletzung.

SCHLAGEN VON HARTEM UNTERGRUND

Hier spiele ich mit einem Sand Wedge mit geschlossener Schlagfläche und dem Ball weiter hinten als sonst. Meine Hände befinden sich vor der Schlagfläche und mein Gewicht ruht fest auf meinem linken Fuß. Ich halte meine Hände und mein Gewicht die ganze Zeit über vorne.

Weiche Landung

Wenn ich mit einer sehr engen Lage konfrontiert bin und einen Annäherungsschlag aus 40–50 m zum Grün hin spiele, den Ball über einen Bunker bringen muss und der Ball anschließend weich landen soll, gehe ich sorgfältig vor, um keinen Abpraller zu riskieren.

Verwende ich also einen Sand Wedge, stelle ich mich so zum Ball, dass dieser weiter hinten liegt als sonst. Um das Risiko des Abprallens zu verhindern, schließe ich die Schlagfläche und bringe meine Hände vor den Ball. Wenn ich durch den Ball hindurchkomme, streife ich den Boden, wobei ich die Hände weit vor der Schlagfläche und mein Gewicht sehr stark auf meinem linken Fuß halte. Warum? Wenn sich das Gewicht nach hinten auf den rechten Fuß verlagert, werde ich den Ball löffeln.

Die richtige Anpassung

Hart gewordene Matschböden können überall auf Golfplätzen vorkommen, vor allem bei Lehmuntergründen im Sommer. Der Golfplatz trocknet aus, das Gras stirbt ab und es bilden sich steinharte, kahle Stellen.

Das ist eine schwierige Situation, aber Sie sollten sich merken, dass Sie auch von diesen Böden aus gute Schläge ausführen können. Sie müssen nur die richtigen Anpassungen an Ihre Aufstellung, Ihren Stand und die Ballposition vornehmen.

Abrupter Halt

Positionieren Sie sich so zum Ball, dass dieser in der Nähe des rechten Fußes liegt, schließen Sie die Schlagfläche leicht. Bei kurzen Annäherungsschlägen sollten Sie einen Schläger mit Loft verwenden. Schlagen Sie nach unten gegen den Ball und versuchen Sie dabei, den Ball möglichst ungehindert zu treffen.

Diesen Schlag können Sie mit mehr Backspin ausführen als konventionelle Schläge, denn es befindet sich tatsächlich nichts zwischen der Schlagfläche und dem Ball.

Wenn Sie den Ball geschlagen haben, wird er ziemlich flach fliegen, ein- oder zweimal aufprallen und dann abrupt zum Halt kommen – oder sogar noch zurückrollen.

Der längere Schlag

Wenn Sie von weiter weg schlagen, sollten Sie Ihre normale Aufstellung und Ihren normalen Schwung nicht allzu sehr verändern. Ich neige dazu, den Ball weiter hinten in meinen Stand zu verlagern und mein Gewicht etwas mehr auf den linken Fuß zu bringen. So gehe ich sicher, dass ich den Ball nicht löffele.

Achten Sie wieder darauf, durch den Ball hindurchzuspielen. Sie treffen den Ball ungehindert. Den Boden hinter dem Ball sollten Sie nicht treffen. Schauen Sie den oberen Teil des Balls an – so wie beim Schlag aus dem Fairway-Bunker –, damit Sie den Ball ungehindert treffen.

PROFITIPP

Wenn Sie sich nahe am Grün befinden, der Boden sehr hart und trocken ist und Sie sich nicht sicher fühlen, könnte ein Putter empfehlenswerter sein als ein Schläger mit Loft. In diesem Fall brauchen Sie nicht unter den Ball zu kommen. Oder Sie versuchen, ein Eisen 7 einzusetzen und einen kurzen Putting- oder Chipping-Schlag auszuführen, um den Ball ins Loch rollen zu lassen. Selbst wenn Sie den Ball verschlagen, macht dies nicht allzu viel aus.

UNTEN Hier spiele ich von hartem Untergrund aus, wobei mein Stand uneben ist. Ich schränke meine Gewichtsverlagerung ein und konzentriere mich darauf, die Balance zu halten.

UNTEN UND LINKS UNTEN Ich achte auf einen fließenden Rückschwung, um die Balance zu halten und den Ball voll zu treffen. Ein Dreiviertel-Rückschwung reicht aus; ich konzentriere mich auf den oberen Teil des Balls.

RECHTS Dieser Ball wurde auf ein 90 m entferntes Grün gespielt; bei der Landung sprang der Ball aufgrund des Backspins 10 m zurück, was aus einer derartigen Lage nicht selten geschieht.

LOSE LAGEN

Lose Lagen sind ein besonderes Thema im Herbst, wenn der Ball auf Blättern, Zweigen oder anderen Naturstoffen landet. Aber auch im Rough auf Link-Plätzen sowie in den sandigen Bereichen um die Grüns herum kann es zu losen Lagen kommen. Hier können z. B. Steine oder Erdhügel zum Problem werden.

Sie sollten diesen Schlag sorgfältig analysieren, bevor Sie den Ball schlagen. Die meisten Spieler neigen dazu, lose Lagen zu unterschätzen.

Wenn Sie sich jedoch sorgfältig ansehen, womit Sie auf einer losen Lage konfrontiert sind, werden Sie feststellen, dass Anpassungen notwendig sind, um derartige Bälle richtig zu schlagen.

Die Tiefe analysieren

Bei einer losen Lage hat der Ball keinen Kontakt mit dem festen Boden, sondern liegt auf Blättern oder anderen Naturstoffen. Wenn Sie mit einem Eisen einfach hinunterschlagen, kann es Ihnen passieren, dass der Ball quasi liegen bleibt: Der Schlägerkopf streift harmlos unter dem Ball durch und nimmt nichts als Luft mit sich.

Schätzen Sie also die Tiefe der Lage ein und beachten Sie bitte, dass Sie, wenn Sie die Lage des Balls verändern, einen Strafschlag erhalten. Obwohl Sie lose Naturstoffe rund um den Ball entfernen können,

LINKS In dieser Lage ist es entscheidend, den Ball voll zu treffen; konzentrieren Sie sich auf den oberen Teil des Balls.

LINKS UNTEN Beseitigen Sie hinderliche Naturstoffe um den Ball herum nur, wenn Sie dadurch die Lage des Balls nicht verändern – Vegetation, die Sie beseitigen, darf nicht mit anderer Vegetation verbunden sein. Es darf kein lebendes Material sein.

UNTEN Wenn Sie weit vom Grün weg stehen und es auf Weite ankommt, sollten Sie Ihr Holz 5 oder 7 einsetzen. Dies hat den zusätzlichen Vorteil, dass Sie den Ball über eventuelle Hindernisse vor Ihnen hinwegheben können.

DER EINSATZ EINES UTILITY-HOLZES BEI EINER LOSEN LAGE

dürfen Sie weder Pflanzen noch Dornen oder Äste entfernen, die im Boden verwurzelt oder mit einem nahe stehenden Baum oder Busch verwachsen sind.

Eine weitere häufige lose Lage tritt auf, wenn der Ball auf einem Rindenmulchweg landet. Zunächst müssen Sie wieder abschätzen, wie tief das Material ist. Ich empfehle, den Stand einzunehmen und wie bei einem Bunkerschlag die Füße hoch und runter zu bewegen, um ein Gefühl dafür zu bekommen, wie Sie sich selbst ins Gleichgewicht bringen.

Dies ist akzeptabel, solange Sie sich nicht in den Weg eingraben – besonders nicht nahe beim Ball, denn dieser könnte sich bewegen. Schauen Sie immer auf der Scorekarte nach, ob Sie auf einem Rindenmulchweg den Ball straflos fallen lassen dürfen.

Das Treffen des Balls

Den Ball ungehindert zu treffen ist bei losen Lagen schwierig. Ich neige zur selben Herangehensweise wie bei Bunkerschlägen, das heißt, ich schlage 4 cm hinter den Ball, um ihn herausfliegen zu lassen. Natürlich erreichen Sie auf diese Weise keinerlei Backspin und der Ball wird nach der Landung weiterrollen; das müssen Sie mitberücksichtigen.

Wenn der Ball auf Zweigen liegt, ist dieser Schlag problematisch. Ein harter und spröder Untergrund kann Ihren Schlag stören und den Vorwärtsimpuls erschweren. In diesem Fall müssen Sie den Schläger abrupter anheben. Setzen Sie wieder den von außen nach innen führenden Schwung ein. Schlagen Sie den Ball so ungehindert wie möglich weg.

Voll treffen

Auf parkähnlichen Plätzen kann es sein, dass Sie mit einer losen Lage in der Nähe einer Baumreihe konfrontiert sind, wo Blätter, Laub oder Nadeln auf dem Boden liegen. Prüfen Sie die Entfernung zum Grün und die Lage. Angenommen, Sie stehen 110–120 m entfernt, empfehle ich ein Eisen 9 oder einen Wedge. Geben Sie dem Ball wieder eine gewisse Flughöhe. Dafür müssen Sie ihn voll treffen und von außen nach innen schwingen. Versuchen Sie, einen Fade zu schlagen.

Die obere Hälfte des Balls

Eine Methode, dies zu erreichen, ist, die Rückseite des Balls zuerst zu treffen, bevor der Schläger den Boden berührt. Ich konzentriere mich auf die obere Hälfte des Balls, um sicherzustellen, dass ich ihn voll treffe. Natürlich laufen Sie auch Gefahr, den Ball zu toppen, aber das ist immer noch besser als ein fetter Schlag.

Sie könnten auch den Einsatz eines Utility-Holzes in Betracht ziehen. Bedingung ist, dass Sie in einer losen Lage Kontakt mit dem Ball haben. Das Holz hilft, den Ball in die Luft zu bekommen. Die dicke Sohlenplatte unterstützt das Gleiten des Balls durch die hinderlichen Naturstoffe. Wenn beim Schlag mit einem Eisen aus einer losen Lage irgendetwas zwischen Schlagfläche und Ball gerät, verliert der Schlag an Kraft.

Führen Sie einen Dreiviertelschwung aus und schwingen Sie positiv durch den Ball hindurch. Wenn Sie in die Blätter schlagen, verlangsamen Sie den Schlag nicht, anderenfalls verlieren Sie an Kraft.

SPIELEN SIE DEN BALL MIT EINEM WEDGE ODER EISEN 9 HERAUS

BERGAUFLAGEN

Eine Bergauflage bringt es mit sich, dass der Ball höher und weniger weit fliegt. Die Lage begünstigt außerdem eine Bewegung des Balls von rechts nach links, ähnlich einem Draw.

Spielen Sie den Ball so, dass dieser näher bei Ihrem linken Fuß liegt, und richten Sie Ihre Position zur Steigung aus. Senken Sie Ihre rechte Schulter etwas, bis sie sich in einer Linie mit dem Geländeanstieg befindet.

Kämpfen Sie nicht gegen den Hang an. Verlagern Sie Ihr Gewicht mehr auf den hinteren Fuß. Zielen Sie nach rechts vom Ziel, weil Sie den Ball leicht ziehen werden. Ihr Gewicht bleibt auf dem hinteren Fuß.

Die Balance bewahren

Halten Sie während des gesamten Schwungs Ihre Balance. Führen Sie einige Übungsschwünge aus, um zu bestimmen, wie weit Sie Ihren Schläger durchschwingen können, ohne das Gleichgewicht zu verlieren.

Eventuell müssen Sie Ihren Schwung zugunsten eines Hand-Arm-Schwungs verkürzen, weil Sie Ihren Körper nicht so sehr drehen und Ihr Gewicht nicht so sehr verlagern können wie sonst. Wenn Sie dies nicht berücksichtigen, fallen Sie schlicht um!

ERKENNEN SIE IHR SPIEL

Beim Spiel aus Hanglagen müssen Sie im Kontext Ihres eigenen Spiels denken und dieses Wissen anwenden. Wenn Sie z. B. dazu neigen, einen Slice oder Fade zu schlagen, sollten Sie nicht plötzlich dazu übergehen, einen Draw aus einer Hanglage zu schlagen. Stattdessen wird der Slicer einen weniger ausgeprägten Slice produzieren und ein Fader wird den Ball gerade schlagen.

Glauben Sie daran

Da Sie wahrscheinlich diesen Schlag mit einem deutlicheren Hand-Arm-Schwung schlagen werden – besonders beim Durchschwung –, tendiert der Schlägerkopf zum Schließen. Indem Sie weiter nach rechts zielen, handeln Sie dem entgegen.

Ist Ihr Rhythmus auch fließend? Den Schlag erzwingen zu wollen, ist die schlimmste Sünde, die Sie begehen können. Wenn Sie befürchten, dass Ihr Schläger für die Distanz nicht ausreicht, wählen Sie einen Schläger mit einer Nummer niedriger.

UNTEN **Bei einer Bergauflage sollten Sie dafür sorgen, dass der Ball mit einem Draw von rechts nach links fliegt. Zielen Sie also nach rechts, positionieren Sie den Ball in Relation zu Ihrem Stand etwas näher bei Ihrem linken Fuß und bringen Sie Ihre Schultern in eine Linie mit der Hangneigung, aus der Sie spielen. Das Gewicht verlagert sich folglich etwas mehr auf Ihren rechten Fuß.**

BERGABLAGEN

Die Bergablage ist für die meisten Spieler unangenehmer als die Bergauflage. Es ist immer ein wenig Angst einflößend, wenn der hintere Fuß höher steht als der vordere, vor allem auf dem Höhepunkt des Rückschwungs, wo man dazu neigt, die Balance zu verlieren.

Die Lage reduziert den Loft des Schlägerkopfes, was bedeutet, dass man den Ball tiefer und weiter schlägt als normal. Nehmen Sie also einen Schläger mit mindestens einer Nummer höher.

Denken Sie an die Auswirkung des Dralls, den Sie dem Ball vermitteln. Aus einer Bergablage schlagen Sie den Ball meist mit einem Fade bzw. von links nach rechts. Zielen Sie also nach links und lassen Sie den Fade zu. Versuchen Sie nicht, gegen ihn anzukämpfen.

Der Schräglage folgen

Bei der Ausrichtung sollten Sie darauf achten, dass Ihre Schultern der Linie des Hangs folgen. Nehmen Sie einen offenen Stand ein, sodass Sie den Ball weiter hinten spielen, denn der Schläger kommt in dieser Lage leicht mit dem Boden in Kontakt.

Visualisieren Sie den Schlag: Der Ball wird tiefer fliegen und mit weniger Backspin. Stellen Sie sich vor, wie er landen, aufprallen und weiterrollen wird; er wird sich von links dem Loch nähern und möglicherweise ganz dicht vor ihm liegen bleiben.

Sich ein Bild von dem Schlag zu machen ist immer hilfreich. Wenn Sie ein positives Ergebnis „sehen" und an den Schlag glauben, wird Ihnen dies sehr helfen.

Die Ballrückseite

Die Bergablage macht das Balancehalten schwieriger. Bei Ihrem Rückschwung wird es sich ganz bestimmt eher um einen Dreiviertelschwung handeln, wobei Ihr Gewicht auf dem vorderen Fuß bleibt. Akzeptieren Sie, dass Sie Ihr Gewicht kaum verlagern können, was Ihren Schwung ohnehin verkürzen wird.

Der Durchschwung wird ziemlich geradlinig sein, aber passen Sie auf, dass Sie sich nicht vor den Ball bewegen. Ich konzentriere mich immer darauf, hinter dem Golfball zu bleiben, indem ich seine Rückseite im Auge behalte, um den Ball nicht zu toppen. Darüber hinaus muss der Rhythmus sehr fließend sein. Bei einem überhasteten Schlag verliert man die Balance.

PROFITIPP

Schlagen Sie normalerweise einen Draw, werden Sie jetzt nicht plötzlich einen Slice schlagen – Sie könnten den Ball aber gerade schlagen. Wenn Sie sonst einen Slice oder Fade schlagen, könnten Sie aus dieser Lage einen massiven Slice schlagen.

OBEN **Bringen Sie Ihre Schultern in denselben Winkel wie der Hang.**

Platzieren Sie den Ball weiter hinten.

OBEN **Die Bergablage ist für die meisten Spieler die schwierigste Lage. Ein Dreiviertel-Rückschwung, bei dem Ihr Gewicht mehr auf dem linken Fuß ruht, ist unvermeidbar.**

BALL OBERHALB DER FÜSSE

Das Ausführen eines Schlags, wenn der Ball oberhalb der Füße liegt, ist relativ unkompliziert. Sie wissen eines sicher: Der Ball wird von rechts nach links fliegen. Sie können den Draw nicht verhindern.

OBEN Der Ball liegt oberhalb Ihrer Füße: Zielen Sie etwas weiter nach rechts.

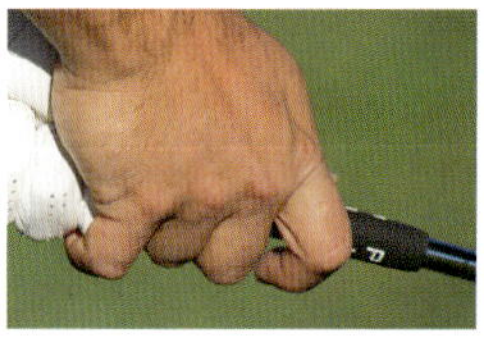

OBEN Greifen Sie den Schläger weiter unten, um den Hang auszugleichen.

LINKS Aus welcher Hanglage auch immer Sie schlagen müssen – das Gleichgewicht zu halten ist der Schlüssel zu einem erfolgreichen Schwung.

Eine Regel gilt: Je steiler der Hang, desto stärker wird sich der Ball nach links bewegen. Wenn Sie aus einer sehr steilen Hanglage spielen und sich der Ball gerade vor Ihnen befindet, wird der Ball sogar in einer geraden Bahn nach links fliegen.

Nach rechts zielen

Sie müssen also tatsächlich nach rechts zielen, weit abseits der geraden Ball-Ziel-Linie, um Ihren Ball ins Ziel zu schlagen. Greifen Sie den Golfschläger weiter unten. Je weiter der Ball oberhalb Ihrer Füße liegt, desto weiter unten müssen Sie greifen, um die Länge des Schlägers zu reduzieren. Bei besonders steilen Lagen wählen Sie am besten einen Schläger mit starkem Loft, z. B. einen Sand Wedge oder Wedge, weil der Ball zur Seite wegfliegen wird.

Bei einer Hanglage, bei der der Ball 10–20 cm oberhalb Ihrer Füße liegt, wird sich der Ball also nach links bewegen. Kompensieren Sie dies in Abhängigkeit davon, wie Sie normalerweise den Ball schlagen, und zielen Sie nach rechts.

UNTEN Ein Dreiviertelrück- und -durchschwung hilft Ihnen, diesen Schlag zu meistern und das Grün mit einem kontrollierten Draw zu treffen.

Kompakter Schwung

Wenn sich der Ball nur geringfügig oberhalb Ihrer Füße befindet, brauchen Sie Ihren normalen Golfschwung nicht zu ändern. Achten Sie auf ein fließendes Tempo und versuchen Sie, den Ball voll zu treffen. Sie brauchen auch Ihre Ballposition nicht zu verändern. Sorgen Sie einfach nur dafür, dass der Ball weiter nach links fliegt als normal.

Wenn sich der Ball jedoch 10–20 cm oberhalb Ihrer Füße befindet, müssen Sie sehr präzise schlagen. Dann empfehle ich einen Dreiviertelschwung, damit Ihr Schlag kurz und kompakt bleibt. Treffen Sie den Ball voll. Der Ball wird nicht so weit fliegen, weil Sie weiter unten gegriffen haben.

Versuchen Sie nicht, es zu übertreiben. Spielen Sie nach Ihren Möglichkeiten.

Der Ball wird mit einem stärkeren Draw fliegen, weil Sie aufrechter stehen, was zu einer flacheren Schwungebene führt und bewirkt, dass der Ball mehr von rechts nach links fliegt.

DEN BALL OBERHALB DER FÜSSE SPIELEN

BALL UNTERHALB DER FÜSSE

Das Schlagen eines Balls, der unterhalb ihrer Füße liegt, ist für die meisten Golfer der schwierigste Schlag. Bei einem so tief liegenden Ball ist klar, dass wir leicht unser Gleichgewicht verlieren können.

Halten Sie beim Ansprechen des Balls das Gewicht konstant hinten. Dies bedeutet natürlich nicht, dass Sie nicht über dem Ball stehen! Wenn Sie Ihre Ansprechhaltung einnehmen, müssen Sie sich nach vorne beugen. Aber viele versuchen, ihre konventionelle Stellung einzunehmen. Sie stehen viel zu aufrecht und sind dann überrascht, wenn sie den Ball toppen.
Stellen Sie ein Gegengewicht her. Schieben Sie Ihr Gesäß nach hinten, als ob Sie auf dem Abhang „säßen".

Niedrigere Schlägernummer

Durch die Lage wird der Ball als Fade von links nach rechts fliegen. Es könnte sogar ein Slice werden. Dies bedeutet natürlich eine Reduzierung der Flugweite. Sie müssen also einen Schläger mit einer niedrigeren Nummer nehmen, um dies zu kompensieren. Ein solcher Schläger kompensiert außerdem die Lage des Balls unterhalb Ihrer Füße.

Wenn Sie sich aufstellen, sollten Sie Ihr Gewicht fest auf beide Fersen verlagern; nehmen Sie Ihre Ansprechhaltung ein und führen Sie einige Übungsschwünge aus. Entwickeln Sie ein Gefühl dafür, welcher Schwung funktioniert und wie sehr Sie Ihr Gewicht nach hinten verlagern können, ohne umzufallen.

Über dem Ball bleiben

Verwenden Sie in dieser Lage nie mehr als einen Dreiviertelschwung, selbst wenn die Hangneigung nicht extrem ist – einfach um sicherzustellen, dass Sie Ihr Gleichgewicht halten. Zielen Sie weit genug nach links. Trauen Sie sich, denn der Ball wird mit Drall und ganz bestimmt mit einem Slice fliegen.

Der Schlüssel zum Erfolg liegt bei diesem Schlag darin, über dem Ball zu bleiben. Bleiben Sie entspannt und behalten Sie Ihre Position über dem Ball, verwenden Sie einen kompakten Schwung und glauben Sie schließlich an das, was Sie tun. Der Ball wird von links nach rechts fliegen. Und bleiben Sie so lange wie möglich unten.

UNTEN Halten Sie bei der Ansprechhaltung Ihr Gewicht auf den Fersen, um das Gleichgewicht zu bewahren. Zielen Sie nach links, denn der Ball wird immer mit einem Fade oder Slice fliegen.

Auf dem Höhepunkt des Rückschwungs zählt nur eins: Balance.

Konzentrieren Sie sich im Auftreffmoment darauf, wie der Schläger den Ball trifft. Bleiben Sie bei diesem Schlag unten, anderenfalls werden Sie den Ball toppen.

Wenn Sie den Schwung beenden, müssen Sie Ihre Balance halten. Beobachten Sie, wie der Ball fliegt und nach rechts abdreht.

Der Schlag des unterhalb der Füße liegenden Balls ist für jeden Golfer schwierig. Bleiben Sie realistisch bei der Entscheidung, welchen Schlag Sie anwenden wollen.

DER BALL LIEGT UNTERHALB DER FÜSSE

9 TECHNIKEN FÜR FORTGESCHRITTENE

Eine 18-Loch-Golfrunde zu spielen ist wie in eine Schlacht zu ziehen: Je umfassender Ihr Arsenal, desto größer Ihre Erfolgschance.

TECHNIKEN FÜR FORTGESCHRITTENE

Willkommen in der Meisterklasse. Dieses Kapitel beinhaltet genau das, was der Titel verspricht. Selbst auf die Gefahr hin, Sie zu kränken: Als Anfänger können Sie dieses Kapitel überschlagen.

Fortgeschrittene Techniken sind schwer zu erlernen und auf dem Platz noch schwieriger auszuführen. Diese Techniken zu üben, bevor Sie entsprechend vorbereitet sind, kann Ihrem Spiel ernstlich schaden – ein Risiko, das sich für Anfänger und mittelmäßige Spieler kaum lohnt. Selbstüberschätzung kann zu Rückschritten in Ihrem bisherigen Spiel führen. Unter Umständen verlieren Sie sogar die Freude am Spiel.

Wenn Sie die Grundlagen des Golfspiels beherrschen, können Sie Ihr Schlagrepertoire allmählich erweitern. Lernen Sie z. B., absichtlich Slices und Hooks zu spielen oder den Ball bewusst hoch oder niedrig zu schlagen.

Sicher und kompetent

Bevor Sie also die in diesem Kapitel beschriebenen Techniken ausprobieren, beantworten Sie sich ehrlich die Frage, ob Sie die grundlegenden Techniken des Golfspiels beherrschen und sich sicher fühlen. Gehen Sie die folgende Checkliste durch; dann wissen Sie, ob Sie den Stand erreicht haben, um die fortgeschrittenen Techniken zu lernen:

- Beherrschen Sie die Grundlagen des Stands, der Ausrichtung, der Ansprechhaltung und der Ballposition, sodass Sie sich instinktiv richtig zum Ball aufstellen?
- Verfügen Sie über einen verlässlichen Schwung – selbst unter Druck und bei hohen Windstärken?
- Ist Ihr kurzes Spiel so solide, dass Sie sich mit dem ersten Versuch aus einem Bunker befreien, gut genug chippen und pitchen, um regelmäßig Par zu spielen, und Putts aus 50 cm Entfernung konstant einlochen?

Wenn Sie dem Ball einen zusätzlichen Backspin mitgeben wollen, ist es von großem Vorteil, den entsprechenden Schlag im Repertoire zu haben. Die folgenden Seiten enthalten die nötigen Informationen, um eine breite Vielfalt von Golfschlägen zu lernen.

Sollten Sie diese drei Fragen nicht alle mit einem klaren „Ja" beantwortet haben, warten Sie lieber noch. Glauben Sie jedoch, wirklich bereit zu sein, dann ist dieses Kapitel nicht nur entscheidend für die Entwicklung Ihres Spiels, sondern der letzte Schritt zur ersehnten Traumrunde.

Schwierigkeiten vermeiden

Golfplätze sind bewusst so gestaltet, dass sie den Spieler mit Schwierigkeiten konfrontieren und ihre Fähigkeiten auf die Probe stellen.

Bereits am ersten Abschlagplatz ist der Golfer oft mit einer Situation konfrontiert, die einen fortgeschrittenen Schlag erfordert. Die häufigste Herausforderung ist ein Loch in Form eines Doglegs. Der Ball muss dabei entweder von links nach rechts oder von rechts nach links fliegen. Gleichzeitig muss man den Ball oft so schlagen, dass dieser um Bäume, Bunker, Gewässer herumfliegt und/oder nicht ins Rough gerät.

Auf der Spielbahn muss der Golfer ebenfalls eine gewisse Anzahl von Schlägen spielen, mit denen er Schwierigkeiten entgeht bzw. die seine Kreativität herausfordern, um das Grün zu erreichen. Möglicherweise spielt das Wetter auch eine Rolle bei der Platzarchitektur.

Im vorigen Abschnitt habe ich sogenannte Problemschläge behandelt. Problemschläge und fortgeschrittene Techniken sind nicht dasselbe. Denn wenn Sie die fortgeschrittenen Techniken gut beherrschen, kommen Sie erst gar nicht in Schwierigkeiten. In diesem Abschnitt erfahren Sie, wie man Bälle schlägt, die sich vom konventionellen Golfschwung unterscheiden und je nach Golfplatzarchitektur oder aufgrund widriger Wetterbedingungen häufig verlangt werden.

Wenn Sie z. B. einen niedrigen Schlag gegen den Wind ausführen müssen und nicht wissen, wie Sie ihn korrekt ausführen sollen, werden Sie den Ball vermutlich zu hoch schlagen. Dann befinden Sie sich in einer schwierigen Situation und müssen einen Problemschlag anwenden, um einen Bogey zu retten.

In diesem Kapitel werde ich Ihnen zeigen, wie Sie einen Draw oder Fade schlagen, den Ball mit Backspin schlagen, den Bump-and-run oder Lob ausführen und mit verschiedenen Windsituationen umgehen.

Gut Golf zu spielen ist also nicht nur eine Angelegenheit des Schwungs. Jeder Golfer sollte eine Vielfalt von Schlägen im Repertoire haben, die er je nach Situation anpasst. Fortgeschrittene Techniken zu beherrschen ist unter diesen Umständen der einzige Weg zum Erfolg.

Wenn Sie den Ball um einen Baum oder ein Dogleg spielen wollen, müssen Sie Ihren normalen Schwung ändern.

Golfplätze gibt es in vielen Formen und mit verschiedenen Hindernissen. Um konstant ein niedriges Handicap zu erreichen, müssen Sie nicht nur die Grundlagen des Golfschwungs und des kurzen Spiels beherrschen, sondern auch mit besonderen Bedingungen umgehen können.

DER DRAW

Ein Draw ist ein Schlag, bei dem der Ball von rechts nach links geschlagen wird und eine größere Distanz überbrückt werden kann, weil der Ball nach der Landung weit rollt.

Um den Draw zu schlagen, müssen sich Ihre Hände am Griff leicht nach rechts bewegen.

Zusätzlich ist die Flugbahn eines Draw niedriger und daher ein wichtiger Schlag bei Wind. Um den Draw korrekt zu schlagen, müssen Sie mehr als sonst von innen nach außen schwingen.

Einzigartiger Schwungweg

Wie erzeugen Sie den besonderen Schwungweg des Draw? Beginnen Sie mit Ihrer Ausrichtung: Richten Sie Füße, Hüften und Schultern geringfügig nach rechts vom Ziel aus (geschlossener Stand). Aber übertreiben Sie es nicht. Wenn Sie den Ball nicht unbedingt in einer scharfen Kurve um ein Hindernis herum schlagen wollen, erfordert der Standard-Draw nur, dass Sie fünf Grad nach rechts zielen. Platzieren Sie sich dann so zum Ball, dass dieser etwa 3–4 cm näher an Ihrem rechten Fuß liegt als sonst. Dadurch erleichtern Sie es sich, den Ball eher von der Innenseite zu schlagen.

Passen Sie schließlich Ihren Griff an. Drehen Sie die Hände nach rechts bzw. weiter unter den Schläger – diese Handstellung wird häufig „starker Griff" genannt. Eine übertriebene Handstellung kann aus dem Draw aber leicht einen Hook machen!

Beim Üben des Draw ist es oft entscheidend, mit unterschiedlichen Griffpositionen zu experimentieren. Schlagen Sie den Ball sonst mit einem natürlichen Fade oder neigen Sie zu einem Slice, wird Ihnen ein Draw schwerfallen. Das ist einerseits eine Herausforderung, andererseits lernen Sie, wie Sie den gegenteiligen Effekt erzeugen. Vielleicht schlagen Sie dann einen geraderen Ball.

Der Draw-Schlag

Um einen Schwungweg von innen nach außen zu erzeugen, stellen Sie sich vor, auf einem Zifferblatt zu stehen. Die 12-Uhr-Position befindet sich auf der Ball-Ziel-Linie gerade vor Ihnen. Zielen Sie auf 1 Uhr, führen Sie den Rückschwung bis 7 Uhr aus, schwingen Sie vorwärts bis 1 Uhr – und feuern Sie.

DER DRAW-SCHLAG

Warum sollen Sie sich vorstellen, auf 1 Uhr zu zielen, statt die Schlagfläche zu schließen oder sie rechtwinklig zum Ziel zu stellen, was die traditionelle Draw-Methode wäre? Wahrscheinlich ist Ihnen bewusst, dass Sie dazu neigen, nach links zu schwingen, wenn Sie die Schlagfläche in geschlossener Position zu Ihrem Schwungweg sehen. Wenn Sie jedoch die Schlagfläche ein wenig öffnen und auf die 1-Uhr-Position zielen, dann konzentrieren Sie sich bereits gedanklich auf einen Schwung von innen nach außen.

Versuchen Sie keinen besonderen Rückschwung, wenn Sie den Draw lernen. Ich führe einen konventionellen Rückschwung aus, denke daran, den Schläger von innen zu schwingen, und versuche, ihn dicht an meinem Körper vorbeizuziehen. Ich fördere dieses Gefühl, indem ich meinen rechten Ellenbogen beim Durchstarten dicht am Rumpf halte und mir vorstelle, wie der Schläger nach außen rechts schwingt.

LINKS Platzieren Sie sich so, dass der Ball etwa 3–4 cm näher an Ihrem rechten Fuß liegt.

Sidespin für den Ball

Hilfreich ist auch, wenn Sie sich vorstellen, diesen Schlag mit einem Tischtennisschläger auszuführen und dabei dem Ball einen Sidespin zu vermitteln. Wir versuchen hier einen Draw-Drall zu erreichen, indem wir den Schläger von innen nach außen schwingen, aus einer Position ziemlich dicht am Körper zu einer Position weg vom Körper.

Ein wenig mehr Einsatz Ihrer rechten Hand schadet also nicht, wenn Sie durch den Ball hindurchschwingen. Dies ähnelt übrigens auch sehr einem Vorhand-Topspin im Tennis.

Es ist wichtig, dass Ihre Hände frei agieren. Wenn Sie mit Ihrer rechten Hand die Energie des Schlags ein wenig mehr freisetzen als sonst, wird die Entwicklung des Gefühls für einen Draw aber nicht beeinträchtigt.

UNTEN Zielen Sie leicht nach rechts vom Ziel, schlagen Sie aus der 7-Uhr- auf die 1-Uhr-Position.

TIPPS FÜR DEN DRAW

Stecken Sie einen Regenschirm vor Ihrem linken Fuß in den Boden, um die Vorstellung des Schwungs von innen nach außen zu fördern. Nun müssen Sie von der rechten Seite des Regenschirms nach außen schwingen, um ihn nicht zu treffen, und der Schläger darf nicht wieder zurück nach innen kommen.

Schritt eins: Visualisieren Sie den Schlag.

Schritt zwei: Gehen Sie entschlossen an die Ausführung heran. Hier spiele ich den Ball um einen Baum herum und lasse ihn nach links fliegen, sodass er auf dem Grün landet.

Legen Sie einen Schläger nahe an Ihre Füße heran, sodass er leicht nach rechts vom Ziel gerichtet ist. Legen Sie dann einen zweiten Schläger auf die andere Seite des Balls, ebenfalls weiter nach rechts vom Ziel gerichtet.

Schwingen Sie jetzt entlang der Linie des Schlägers, der dem Ball am nächsten liegt, um das Gefühl für den korrekten Schwungweg zu entwickeln.

Den Schlag visualisieren

Sie müssen diesen Schlag „sehen", um ein Gefühl für ihn zu entwickeln; Sie müssen sich vorstellen, wie er im Bogen von rechts nach links fliegt. Erst wenn diese Flugbahn klar in Ihrer Vorstellung verankert ist, können Sie versuchen, einen Draw zu spielen. Fühlen Sie die richtige Ausführung des Schlags, können Sie dies auf Ihre Arme und Hände übertragen, die den Schläger durch den Ball bewegen. Sie müssen dafür aber auch wissen, in welche Richtung der Ball losfliegen soll.

Selbstvertrauen

Golfer verlieren oft gerade dann das Selbstvertrauen für einen Draw-Schlag, wenn sie sich auf dem Höhepunkt des Rückschwungs befinden. Die Folge ist: Sie ziehen quer zum Ball und treffen ihn links.

Dies ist wiederum darauf zurückzuführen, dass sie den Schläger nicht nach außen rechts schwingen wollen, weil es ihrem Instinkt zuwiderläuft. Sie müssen das Selbstvertrauen besitzen, den Ball nach außen rechts zu schlagen und ihn dann in einer Kurve nach links fliegen zu lassen. Nur mit diesem Vertrauen gelingt es Ihnen, in einer freien Bewegung zu schwingen.

Das Üben des Draw

Um diesen Schlag richtig zu erlernen, sollten Sie zunächst mit einem Eisen 5 oder 6 üben. Verwenden Sie keinen Schläger, der mehr Loft als diese Schläger hat: Je mehr Loft, desto geringer der Drall, den Sie dem Ball vermitteln können.

Aus diesem Grunde schlagen Golfspieler mit ihren Eisen für kurze Distanzen gerader und genauer. Wenn

DEN BALL VON RECHTS NACH LINKS UM EIN HINDERNIS HERUM SCHLAGEN

der Ball aufsteigt, wurde ihm in den meisten Fällen weniger Sidespin vermittelt.

Im Gegensatz dazu ist es besonders leicht, einen Draw (oder Fade) mit dem Driver und den Eisen für lange Distanzen zu schlagen, weil es bei diesen Schlägern wirklich möglich ist, dem Ball mehr Drall mit einem geringeren Loft zu vermitteln.

Sie können jedoch auch mit diesen Schlägern einen wirklich starken Drall erzeugen. Seien Sie also beim Abschlag vorsichtig.

Die Halbschwünge

Schlagen Sie die Eisen 5 oder 6 mit kleinen Halbschwüngen und konzentrieren Sie sich dabei auf den Schwungweg. Entwickeln Sie ein Konzept dafür, wie Sie dem Ball einen Drall vermitteln.

Bei dieser Übung geht es wieder um die gleichzeitige Entwicklung eines mentalen Konzepts, das Sie in die Körperbewegungen umwandeln.

Konzentrieren Sie sich auf Ihre rechte Hand und wie sie auf den Ball einwirken muss, um ihm einen Drall gegen den Uhrzeigersinn zu vermitteln.

Lassen Sie sich Zeit. Irgendwann sehen Sie den Ball immer klarer von rechts nach links fliegen. Dann können Sie die Länge Ihres Schwungs ganz allmählich vergrößern und letztlich zu einem vollen Schwung weiterentwickeln.

PROFITIPP

Teen Sie den Ball sehr hoch auf, um die Vorstellung zu fördern, wie man einen Draw beim Abschlag ausführt. Automatisch werden Sie durch den Ball hindurchfegen und das Gefühl entwickeln, um ihn herum zu schlagen.

LINKS Wenn Sie einen Draw vom Abschlagplatz aus spielen, positionieren Sie den Ball weit links von der Abschlagzone. Sie können dann nach rechts schwingen, was den Draw fördert.

OBEN Üben Sie den Schlag nur mit Ihrer rechten Hand. Das ist eine gute Methode, um den Draw zu verstehen. Stellen Sie sich beim Schwung vor, Sie würden einen Topspin mit dem Tischtennisschläger ausführen.

DER FADE

Die meisten Spieler schlagen natürlicherweise einen Fade oder seinen Bruder, den Slice. Lee Trevino prägte den Spruch: Mit einem Hook kann man nicht sprechen, mit einem Fade schon.

Wie ein Slice bringt nämlich auch der Hook den Ball in Problemlagen. Wenn Sie den Ball aber mit einem leichten Fade schlagen, stoppt der Ball zumindest sauber.

Der Fade ist ideal in dem Moment, wo Sie vom Abschlag aus mit einem von links nach rechts gelegenen Dogleg konfrontiert sind, Sie den Ball im Bogen um ein Hindernis herum schlagen müssen oder mehr Höhe brauchen, um über einen Baum zu schlagen.

OBEN Wenn Sie den Ball auf der rechten Seite des Abschlagplatzes aufteen, fördern Sie das Zielen nach links und den Fade-Schlag.

DER FADE-SCHLAG

LINKS Für den Fade visieren Sie einen Punkt leicht links vom Ziel an, verlagern Ihren Griff leicht nach links und spielen den Ball aus einer Position etwas näher am linken Fuß. Stellen Sie sich vor, wie der Ball von links nach rechts fliegt.

Hoher Schlag

Im Gegensatz zum Draw ist der Fade ein hoher Schlag, bei dem der Ball nach der Landung nicht weit rollt. Dadurch ist der Fade sehr gut für lange Annäherungen ans Grün, bei Wind jedoch heikel.

Das sind die guten Nachrichten.

Die schlechte Nachricht ist, dass der durchschnittliche Golfer mit dem Schlag keine große Weite erreicht.

Und da die meisten Golfer ohnehin zu geringe Weiten erzielen, sind ständige Fades nicht wünschenswert – eher schon Draws. Trotzdem ist es für viele Situationen notwendig, den Ball mit einem Fade schlagen zu können.

Der Fade-Schlag

Zuerst öffne ich meinen Stand, indem ich den vorderen Fuß ein Stück von der Ziellinie zurückbewege. Ich ziele nach links und richte meine Füße, Hüften und Schultern in Richtung 11-Uhr-Position auf einem imaginären Zifferblatt aus.

OBEN Für den Fade sollten Sie den Ball aus einer Position etwas näher an Ihrem linken Fuß spielen.

Denken Sie beim Schwungweg daran, den Schläger von außen nach innen zu bewegen, indem Sie den Schläger quer zum Ball von der 5-Uhr- zur 11-Uhr-Position schwingen. Damit vermitteln Sie dem Ball einen Drall im Uhrzeigersinn.

Angepasster Griff

Als Nächstes müssen Sie den Griff anpassen. Wenn Sie den Ball normalerweise mit einem Draw spielen, drehen Sie Ihre Hände nach links (Sie gestalten den Griff „schwächer"). Wenn Sie aber den Ball sowieso schon von links nach rechts – mit einem Fade – schlagen, übertreiben Sie diese Anpassung bitte nicht.

Das Öffnen Ihrer Hände – bzw. die Bewegung der Hände nach links – könnte einen massiven Slice erzeugen. Generell gilt: Jede Änderung, die Sie für einen Golfschlag vornehmen, muss einen Bezug zu Ihrem Spiel aufweisen. Für den natürlichen Slicer könnten daher bereits das geringfügige Öffnen des Stands und das leichte Zielen nach links ausreichen, den korrekten Schwungweg zu erzeugen.

Ballposition

Aber nehmen wir einmal an, dass Sie den Ball gerade schlagen. Einen Fade zu spielen, vor allem, wenn Sie mehr Höhe brauchen, bedeutet, den Ball aus einer Position geringfügig näher als sonst am linken Fuß zu spielen. Vielleicht reicht es bereits aus, wenn der Ball nur 2–3 cm weiter vorne liegt. Spielen Sie den Ball also quasi von Ihrer linken Ferse aus.

Wenn Sie den Ball jedoch normalerweise bereits von dort aus spielen, brauchen Sie ihn für einen Fade nicht noch weiter nach vorne zu legen. Sonst schlagen Sie ihn mit einem Pull, also gerade nach links.

PROFITIPP

Denken Sie daran, dass ein Fade nicht so weit fliegt, vor allem, wenn Sie den Ball bewusst höher schlagen. Berücksichtigen Sie das, wenn Sie den Schlag vorbereiten. Wenn Sie einen Fade in den Wind schlagen, werden Sie an Flugweite verlieren. Wählen Sie in diesem Fall zwei oder mehr Schlägernummern niedriger, um dies zu kompensieren.

Schwächen Sie den Griff ab, indem Sie Ihre Hände leicht nach links drehen.

TIPPS FÜR DEN FADE

Ich spiele einen Fade gern etwas mehr von meiner linken Seite aus. Bei offenem Stand schwinge ich an meiner Standlinie entlang, ohne meinen Rückschwung zu verändern. Da ich nach links ziele, schwinge ich bereits natürlicherweise außerhalb der Ziellinie.

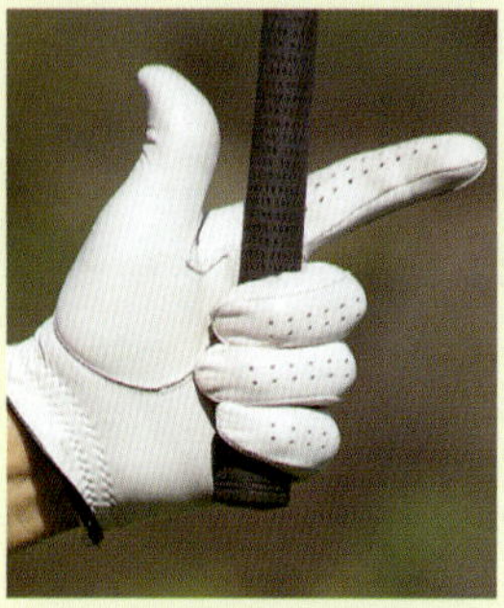

Um den Fade zu provozieren, fassen Sie den Schläger etwas fester mit den letzten drei Fingern der linken Hand. Halten Sie Ihre rechte Hand entspannt.

Wenn ich dann durch den Ball hindurchkomme, schneide ich durch dieselbe Linie hindurch und bewege den Schläger nach innen, indem ich das Entladen der Energie im Schlägerkopf geringfügig verzögere.

Entspannte Hand

Wie erreiche ich das? Ich entspanne meine rechte Hand beim Ansprechen und fasse den Schläger mit den letzten drei Fingern meiner linken Hand etwas fester. Wenn ich durch den Ball hindurchkomme, stelle ich mir vor, dass ich das Entladen der Energie im Schlägerkopf ein wenig verzögere. Das reicht, um leicht quer zum Ball zu schlagen.

Natürlich setze ich trotzdem die Energie des Schwungs im Schlägerkopf frei! Die Entladung tritt aber etwas später ein. Ich schwinge auch ganz normal.

Schwierigkeiten vermeiden

Profigolfer schlagen den Ball routinemäßig in unterschiedliche Richtungen, um Schwierigkeiten auf der einen oder anderen Seite des Golfplatzes auszuweichen. Wenn die Schwierigkeiten sich auf der rechten Seite befinden, schlagen sie einen Draw. Wenn sie sich auf der linken befinden, schlagen sie einen Fade. Die Lösung ist, den Ball in Richtung Problemzone zu starten und dann davon wegfliegen zu lassen.

Das 18. Loch auf dem Golfplatz von Wentworth ist dafür ein gutes Beispiel. Es ist eine klassische Aufstellung für einen Fade, weil das Loch in Form eines Dogleg von links nach rechts abbiegt und sich links ein großer Bunker befindet. Die meisten Profis schlagen den Ball in Richtung Bunker und lassen ihn dann nach rechts wegfliegen. Wenn Sie also jemals auf dem Platz von

Wenn Sie versuchen, den Ball vom Abschlagplatz aus mit einem Holz als Fade zu schlagen, müssen Sie den Ball niedrig aufteen (oben). Beim niedrigen Aufteen können Sie nahezu sicher sein, den Ball mit einem Driver als Fade zu schlagen.

Stellen Sie sich vor, von der 5-Uhr zur 11-Uhr-Position zu schwingen und den Schläger durch den Ball auf einer Bahn von außen nach innen zu bewegen. Beim Vorwärtsschwung sollten Sie eine verstärkte Kontrolle Ihrer linken Seite verspüren.

Wentworth spielen sollten, teen Sie den Ball am 18. Loch niedrig auf und schlagen Sie ihn mit dem Driver geradeaus zum Bunker. Greifen Sie den Schläger mit den letzten drei Fingern der linken Hand etwas fester. Ziehen Sie den Schläger wie immer durch den Ball. Da Sie jedoch beim Schlag mit der führenden linken Hand etwas fester greifen, wird die Schlagfläche um den Bruchteil einer Sekunde später durch den Ball kommen. Das vermittelt dem Ball den Drall, der ihn vom Bunker in einer Kurve zur Spielbahn hin fliegen lässt.

Mit weniger Loft schlagen

Wollen Sie mit einem Holz einen Fade schlagen, wählen Sie einen mit möglichst wenig Loft. Schlagen Sie sonst mit einem Holz 3 ab, sollten Sie jetzt einen Driver wählen. Und wenn Sie beim Schlag von der Spielbahn aus normalerweise ein Holz 5 verwenden, nehmen Sie ein Holz 3. Der Fade mit einem Holz 3 ist einfacher, weil er dem Ball einen stärkeren Drall vermittelt als der Loft eines 5er-Holzes. Sie könnten sogar versuchen, mit einem Driver von der Spielbahn aus zu schlagen. Ein Draw ist nahezu unmöglich; aber Sie haben eine Chance mit einem Fade.

PROFITIPP

Sie stehen am Abschlagplatz und wollen sichergehen, dass Sie den Ball nicht mit einem Hook spielen, weil es auf der linken Seite Schwierigkeiten gibt. Teen Sie den Ball niedrig auf und nehmen Sie Ihren Driver zur Hand. Denken Sie daran, einen Fade zu schlagen. Wenn der Ball sich so niedrig am Boden befindet, ist es mit dem Driver nahezu unmöglich, einen Hook zu schlagen. Stattdessen werden Sie instinktiv einen Fade produzieren.

DIE AUSRÜSTUNG FÜR DEN BACKSPIN

Je besser Sie spielen, desto eher werden Sie sich in Situationen wiederfinden, in denen Sie dem Ball einen Backspin vermitteln wollen. Die richtige Ausrüstung hilft Ihnen dabei.

OBEN Unterschiedliche Metalle, die bei der Herstellung von Schlägerköpfen verwendet werden, haben einen sehr großen Einfluss darauf, wie viel Backspin Sie erzeugen können.

Angenommen, Sie wollen den Ball auf einem Grün mit harter Oberfläche und einem harten Platz um das Loch herum landen lassen. Sie zielen auf ein Grün, das von Bunkern und einem langen Rough umgeben ist – ohne Möglichkeit, den Ball zu ihm hinaufzurollen. In dieser Situation ist es ebenso ein Luxus wie eine Notwendigkeit zu wissen, wie man dem Ball einen präzisen Backspin verpasst.

Große Präzision

Sie müssen ein kompetenter Spieler sein und den Ball mit großer Präzision schlagen können. Dann können Sie überhaupt erst damit experimentieren, dem Ball einen Backspin zu vermitteln. Sie werden nie einen Backspin erzeugen können, wenn Sie den Ball schlecht schlagen. Es handelt sich also beim Schlag mit Backspin um eine fortgeschrittene Technik.

Ball und Ausrüstung

Den Schwung zu beherrschen ist aber nicht die einzige Voraussetzung. Sowohl der Ball als auch die Ausrüstung sind wichtige Faktoren, die den Backspin fördern.

Es gibt nur einen einzigen Ball, der einen effektiven Backspin ermöglicht: den Balata-Ball.

Die meisten Amateurgolfer verwenden im Spiel einen Two-Piece-Ball mit Surlyn-Schale, weil er billiger als der Balata-Ball ist, sich weniger schnell abnutzt und weiter fliegt. Bälle mit Balata-Schale sind teuer, empfindlich gegen Schnitte und fliegen nicht so weit. Aber sie fördern einen Backspin, denn die weiche Balata-Schale wird in Verbindung mit dem flüssigen, mit Gummifäden umwickelten Kern bei einem präzisen Schlag stärker zusammengepresst als konventionelle Golfbälle. Folglich „klebt" der Balata-Ball länger auf der Schlagfläche, wobei er am Blatt entlang nach oben rotiert und dadurch in eine Drehung entgegen dem Uhrzeigersinn gebracht wird. Das fördert den Backspin und lässt den Ball bei der Landung stoppen.

Leichter Stahl, weiche Einsätze

Ein weiterer Faktor ist das für Wedges verwendete Material. Ihre Schläger sollten aus weicherem Metall hergestellt sein als aus dem harten, für Eisen 2 verwendeten Stahl. Viele der sehr guten Wedges haben heute Schlägerköpfe aus verchromtem Leichtmetall. Auch diese Materialien sorgen wiederum dafür, dass der Ball länger an der Schlagfläche „klebt", sie fördern den Backspin und erleichtern die Ballkontrolle.

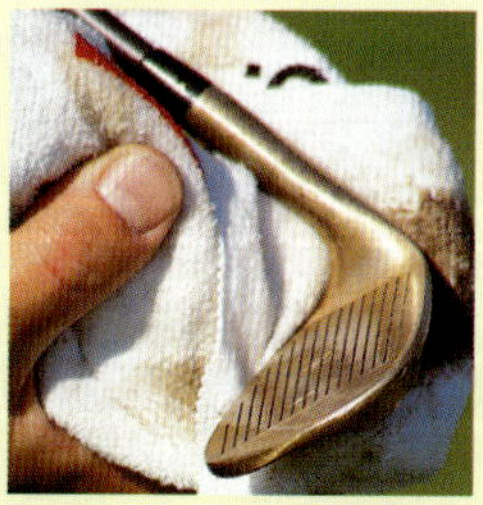

LINKS Wenn Sie den Ball konstant schlagen und mehr Kontrolle um das Grün herum haben wollen, sollten Sie einen Golfball mit einer Balata-Schale verwenden.

MITTE UND RECHTS Halten Sie den Schläger für einen Backspin trocken. Entfernen Sie Gras und Erde. Verwenden Sie zur Reinigung einen Teestift oder speziellen Rillenreiniger.

TIPPS FÜR DAS ERZEUGEN EINES BACKSPIN

Entscheidend für das Erzeugen eines Backspin ist ein sehr präzises Treffen des Balls. Das Wichtigste ist, dass Sie immer zuerst den Ball treffen.

OBEN Versuchen Sie nie, den Ball nach oben zu heben – schwingen Sie den Schlägerkopf einfach nach vorne in Richtung Ziel.

Konzentrieren Sie sich auf die obere Hälfte des Balls – etwa wie beim Bunkerschlag. So treffen Sie den Ball am ehesten voll. Ich wende einen Schwung an, der mehr von außen nach innen verläuft. Das zwingt mich, nach unten und quer zum Ball zu schlagen. Mich so dem Ball zu nähern erhöht die Chance, den Ball scharf zu treffen.

Einen Divot erzeugen

Ich versuche auch, einen Divot zu produzieren. Mit den Eisen für kürzere Distanzen schlage ich bereits auf einem leicht nach unten führenden Schwungweg; dies fördert den Backspin, da der Ball dabei die Schlagfläche nach oben entlang läuft. Schlagen Sie allerdings zu sehr nach unten gegen den Ball, laufen Sie Gefahr, die Schlagfläche in den Boden zu graben – vor oder nach dem Ballkontakt.

Beide Fehler würden den Schlag erheblich negativ beeinflussen. Denken Sie daran, einen Divot zu erzeugen, schlagen Sie jedoch nicht einfach nach unten, sondern achten Sie darauf, dass Sie nach unten und nach vorne in Richtung Ihres Ziels schlagen.

Dadurch, dass Sie einen Schläger für kurze Distanzen mit Loft verwenden, beugen Sie sich automatisch weiter nach vorne. Übertreiben Sie dies nicht zu sehr.

Um mehr Backspin zu erzeugen, müssen Sie Ihren Stand öffnen. Das Gewicht liegt auf dem linken Fuß. Führen Sie den Schläger mit den Armen nach hinten und knicken Sie die Handgelenke früh nach hinten ab, um einen scharfen, nach unten gerichteten Schlag auszuführen. Verwenden Sie einen Dreiviertelschwung, halten Sie Ihre Hände vor der Schlagfläche und reduzieren Sie die Gewichtsverlagerung auf ein Minimum.

Sauberer Schlag

Der Fokus liegt auf einem ungehinderten Schlag. Ein kompakterer Schwung hilft dabei: Wenn Ihr Gewicht auf dem linken Fuß liegt und sich Ihre Hände vor dem Schläger befinden, werden Sie den Ball mit einem nach unten gerichteten Schlag treffen.

Versuchen Sie aber, den Ball mit Ihrem Schläger zu heben, bleibt Ihr Gewicht wahrscheinlich auf dem hinteren Fuß, was dazu führt, dass Sie zuerst den Boden treffen oder den Ball toppen. Den Ball nach oben zu löffeln ist der größte Fehler der meisten Golfer.

LINKS Um den Backspin zu unterstützen, öffne ich meinen Stand, halte mein Gewicht vorne und setze meine Handgelenke während des Schwungs früh ein. So entsteht ein scharfer, nach unten gerichteter Schlag gegen den Ball.

DER BUMP-AND-RUN

Der Bump-and-run ist ein effektiver Schlag, um den Ball niedrig unter dem Wind zu halten, von hartem Boden aus zu spielen oder ganz einfach den Ball zum Grün hin laufen zu lassen. Der Schlag ist viel einfacher zu kontrollieren als ein hoher Pitch und ideal, wenn man den Ball nicht hoch spielen muss, um das Grün zu erreichen.

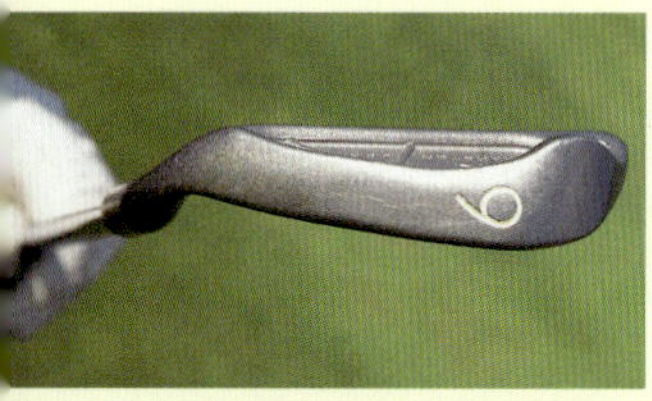

Hier sehen Sie zwei Schläger, die für einen Bump-and-run in Betracht kommen.

Die meisten Golfer verbinden diesen Schlag mit Link-Plätzen, wo er oft angewendet wird, um den tückischen Winden auszuweichen. Wird der Ball hoch in die Luft geschlagen, vor allem bei Verwendung eines Wedge, besteht das Risiko, dass er von der Fluglinie weggeweht wird.

Der Bump-and-run kann jedoch unter den richtigen oder besser gesagt unter falschen Umständen auf allen Plätzen eingesetzt werden.

Große Fehlertoleranz

Im Sommer, wenn die Spielbahnen zum Austrocknen neigen, ist der Bump-and-run auch aufgrund seiner großen Fehlertoleranz nützlich. Selbst wenn Sie den Ball toppen, wird er immer noch nach vorne auf der von Ihnen beabsichtigten Linie rollen – wenn auch vielleicht weniger weit als erhofft.

UNTEN Hier spiele ich einen Bump-and-run aus einer Entfernung von etwa 60 m bis zum Loch hin. Mein Stand ist leicht geöffnet und ich führe einen halben Schwung oder einen Dreiviertelschwung aus.

Der Bump-and-run ist auch ein günstiger Schlag auf ein bergauf führendes Grün. Hier schätzt man die Entfernung schnell falsch ein und spielt entweder einen mit Loft gespielten Schlag nur auf den Rand des Grüns und damit zu kurz oder schlägt den Ball über das Grün hinaus. Der Bump-and-run kann zwischen 50 und 150 m lang sein.

Die Schlägerwahl

Die Wahl des Schlägers ist wieder die erste Entscheidung. Im Prinzip können Sie einen Bump-and-run mit jedem Schläger spielen, vom Sand Wedge bis zum Eisen 6. Es hängt davon ab, was Sie zu tun beabsichtigen. Üben Sie verschiedene Arten von Bump-and-run-Schlägen auf der Driving Range. Finden Sie die jeweils beste Variante heraus.

Die Auswahl des Schlägers hat viel damit zu tun, wie weit Sie den Ball vor dem Ausrollen fliegen lassen wollen oder welche Hindernisse Sie mit dem Ball überqueren müssen. Befinden sich z. B. auf einem Link-Platz vor Ihnen eine Reihe von Unebenheiten, werden

DER BUMP-AND-RUN-SCHLAG

OBEN **Die Länge des Rück- und Durchschwungs sollte die Weite des Schlags kontrollieren.**

Das Spielen des Balls mit einem Putter über eine Distanz von bis zu 50 m kann sehr erfolgreich sein. Achten Sie darauf, dass der Boden trocken ist und es keine Hindernisse (wie z. B. Sprinklerdüsen) zwischen Ihnen und dem Loch gibt.

Sie möglichst viele Hindernisse überqueren wollen, indem Sie den Ball weiter fliegen lassen. Dazu könnte ein Wedge nötig sein. Wenn Sie aber den Ball wirklich flach am Boden oder niedrig halten und ihn die meiste Distanz rollen lassen wollen, fällt die Wahl eher auf ein Eisen 6.

Kontrolle und Gefühl

Ein typisches Beispiel ist der Schlag über 50 m, bei dem Sie den Ball 35 m fliegen und 15 m rollen lassen könnten.

Nehmen Sie einen Wedge und fassen Sie den Griff auf halber Höhe.

Öffnen Sie Ihren Stand, wobei Hüften und Füße auf einen Punkt etwas links vom Ziel gerichtet sind, die Schultern aber parallel zur Ball-Ziel-Linie bleiben, wie bei einem konventionellen Schlag.

Das Letzte, was Sie erreichen wollen, ist schließlich ein Schlag mit einem Schwungweg von außen nach innen. Idealerweise sollte der Schläger aus einer Richtung von leicht innen nach außen geführt werden, was das Rollen des Balls fördert.

Niedriger Flug

Nun positionieren Sie sich so zum Ball, dass er näher am rechten Fuß bzw. zwischen Standmitte und rechtem Fuß liegt. Sie erreichen damit, dass der Ball niedriger fliegt. Platzieren Sie die Hände vor den Schlägerkopf: Dadurch wird der Schläger seines Lofts beraubt und auch der niedrige Flug des Balls gefördert. Verlagern Sie dann das Gewicht auf den linken Fuß und halten Sie es dort. Ich persönlich verlagere mein Gewicht bei diesem Schlag nicht allzu stark.

BUMP-AND-RUN MIT PUTTER

Ein Bump-and-run mit einem Putter ist oft sehr erfolgreich. Ich habe meinen Putter schon von bis zu 50 m zum Grün eingesetzt – vorausgesetzt, es gab keine Hindernisse, es war trocken und das Gras kurz.

TIPPS FÜR DEN BUMP-AND-RUN-SCHLAG

Sie haben sich zum Bump-and-run aufgestellt. Führen Sie jetzt einen Halb- bis Dreiviertelschwung – je nach Länge Ihrer Annäherung – aus und versuchen Sie, die gesamte Bewegung gleichmäßig zu vollziehen.

RECHTS Berücksichtigen Sie eventuelle Bodenkonturen, da diese das Rollen des Balls beeinflussen.

Passen Sie den Durchschwung dem Rückschwung an und halten Sie Ihren Körper aus dieser Bewegung heraus; führen Sie den Schwung nur mit den Armen und Händen aus.

Fließende Bewegung

Ein fließendes, nicht zu hastiges Tempo ist entscheidend. Sehr leicht übereilt man diese Schläge, insbesondere, wenn der Wind unbeständig ist. Wenn sich die Windstärke innerhalb kurzer Zeit verändert, neigt man dazu, sich zu schnell nach vorne zu bewegen, um den Schlag möglichst rasch auszuführen.

Achten Sie außerdem darauf, den Schläger durch den Ball hindurch zu beschleunigen. Stellen Sie sich vor, den Ball zwischen Schlägerkopf und Gras quasi zu zerquetschen.

Denken Sie auch daran, den Ball mit einem Vorwärtsdrall zu schlagen, um ihn zum Rollen zu bringen. Bringen Sie aus Ihrer Aufstellung heraus die Schlagfläche auf natürliche Weise von innen nach außen; dadurch lupfen Sie den Ball leicht vom Boden.

Beim Bump-and-run müssen Sie Ihre Hände beim Durchschwung weit vor dem Schlägerkopf halten.

Zum Himmel hin

Dieser Schlag wird von der linken Körperseite dominiert. Heben Sie auf keinen Fall den Ball mit einem zu großen Einsatz Ihrer rechten Hand vom Boden. Halten Sie beide Hände vor der Schlagfläche, aber führen Sie den Schlag mit dem Rücken Ihrer linken Hand.

Sie dürfen die Handgelenke beim Rückschwung nicht zu sehr beugen und auch nicht beim Durchschwung die Energie des Schlags mit der rechten Hand freisetzen. Stellen Sie sich vor, dass der Rücken Ihrer linken Hand am Ende des Schwungs zum Himmel zeigt.

Wenn Sie die Handgelenke während des Schwungs nach hinten beugen, würde dies zu einer hackenden

Bewegung gegen den Ball führen, was der Vorstellung, den Ball vom Boden wegzuschießen, um ihm eine niedrige Flugbahn zu vermitteln, widersprechen würde.

Die längere Annäherung

Sie können den Bump-and-run auch aus einer Entfernung von 90–150 m einsetzen und dafür Schläger zwischen einem Sand Wedge und einem Eisen 6 verwenden. Beim Wedge müssen Sie allerdings den Loft der Schlagfläche deutlich verkleinern. Die Annäherung ist bei diesem Schlag ähnlich der beim Wedge aus einer Entfernung von nur 50 m.

Wieder sollte Ihr Stand offen sein, die Schultern allerdings noch immer parallel zur Ziellinie ausgerichtet. Verwenden Sie einen Dreiviertelschwung, wobei sich Gewicht und Hände vorne befinden. Versuchen Sie, den Ball vom Boden wegzuschießen, indem Sie mit festgestelltem linken Handgelenk nach unten schlagen und dabei sicherstellen, dass der Schwungweg leicht von innen nach außen verläuft. Beenden Sie die Bewegung mit zum Himmel zeigendem linken Handrücken.

Visualisieren des Schlags

Das Visualisieren spielt beim Bump-and-run eine wichtige Rolle – besonders auf Link-Plätzen mit vielen Bodenunebenheiten. Würden Sie den Ball in dieser Situation mit einem Schläger mit Loft schlagen und der Ball würde auf der falschen Bodenerhebung landen, könnte er zur Seite wegfliegen. Den Ball zum Loch hin zu rollen ist eine bessere Alternative. Dann folgt der Ball den Bodenkonturen. Stellen Sie sich bildlich vor, wie er rollen wird.

Hilfe für Wochenendgolfer

Der Bump-and-run ist ein großartiger Schlag, wenn Sie nur einmal in der Woche Golf spielen. Wenn Sie mehr niedrige Roller als hohe Pitches schlagen, sind Sie möglicherweise auch mit einem Fehlschlag erfolgreich. Ein halbgetoppter Ball wird immer noch ein halbwegs vernünftiges Ergebnis erzielen. Und bei hartem, trockenem Boden ist vorhersagbarer, wie der rollende Ball reagiert, nämlich in etwa so wie auf dem Grün.

Beim Bump-and-run müssen Sie den Schläger niedrig vom Ball wegbewegen. Lassen Sie Ihr Gewicht vor allem auf dem linken Fuß und ziehen Sie den Schläger nach vorne, wobei sich die Hände beim Ballkontakt weit vor dem Schlägerkopf befinden.

DER LOB

Der Lob ist einer der schwierigsten Schläge im Golf. Aber mit Technik und konsequenter Übung können Sie lernen, ihn konstant auszuführen. Sie brauchen diesen Schlag, wenn Sie über ein Hindernis spielen und den Ball dann auf einer kleinen Landezone um die Fahne herum schnell abstoppen müssen.

Bei diesem Schlag muss die linke Hand bei der Bewegung durch den Ball die Kontrolle haben.

Fast alle Profis haben heute einen Lob Wedge in der Tasche.

Schlagen Sie den Lob nur, wenn genügend Gras unter dem Ball ist. Von hartem Untergrund macht der Lob keinen Sinn.

Der Lob ist also ein Schlag, den Sie eher gezwungenerweise anwenden. Spielen Sie besser keinen Lob, wenn er nicht unbedingt nötig ist. Ich spiele diesen Schlag nur aus 5–15 m – höchstens 20 m – Entfernung. Noch weitere Entfernungen sind überaus riskant. Ein Schlag aus weiterer Entfernung sollte von fortgeschrittenen Golfern sehr gut überlegt sein und nur im Notfall gespielt werden. Beginner sollten ihn überhaupt nicht in Betracht ziehen.

Spezieller Schläger

Die Entwicklung des Lob Wedge hat vielen geholfen, diesen Schlag besser auszuführen. Natürlich können Profis den Lob noch immer mit Sand Wedges präzise spielen. Aber der durchschnittliche Golfer läuft Gefahr, den Ball zu toppen.

Ein Sand Wedge hat eine stark gekrümmte Sohle. Das Öffnen des Schlägerblatts und die Ausführung dieses Schlags auf kurz geschnittenem Gras, aus einer engen Lage oder auf einer harten Oberfläche können daher sehr problematisch sein.

Wenn die Lage jedoch gut ist und sich viel Gras unter dem Ball befindet, könnte ein Sand Wedge auch für Sie die richtige Schlägerwahl sein.

Den Lob schlagen

Öffnen Sie Ihren Stand; Füße, Hüften und Schultern zeigen um 15–20 Grad nach links. Dies ist nötig, um das weite Öffnen der Schlagfläche des Sand Wedge zu kompensieren. Öffnen Sie Ihren Wedge um etwa acht Grad, je nachdem, wie hoch Sie den Ball heben wollen, und legen Sie die Schlagfläche offen.

Spielen Sie den Ball von der Innenseite der linken Ferse aus. Bringen Sie den Schläger in eine Stellung für einen von außen nach innen führenden Schwung. Dabei liegt Ihr Gewicht zu 60 Prozent links.

Stabil stehen

Sie müssen bei diesem Schlag wirklich sehr stabil und so zentriert wie möglich stehen. Halten Sie den Kopf ruhig. Führen Sie einen Dreiviertel-Rückschwung aus, indem Sie die Handgelenke stark nach hinten abknicken. Spüren Sie, wie das äußere Ende des Schlägers vor dem Schlägerkopf durch den Ball kommt, sodass Sie quer zum Ball ziehen.

Ich stelle mir immer vor, ich würde mit dem Rücken meiner linken Hand fast quer unter den Ball schlagen. Dies hilft mir, den Ball mit einem starken Backspin schnell in die Luft zu schlagen und weich landen zu lassen.

Mehr Höhe

Ich kann noch mehr Höhe mit einem Lob Wedge erzielen, weil dieser Schläger wesentlich mehr Loft hat. Ich brauche auch die Schlagfläche nicht weit zu öffnen – wenn überhaupt. Sonst bleibt die Technik mehr oder weniger gleich. Aber wie jeden anderen Schlag auch sollten Sie den Lob regelmäßig üben, um Selbstvertrauen aufzubauen.

Beim Lob Wedge braucht man normalerweise die Schlagfläche nicht zu öffnen, da der Schläger ohnehin sehr viel Loft besitzt.

DIE LINKE SEITE HAT DIE KONTROLLE

Beim Lob stelle ich mir vor, wie mein linker Arm durch den Ball zieht, wobei der linke Handrücken in einer Slice-Bewegung quer zum Ball verläuft und am Ende des Schwungs zum Himmel zeigt.

DER LOB AUS DEM ROUGH NEBEN DEM GRÜN

Phil Mickelson schlägt sanfte Lobs um das Grün herum. Er führt zwar einen längeren Rückschwung aus, als ich empfehlen würde – weil er die Schlagfläche so weit geöffnet hat –, aber er befreit sich aus dem Rough.

Mickelson versucht nämlich, den Ball so hoch wie möglich zu spielen, um den durch das Gras reduzierten Backspin auszugleichen. Selbst bei so einem Lob müssen Sie damit rechnen, dass der Ball bei der Landung ein wenig rollt. Würden Sie jedoch einen konventionellen Chip aus einem derartigen Rough spielen, würde der Ball ziemlich weit rollen.

Guter Schwung

Mit dem Spielen eines Lob aus dem Rough neben dem Grün gehen Sie ein geringeres Risiko ein, in Ihrem Schwung nachzulassen. Voraussetzung ist, dass Sie wirklich durch den Ball schwingen können. Im Schwung nachzulassen ist eine große Gefahr, wenn Sie aus dieser Art Rough spielen. Wir neigen natürlicherweise dazu und dann bleibt der Schläger im Gras stecken.

Beim richtig ausgeführten Lob verleihen Sie dem Schlägerkopf beim Schwung durch den Ball einen hohen Impuls; dieser erzeugt Höhe, wenn der Loft des Wedge den Ball in die Luft schickt. Es passiert aber schnell, dass die Schlagfläche im Rough hängen bleibt und sich schließt. Ist sie jedoch von vornherein offen – oder weist sie im Falle des Lob Wedge einen natürlichen Loft auf –, wird das verhindert.

UNTEN Der Einsatz eines Lob Wedge im Rough neben dem Grün ermöglicht die Beschleunigung durch den Ball hindurch. Dadurch reduziert sich das Risiko, dass sich der Schläger im hohen Gras verfängt.

LOB AUS DEM ROUGH

Das Einzige, worauf Sie beim Schlag mit dem Lob Wedge aus dem Rough achten müssen, ist, nicht glatt unter dem Ball durchzuschlagen, ohne ihn nach vorne zu bewegen.

PROFITIPP

Schlagen Sie nicht zu weit hinter den Ball. Wenn ich jetzt sage, Sie sollten den Ball mit viel Wucht aus dem Rough schlagen, betone ich die Technik und nicht so sehr die Idee, ein paar Zentimeter hinter den Ball zu schlagen. Ist das Rough tief genug, wird viel Gras zwischen Schlagfläche und Ball geraten, wodurch der Kontakt behindert wird. Schlagen Sie den Ball so präzise wie möglich.

LOB AUS DER BERGABLAGE IM ROUGH

RECHTS VON OBEN NACH UNTEN Perfekter Einsatz des Lob Wedge.

DAS SPIEL BEI RÜCKENWIND

Große Golfer nutzen den Wind zu ihrem Vorteil – und wenn das nicht geht, begrenzen sie wenigstens den Schaden. Lassen Sie sich nicht aus der Ruhe bringen. Das Spiel im Wind ist eine Herausforderung, kann aber auch Spaß machen, wenn Sie damit umzugehen wissen.

Rückenwind kann Ihre Schlagweite erheblich verlängern. Das Spiel gegen den Wind verringert hingegen Ihre Schlagweite, kann jedoch helfen, den Ball auf dem Grün zu stoppen und sogar Backspin zu erzeugen.

Seitenwind ist tückisch. Wenn Sie aber gelernt haben, richtig in den Wind zu schlagen und Ihren Ball vom Wind tragen zu lassen, sind Sie auf dem besten Weg, Ihr Spielergebnis zu verbessern – auch bei Böen.

Rückenwind nutzen

Die meisten Spieler fühlen sich besser, wenn der Wind von hinten kommt. Er trägt dazu bei, den Ball weiter zu schlagen. Aus diesem Vorteil Kapital zu schlagen, geht nur, wenn Sie die richtige Technik ein- und umsetzen.

Angenommen, Sie befinden sich am Abschlagplatz eines langen Par-4-Lochs, wo Sie normalerweise einen Driver einsetzen würden. Nun weiß natürlich jeder Golfspieler, dass der Abschlag mit einem Holz 3, falls

Entscheidungen, Entscheidungen – die Wahl des richtigen Schlägers ist bei Wind von großer Bedeutung.

UNTEN Gegenwind ist ein wirklicher Test, wie stark Sie an Ihren Golfschwung glauben.

RECHTS UNTEN Ein Blick in die Baumkronen sagt Ihnen mehr über den Wind als die Situation am Boden. Nutzen Sie das Wissen zu Ihrem Vorteil.

GANZ UNTEN **Eine Mütze verhindert, dass Ihr Haar im Wind weht und Sie irritiert.**

LINKS **Eine stabile Basis Ihres Golfschwungs ist sehr wichtig. Wenn es windig ist, vergrößere ich meine Standbreite.**

er richtig ausgeführt wird, im Allgemeinen eine höhere Genauigkeit und Kontrolle garantiert, andererseits wird die Schlagweite geopfert.

Aber in dieser Situation ist der Schlag mit einem Holz 3 anstelle des Drivers die bessere Wahl, weil der zusätzliche Loft den Ball höher und in den Wind fliegen lässt. Hinzu kommt, dass Sie, auch wenn Sie den Ball nicht perfekt treffen, weniger Sidespin erzeugen; dadurch fliegt der Ball gerader und weiter.

Dasselbe Prinzip gilt, wenn Sie sich auf der Spielbahn befinden. Wo Sie normalerweise ein Holz 3 verwenden würden, können Sie jetzt ein Holz 5 oder sogar 7 verwenden und damit genau dieselbe Weite erreichen – wenn nicht sogar mehr Weite, da der Schlag mit diesen Schlägern leichter fällt. Zusätzlich haben Sie den Vorteil der besseren Kontrolle.

Geraderer Flug

Rückenwind führt dazu, dass Ihr Ballflug gerader wird – egal, ob Sie mit einem geringen Fade oder Draw schlagen –, weil der Wind den Drall verringert. Das führt zu einem weiteren Schlag. Außerdem ermöglicht es, den Ball für den nächsten Schlag besser zu platzieren.

Visieren Sie die Seite der Spielbahn an, die es Ihnen ermöglicht, den Ball zum Grün hinauflaufen zu lassen – vielleicht unter Anwendung eines langen Bump-and-run-Schlags. Denken Sie daran, dass Sie den Ball mit einem hohen Wedge-Schlag bei Rückenwind nie auf dem Grün zum Halten bringen werden.

Sie sollten auch bedenken, dass der Abschlag unkontrolliert aufprallen und rollen wird. Stellen Sie sich darauf mental ein. Was Annäherungsschläge angeht, wird ein Rückenwind genug Energie liefern, um einen Schlag mit einem Eisen 7 oder 8 etwa 140 bis 180 m weit fliegen zu lassen.

Viele wählen zwar den richtigen Schläger, aber wenn sie zum Rückschwung ausholen, glauben sie plötzlich, einen Schläger mit zu viel Loft genommen zu haben, und erzwingen den Schlag. Haben Sie sich einmal entschieden, glauben Sie an den Schlag!

PROFITIPP

Wenn Sie sich an einem windigen Tag auf dem Platz befinden und nicht viel los ist, können Sie einige Bälle fallen lassen und mit verschiedenen Schlägern experimentieren. So erkennen Sie, welchen Effekt der Wind auf Ihr Spiel hat und wie er den natürlichen Ballflug beeinflusst.

UNTEN **Halten Sie den Schwung stabil. Dies hilft Ihnen, die Kontrolle zu behalten.**

DAS SPIEL BEI GEGENWIND

Der Schlag gegen den Wind erhöht den Drall des Balls. Das ist ein Anreiz, mit Selbstvertrauen zur Fahne hin zu feuern und zu hoffen, dass der Ball auf dem Grün schnell stoppt. Aber wenn Sie am Abschlagplatz stehen oder mit einem langen Schlag von der Spielbahn konfrontiert sind, erhöht genau das die Probleme, die Sie mit Hölzern und langen Eisen haben.

UNTEN **Teen Sie den Ball hoch auf und fegen Sie ihn sauber vom Stift.**

Beim Schlag mit einem Driver und einem geringen Draw kann Gegenwind dazu führen, dass aus diesem Schlag ein Hook wird. Schlagen Sie den Ball andererseits mit einem feinen, kleinen Fade, könnte sich dieser in einen unangenehmen Slice verwandeln. Ziehen Sie diese Möglichkeiten unbedingt in Betracht, sonst zahlen Sie einen hohen Preis.

Ruhig und flüssig spielen

Nehmen Sie die sicherste Route auf der Spielbahn; entscheiden Sie sich für eine Seite und akzeptieren Sie die Tatsache, dass Sie beträchtlich an Weite einbüßen werden – bis zu 50–70 m bei einem Drive. Eine geringere Schlagweite ist immer noch besser, als den Ball etwa im Rough zu „parken".

Teen Sie den Ball höher als normal auf. Schlagen Sie ihn sauber ab und dann weit und flach zum Wind.

Das Tempo ist hierbei wichtig. Bleiben Sie gelassen und halten Sie den Rhythmus Ihres Schwungs gleichmäßig. Verlieren Sie diese Grundlagen bei Gegenwind, kann Ihr Spiel sehr, sehr schnell zerstört sein.

Bei Wind weniger Loft

Befinden Sie sich auf der Spielbahn, sollten Sie sehr konservativ spielen. Wählen Sie 2 bis 3 Schlägernummern niedriger als sonst, um bestimmte Distanzen zu erreichen. Es ist bekannt, dass eine Windstärke von 50 km/h einen Schläger mit weniger Loft erzwingt. Wenn Sie jemals bei solchen Windstärken gespielt haben, wissen Sie das nur allzu gut.

Beim Schlag in den Gegenwind ist der Einsatz der Eisen für lange Schläge statt der Utility-Hölzer eine

UNTEN **Stabilität und Kompaktheit sind die Schlüssel zum Spiel im Wind.**

GLEICHGEWICHT IST WICHTIG

gute Idee. Es ist nicht ratsam, ein Holz 5 oder 7 bei starkem Wind einzusetzen, weil der Ball damit in die Höhe schießt.

Die Eisen 3 und 4 hingegen können sich in diesen Situationen bewähren, weil sie helfen, den Ball flach zu halten. Selbst der Einsatz eines Drivers von der Spielbahn ist einen Versuch wert, wenn Sie den Schlag auf der Range geübt haben. Im Notfall, bei Gegenwind, führen Sie einen kleinen Dreiviertelschwung mit dem großen Schläger aus und gestalten Ihre Bewegung so fließend wie möglich.

Machen Sie sich keine Sorgen über einen Fehlschlag. Sie können ein besseres Ergebnis erzielen als mit einem Holz 5, denn der Ball wird flach bleiben. Aber selbst wenn Sie den Ball toppen, ist dies immer noch besser, als wenn Sie den Ball hoch in die Luft schlagen – dann kann er überallhin fliegen.

LINKS **Es ist schwierig, aber stellen Sie sich immer ein gutes Ergebnis Ihres Schlags vor, auch wenn Ihnen der Wind um die Ohren pfeift.**

Sicher ist sicher

Was auch immer Sie für einen Schläger auf der Spielbahn einsetzen, suchen Sie die sicherste Route zum Grün. Zügeln Sie Ihren Ehrgeiz. Wenn es sich um ein Par-4-Loch handelt, gehen Sie davon aus, dass Sie drei oder vier Schläge brauchen, um das Grün zu erreichen.

Wenn Sie von dort aus mit zwei Putts einlochen, haben Sie sechs Punkte erreicht statt acht oder neun, die Sie wohl erzielt hätten, wenn Sie den Ball in eine schwierige Lage gespielt hätten. Glauben Sie: An irgendeinem Loch wird der Wind einmal Ihr Vorteil sein.

EINSATZ DES DRIVERS

Wenn Sie ein erfahrener Golfer sind, Ihr Schwung solide und wiederholbar ist und Sie über das für diesen Schlag notwendige Selbstvertrauen verfügen, empfehle ich den Einsatz des Drivers bei Gegenwind. Das Erste, was Sie beachten müssen, ist die Lage. Wenn Sie mit einem Driver von der Spielbahn schlagen, muss die Lage hervorragend sein, vermeiden Sie also stets eine enge Lage oder jede Situation, bei der der Ball auch nur leicht im Boden versenkt ist. Platzieren Sie sich so, dass der Ball 2 bis 3 cm näher an Ihrem rechten Fuß liegt als beim Abschlag vom Abschlagplatz, und versuchen Sie, Ihre Hände im Moment des Ballkontakts leicht vor dem Ball zu halten. Wenn Sie den Ball voll treffen, sollte er mit einer niedrigen, weit reichenden Flugbahn abfliegen.

10 ZEHN DER BESTEN

GOLFPLÄTZE

Golf ist eine der wenigen Sportarten, bei denen ein mittelmäßiger Spieler auf der gleichen Bühne antreten und vor denselben Problemen stehen kann wie die Stars – selbst im geheiligten St. Andrews.

ST. ANDREWS
THE OLD COURSE, ST. ANDREWS, FIFE, SCHOTTLAND

„Wie bekommt man solches Gras?", wollte ein amerikanischer Gast in der bezaubernden Universitätsstadt St. Andrews, der „Heimat des Golfs", wissen. „Man sät es aus und lässt es 500 Jahre wachsen", erwiderte sein einheimischer Caddie.

RECHTS Der gemeine Bunker vor dem 17. Loch, dem Road Hole, dem vielleicht gefürchtetsten Par-4 des Golfsports. Dahinter bildet das 18. das grandiose Finish des berühmten Kurses vor dem Klubhaus des R&A.

Die spirituelle Heimat des Golfs

Man weiß nicht genau, seit wann hier Golf gespielt wird – die erste Dokumentation stammt von 1552 –, aber seit seiner Gründung 1754 hat der Royal and Ancient Golf Club of St Andrews (R&A) einen enormen Einfluss auf die Entwicklung des Sports weltweit. Allerdings gehören die Kurse nicht dem R&A, sondern werden im Namen der Stadt vom Links Management Trust verwaltet. Anwohner haben Anspruch auf eine jährliche erschwingliche Spielerlaubnis mit diversen Privilegien auf den öffentlichen Kursen. Besucher von außerhalb können online, schriftlich oder telefonisch buchen, das Angebot eines Golftour-Veranstalters nutzen oder ihr Glück bei der täglichen Verlosung versuchen.

BOBBY JONES

Der Old Course hat nicht jedem auf Anhieb gefallen. Bobby Jones zerriss bei seinem ersten Spiel hier seine Score Card, kam aber später voll des Lobes wieder: „Selbst, wenn ich alles außer meinen Erlebnissen hier in St. Andrews vergäße, hätte ich doch ein reiches, erfülltes Leben gehabt."

Der ultimative Abschlag

Am ersten Tee steht der Spieler vor einem ungemein breiten, abfallenden Fairway, das auch zum 18. Loch führt, ohne einen Bunker weit und breit. Starke Spieler könnten das Grün direkt anspielen, gäbe es da nicht den quer verlaufenden Swilcan Burn. Trotzdem ist der Eröffnungsschlag für viele Spieler eine nervenaufreibende Angelegenheit, findet er doch direkt vor den großen Fenstern des R&A-Klubhauses statt, wo sich selbst frühmorgens schon eine Schar von Zuschauern aus Einheimischen und Besuchern auf der Terrasse tummelt. Hier greift man gerne zum Eisen 4.

Doppelte Grüns

Am 2. Tee ändert sich die Situation völlig. Der Kurs erstreckt sich in die Ferne, die Fairways laufen über unebenes Terrain, das alle möglichen Lagen bietet. Überall lauern Bunker, häufig auch an völlig unerwarteter Stelle, und Novizen sind gut beraten, sich der Dienste eines Caddies zu versichern.

Es hängt sehr viel davon ab, wo das Loch auf den riesigen, für St. Andrews so typischen Doppelgrüns liegt. Die möglichen Annäherungen sind so raffiniert gestaltet, dass manche Fahnenpositionen nur von einem ganz bestimmten Punkt auf dem Fairway aus angespielt werden können.

In der letzten Runde der Open Championship 2005 konnte Tiger Woods der Konkurrenz in Ruhe dabei zusehen, wie sie versuchte, die Fahnen anzuspielen, um Schläge gutzumachen. Die meisten konnten einfach nicht nahe genug ans Loch spielen und mussten mit drei Schlägen putten, während Woods in die Mitte des Grüns spielen und mit zwei Putts zum Par einlochen konnte. Er gewann die 2000er Open, indem er so durchdacht spielte, dass er über 72 Löcher kein einziges Mal im Bunker landete!

Gemeinheit zum Schluss

Jedes Loch und jeder Bunker hat einen Namen und es gibt unzählige Geschichten über berühmte Golfer, die hier irgendwann einmal in Schwierigkeiten gerieten. So ist die Liste der Katastrophen am 17. Loch legendär, das von einem wirklich bösartigen Bunker beherrscht wird, der sich ins Herz des Grüns frisst und direkt vor einer Straße liegt. Das 18. ist wie das 1. bunkerlos, aber niemand darf sich in Sicherheit wägen, solange er das Valley of Sin vor dem Grün nicht überwunden hat.

DER KURS

Loch		Länge (m)	Par
1	Burn	344	4
2	Dyke	414	4
3	Cartgate (out)	363	4
4	Ginger Beer	439	4
5	Loch o' Cross (out)	519	5
6	Heathery (out)	377	4
7	High (out)	357	4
8	Short	160	3
9	End	322	4
10	Bobby Jones	347	4
11	High (in)	159	3
12	Heathery (in)	318	4
13	Loch o' Cross (in)	425	4
14	Long	565	5
15	Cartgate (in)	417	4
16	Corner of the Dyke	387	4
17	Road	416	4
18	Tom Morris	326	4
	Out	3295	36
	In	3361	36
	Gesamt	6656	72

ROYAL ST. GEORGE'S
ROYAL ST. GEORGE'S GOLF CLUB
SANDWICH, KENT, ENGLAND

Die ersten 33 Open Championships wurden in Schottland, d. h. in Prestwick, Musselburgh, St. Andrews und Muirfield, ausgetragen. 1894 fanden sie erstmals weiter südlich, in Sandwich an der englischen Küste von Kent, statt. Der Klub wurde von den Schotten Dr. Laidlaw Purves und Henry Lamb gegründet, die in den 1880ern die Südküste verzweifelt nach einem Platz für einen Golfkurs nach Vorbild der großen schottischen Links-Plätze absuchten. Sie entdeckten, was sie suchten, vom Kirchturm in Sandwich aus: eine der pittoreskesten Links-Anlagen Großbritanniens.

Traditionelle Links-Architektur

Vermutlich entwarf Purves selbst den ersten Kurs, der 1887 eröffnete. Er war seinerzeit etwa 5500 m lang, schmal und voller bösartiger Bunker und blinder Schläge. J.H. Taylor siegte bei der Open Championship von 1894 mit 326 Punkten, der höchsten Summe aller Zeiten. Harry Vardon gewann die nächsten Open in Sandwich mit einem Score von 310 und als die Open 1904 nach Sandwich zurückkamen, spielte er eine 69er-Runde, das erste Mal, dass die 70 unterboten wurde.

Heute hat man die schlimmsten Blind Shots eliminiert, aber der Platz bietet immer noch reichlich Bewegung und viele Teilnehmer der 2003er Open Championship konnten das letzte Fairway mit ihren Drives nicht halten, so viel seitliche Bewegung erhielt der Ball durch den Boden. Auf der anderen Seite sind die heutigen Topspieler so stark, dass viele versuchten, das 5. Grün in 385 m Entfernung direkt anzuspielen!

Gewaltige Bunker

Vom Tee neben einer rietgedeckten Hütte aus bietet sich ein Eröffnungs-Drive Richtung Meer an. Es ist ein schwieriges erstes Loch mit einer Senke, der Kitchen, die das Fairway etwa auf Höhe eines guten Drives kreuzt, und Bunkern, die vor dem Grün auf einen zu kurzen Annäherungsschlag lauern. An 2. wird das Auge durch einen Hügelrücken getäuscht und das 3. ist ein kurzes Loch, das 1975 von Frank Pennink geschaffen wurde.

Am 4. Tee erwartet den Spieler einer der übelsten Bunker des gesamten Golfsports: ein hohes, abgestuftes Hindernis in einem großen Hügel direkt voraus. Es gibt keine Alternative, er muss überspielt werden, denn links dahinter verhindert ein kleinerer Bunker jeden Umgehungsversuch.

Ab hier lässt sich prächtig kreuz und quer durch und über die Dünen spielen, mit Wind aus allen Richtungen und einem wunderschönen Blick über die Pegwell Bay. Das schöne 13. Loch führt in die äußerste Ecke des Kurses, neben den Prince's Golf Club, wo die Open 1932 stattfanden.

Das gefährliche 14. Loch führt hart am Grenzzaun entlang, hinter dem das Aus lauert. Ein Wasserlauf, der sogenannte Suez Canal, quert auf Höhe eines kräftigen Drive das Fairway, und die Annäherung an das Grün wird weiterhin durch das nahe liegende Aus und weitere Bunker bedroht. Hier ist schon so mancher Open-Aspirant gescheitert. Drei starke Par-4 und ein schweres kurzes Loch halten die Spannung bis zum Schluss aufrecht.

RECHTS OBEN Ein dicht gedrängtes Publikum beobachtet bei den Open 2003 Tiger Woods Putt am 6. – dem berühmtesten der kurzen Löcher von Royal St. George's.

DER KURS

Loch	*Länge (m)*	*Par*
1	403	4
2	378	4
3	192	3
4	452	4
5	385	4
6	157	3
7	485	5
8	416	4
9	356	4
10	380	4
11	219	3
12	347	4
13	420	4
14	504	5
15	437	4
16	149	3
17	389	4
18	428	4
Out	3223	35
In	3271	35
Gesamt	6494	70

WENTWORTH
WEST COURSE, THE WENTWORTH CLUB, VIRGINIA WATER, SURREY, ENGLAND

Links der A 30 liegt hinter Virginia Water das riesige Anwesen von Wentworth. Darauf finden sich die Luxusheime von Spitzensportlern, Unternehmern und des einen oder anderen Filmstars. Drei Golfkurse erstrecken sich um den Landsitz im gotischen Stil aus dem 18. Jh., der ursprünglich für den Schwager des zukünftigen Herzogs von Wellington erbaut wurde. Das Anwesen wurde von George Tarrant entworfen, der auch für das noble St. George's Hill verantwortlich zeichnet. Dort hatte er Harry Colt für die Anlage zweier Kurse hinzugezogen, und so war es nur logisch, Colt auch in Wentworth zwei Kurse entwerfen zu lassen.

Als Erster eröffnete 1924 der East Course, auf dem 1926 ein Match zwischen professionellen Golfern aus Großbritannien und Amerika stattfand, aus dem sich der Ryder Cup entwickelte. Im selben Jahr eröffnete auch der West Course. Der Edinburgh Course kam erst 1990 hinzu. Er wurde von John Jacobs unter Mitarbeit von Gary Player und Bernard Gallacher entworfen.

Die „Burma Road"

Der West Course wurde durch das Fernsehen berühmt, da auf ihm jeden Mai die PGA Championship und (seit 1964) im Herbst das World Matchplay stattfinden, zwei der wichtigsten Veranstaltungen auf dem europäischen Kalender. Länge und Schwierigkeitsgrad haben dem West Course zwar den Namen „Burma Road" eingetragen, aber er ist mit seinen rund 6000 m nach heutigen Standards nicht übermäßig schwer zu spielen.

Die Sieger-Scores liegen in der PGA meist in den unteren 270ern. Es ist allerdings ein prima Platz für ein Lochspiel, da hier die Gemeinheit einiger seiner kürzeren Löcher zum Tragen kommt. Die geneigten Löcher machen das Fahnenspiel sehr riskant und schon so mancher hat an scheinbar so harmlosen Löchern, wie etwa dem 16., sein ganz persönliches Waterloo erlebt.

Harte Probe

Die Klubmitglieder spielen das 1. Loch als Par-5, aber für die Pros ist es ein Par-4, deren gewaltige Drives oft den Hang herabrollen, hinter dem das aus der Distanz schwierig zu treffende Grün liegt. Auch das 2. wird über ein Tal hinweg gespielt und ist ein sehr gutes Beispiel für ein trotz der Kürze sehr schwieriges Loch. Darauf folgt ein schweres, bergauf führendes Loch mit einem Grün auf drei Ebenen, auf dem niemand bergab putten müssen will. Von hier aus windet sich der Kurs über das Anwesen bis zum langen Par-4-9 – selbst für Profis eine Herausforderung – entlang der Eisenbahntrasse.

Das 10. ist ein hervorragendes kurzes Loch mit einem schmalen, geneigten Grün. Die Grüns von Nummer 11 und Nummer 13 sind von Bäumen verdeckt, wenn der Abschlag zu weit nach links geht, und das 12. ist für bessere Spieler eine schöne Chance für einen Birdie – der Drive braucht sowohl Höhe als auch Weite, um die Bäume zu überwinden. Beim bergauf führenden 14. mit seinem zweistufigen, abfallenden Grün ist der Schlag schwer einzuschätzen und das 15. Grün hat mehr Neigung, als es zunächst scheint.

UNTEN Das 2. Loch wird von einem erhöhten Tee über ein Tal auf ein erhöhtes Grün gespielt und ist ein nur kurzes Par-3, aber trotzdem schwer zu spielen. Der Bunker rechts ist brillant platziert und das Grün neigt sich von vorne nach links.

DER KURS

Loch	*Länge (m)*	*Par*
1	433	5
2	141	3
3	409	4
4	454	5
5	175	3
6	324	4
7	362	4
8	366	4
9	413	4
10	168	3
11	369	4
12	465	5
13	404	4
14	164	3
15	440	4
16	350	4
17	522	5
18	486	5
Out	3076	36
In	3368	37
Gesamt	6444	73

Arnold Palmer zählte das 17. zu den besten Par-5ern. Es ist trügerisch mit Aus und überhängenden Bäumen zur Linken und dem in der Linkskurve um die Bäume herum nach rechts kippenden Fairway. Ein letztes Par-5 beschließt die Runde und bietet eine weitere Gelegenheit zu einem Birdie oder sogar zu einem Eagle.

PINE VALLEY
PINE VALLEY GOLF CLUB, CLEMENTON, NEW JERSEY, USA

In jeder Diskussion über die schwierigsten Golfkurse taucht der Name Pine Valley auf. *The World Atlas of Golf* bezeichnet ihn als „George Crumps 74 Hektar-Bunker“, dabei ist dies nur eine der Gefahren. Wenn man in Pine Valley nicht auf dem Fairway oder dem Grün landet, hat man schlicht keine Chance.

Crump war ein Hotelbesitzer aus Philadelphia, der 1912 250 000 Dollar Privatvermögen in ein von ihm initiiertes Golfprojekt investierte. Leider starb er 1918, als erst 14 Löcher fertig waren. Crump hatte die ursprüngliche Anlage entworfen und der englische Architekt Harry Colt führte die Arbeit unter gestalterischer Mitarbeit von Hugh Wilson und vermutlich auch seines Partners Hugh Alison bis zur Eröffnung 1919 zu Ende.

Pine Valley steht nicht auf der Liste der großen Meisterschaftskurse. Das könnte es schon deshalb nicht, weil es keinen Platz für Zuschauer gibt. Man steht entweder im Sand oder zwischen den Bäumen. Es wurden einige Walker Cup-Spiele ausgetragen, aber das war es auch schon. Was nichts an der Qualität ändert.

Inseln im Sand

Die ersten vier Löcher führen in einer Schleife zum Klubhaus zurück. Sie sind großartig mit einem leicht geneigten 2. Grün und einem Glücksschlag am 3. Loch als Highlights. Dann aber kommt das 5., eines der bösartigsten Löcher der Welt, mit einer weiten Strecke über Wasser und Gesträuch auf ein weit entferntes, erhöhtes Grün. Das ist nichts für Memmen!

Das 6. bietet ein wenig Erholung, bevor man auf das außergewöhnliche 7. stößt. Auf diesem heroischen Par-5 gibt es zwei Fairway-Inseln und ein Grün. Leider sind sie durch eine Miniwüste voneinander getrennt, und wer hier nicht mit äußerster Präzision schlägt, ist hoffnungslos verloren.

DER KURS

Loch	*Länge (m)*	*Par*
1	390	4
2	336	4
3	166	3
4	406	4
5	212	3
6	355	4
7	518	5
8	292	4
9	390	4
10	134	3
11	358	4
12	315	4
13	410	4
14	168	3
15	540	5
16	396	4
17	309	4
18	391	4
Out	3065	35
In	3021	35
Gesamt	6086	70

OBEN **Jedes der kurzen Löcher in Pine Valley ist absolut kompromisslos. Hier ist das nur mit Glück zu spielende 10. mit seinem besonders fiesen Topfbunker im Vordergrund zu sehen.**

Gnadenlose hintere Neun

Auf den hinteren Neun folgt mit dem 13. ein weiteres vergleichbares Loch der Grenze des Kurses. Auch dieses Loch, ein Par-4, besteht aus mehreren Inseln, in diesem Fall zwei. Das Problem ist dabei nicht, das erste Fairway zu treffen, sondern den zweiten Schlag auf das geneigte Grün zu bringen, ohne in der sandigen Ödnis (meist ein Bunker) auf der linken Seite zu geraten. Es gehört zu einer furchteinflößenden Serie von Löchern, wobei am 14. auf ein von Wasser umgebenes Grün gespielt wird und das 15. ein weiteres monströses Par-5 ist, auf dem nur die geradesten Schläge Erfolg verheißen.

Das Schwierige an Pine Valley ist, dass dieser Druck über alle 18 Löcher aufrechterhalten bleibt.

ARNOLD PALMER

Man erzählt sich, dass die Mitglieder von Pine Valley gerne wetteten, dass niemand den Kurs beim ersten Mal mit unter 80 Schlägen spielen könne. 1954 kam der junge Arnold Palmer als amtierender US Amateur Champion nach Pine Valley. Er riskierte alles, nahm die Wette an und erzielte eine 68. Damit gewann er genug Geld für seine Hochzeit.

AUGUSTA

AUGUSTA NATIONAL GOLF CLUB, AUGUSTA, GEORGIA, USA

Das erste sogenannte Major des Golfjahres, das Masters, ist insofern besonders, als es immer auf dem gleichen Kurs gespielt wird, dem Augusta National. Zu dieser Zeit – im April – erstrahlt der Kurs in frischen Farben, liegt er doch in der ehemaligen Baumschule des belgischen Barons Louis Mathieu Edouard Berkmans, der die Azalee in den Vereinigten Staaten heimisch machte. Augusta National ist das geistige Kind von Bobby Jones, dem bemerkenswert begabten Amateurgolfer, der 1930 vier US Open, drei Open Championships, fünf US Amateurs und ein British Amateur binnen einem Jahr gewann. Daraufhin zog er sich gerade 28-jährig aus dem Wettkampfgolf zurück!

OBEN Das 18. Loch ist ein klassischer Abschluss für die Masters, mit einem von Bäumen und Bunkern im Knic Dogleg bedrohten Drive und einem zweiten Schlag bergauf auf ein abgestuftes Grün.

Strategische Anlage

Nachdem er den idealen Standort für seinen Kurs gefunden hatte, versicherte Jones sich der Mitarbeit von Alister MacKenzie, einem in Yorkshire geborenen Schotten und viel gefragten Golfplatzarchitekten, der kürzlich nach Amerika ausgewandert war. Er ließ sich in Kalifornien nieder, wo Jones zwei seiner Schöpfungen, Pasatiempo und Cypress Point, auffielen.

Jones erkannte sofort MacKenzies Vorliebe für strategische Anlagen. Er stellte sich Augusta als einen Kurs vor, den seine Freunde mit hohem Handicap ohne allzu große Mühen spielen konnten, der aber dennoch eine Herausforderung für die Profis war, die er einmal im Jahr zu einem Turnier einladen wollte.

Wie vorgesehen, hatte Augusta breite Fairways mit wenigen Bunkern und keinem oder nur geringem Rough. Die Schwierigkeit lag eher in den Grüns, die so konturiert und geneigt waren, dass nur ein Annäherungsschlag von einem ganz bestimmten Idealpunkt auf dem Fairway aus überhaupt eine Chance hatte, das Grün zu treffen und zu halten.

Der heutige Kurs

Der Kurs, den wir heute kennen, unterscheidet sich grundlegend von dem der 1930er. Die beiden Neuner wurden umgedreht, ein vollkommen neues 16. Loch wurde noch zu Jones' Lebzeiten hinzugefügt und die Bunker wurden versetzt. Die größte Veränderung ist aber die Einrichtung für die Masters. So hat man neue Tees angelegt, um den Kurs zu strecken, Fairways verengt, Bäume gepflanzt und die Grüns so furchterregend schnell gemacht, dass das Putten fast, aber auch nur fast unmöglich ist.

Amen Corner

Der trügerischste Teil des Kurses ist Amen Corner. Das abschüssige 11. erfordert einen perfekt platzierten Drive, da der Annäherungsschlag auf das schlüpfrige Grün von einem Teich bewacht wird. Das 12. mag nur 142 m lang sein, aber der durchs Tal wirbelnde Wind macht die Schlägerwahl schwierig, das Grün ist breit, aber flach und wird durch den Rae's Creek und Bunker bewacht. Rae's Creek spielt auch am 13. eine Rolle, einem scharfen Dogleg mit einem riskanten Schlag auf ein welliges Grün zwischen Bach und Bunkern.

UNTEN **Unstete Winde, ein schmales Grün, lauernde Bunker und der Rae's Creek machen das Par-3-Zwölfte zu einem potenziellen Spielverderber.**

DER KURS

Loch		*Länge (m)*	*Par*
1	Tea Olive	398	4
2	Pink Dogwood	526	5
3	Flowering Peach	320	4
4	Flowering Crab Apple	187	3
5	Magnolia	398	4
6	Juniper	165	3
7	Pampas	375	4
8	Yellow Jasmine	521	5
9	Carolina Cherry	421	4
10	Camellia	453	4
11	White Dogwood	448	4
12	Golden Bell	142	3
13	Azalea	466	5
14	Chinese Fir	402	4
15	Firethorn	457	5
16	Redbud	155	3
17	Nandina	389	4
18	Holly	425	4
	Out	3310	36
	In	3338	36
	Gesamt	6648	72

PEBBLE BEACH
PEBBLE BEACH GOLF LINKS, KALIFORNIEN, USA

Pebble Beach ist ein Championship-Kurs par excellence: Hier fanden die US Open Championships 1972, 1982, 1992 und 2000, die US Amateur Championships 1929, 1947, 1961 und 1999, unzählige AT&T Pebble Beach National Pro-Ams sowie eine Reihe Crosby Clambakes statt. In den Staaten eher ungewöhnlich, ist es ein öffentlicher Kurs. Jeder kann hier spielen, solange er ein gut gefülltes Portemonnaie und reichlich Zeit mitbringt, denn eine Runde in Pebble Beach ist nichts für Ungeduldige.

Die Monterey-Halbinsel

Nahe Monterey stand seit 1880 das Luxushotel Del Monte und kurz danach wurde der 17 Mile Drive eröffnet, der Zugang zu einem der schönsten Küstenstriche der Welt gewährte. 1897 eröffnete ein 9-Loch-Kurs und 1917 heuerten die damaligen Landeigentümer Samuel Morse an, um das Gelände zu erschließen. Dieser engagierte wiederum Jack Neville, Douglas Grant und H. Chandler Egan, um einen der Landschaft würdigen Golfkurs zu entwerfen, und 1919 eröffnete schließlich der Pebble Beach Golf Links.

Damals war dies eine abgelegene Gegend, der Flugverkehr war eher rudimentär und so wurde die Region zu einer ruhigen Zuflucht für die Reichen von San Francisco und Los Angeles. Die US Amateur Championships von 1929 waren zu dieser Zeit ein recht mutiger Schritt der USGA, aber das Turnier wurde ein Erfolg und lockte Bobby Jones in diesen Teil Kaliforniens (auch wenn er relativ früh ausschied), was wiederum diesen dazu inspirierte, zusammen mit Alister MacKenzie Augusta National zu bauen. MacKenzie nahm übrigens 1926 Veränderungen am 8. und 13. Grün in Pebble Beach vor.

Fantastische Löcher mit Seeblick

Heute ist Pebble Beach Teil eines bemerkenswerten Komplexes aus Spitzengolfkursen, Hotels, Lodges und Restaurants. Es ist definitiv nicht mehr abgelegen und mittlerweile muss man Jahre im Voraus buchen. Der Kurs wurde zwar ein wenig verlängert, hat sich aber seit seiner Eröffnung ansonsten nur wenig verändert.

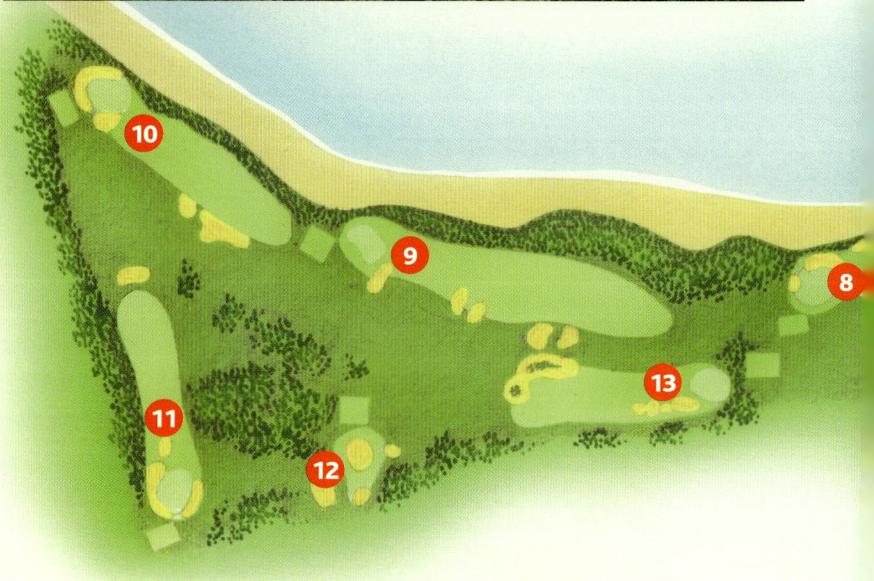

OBEN Das kurze 7. von Pebble Beach ist eines der meistfotografierten Golflöcher. Je nach Windstärke vom Pazifik benötigt man alles, von einem Wedge bis zum Eisen-3, um das Ziel zu erreichen.

Viele Jahre lang schwenkte der Kurs mit dem kurzen 5. Loch durch die Bäume landeinwärts. 1998 allerdings entwarf Jack Nicklaus, der hier sowohl die US Amateur als auch die US Open gewonnen hatte, ein neues Fünftes parallel zur Küste. Jetzt trifft der Kurs mit dem kurzen Par-4-Vierten auf die Küstenlinie und folgt ihr bis zum 10. Grün über einen der schönsten Küstenplätze der Welt.

Die Abfolge der Löcher zwischen dem 8. und dem 10. ist sowohl sehr schwierig als auch äußerst malerisch. Allerdings ist es das winzige 7. Loch, ein Par-3 von nur 97 m Länge mit einem winzigen Grün auf den Felsen direkt am Wasser, das als eines der zu Recht meistfotografierten Löcher der Welt gilt.

Watsons Magie

Wenn einen am 11. Loch das Bedauern ankommt, landeinwärts zu spielen, so erhöht es nur die Freude, am 17. wieder auf die Küste zu treffen, an einem schwierigen kurzen Loch, auf dem Tom Watson 1982 einen der großartigsten Schläge der US Open spielte, um Nicklaus den Titel wegzuschnappen. Eines der schönsten Löcher wartet zum Schluss: ein fantastisches Par-5, bei dem sich der Ball schon beim leichtesten Pull zwischen Muscheln und Austern wiederfindet.

DER KURS

Loch	*Länge (m)*	*Par*
1	344	4
2	459	5
3	342	4
4	299	4
5	171	3
6	457	5
7	97	3
8	380	4
9	422	4
10	393	4
11	341	4
12	192	3
13	359	4
14	523	5
15	362	4
16	367	4
17	163	3
18	497	5
Out	2972	36
In	3197	36
Gesamt	6169	72

BALLYBUNION
THE OLD COURSE, BALLYBUNION, COUNTY KERRY, IRLAND

Ballybunion ist heute ein Muss für jeden Golf spielenden Irlandreisenden. Vor allem Tom Watson machte den Kurs bekannt, als er sich auf die Open Championship 1975 in Carnoustie vorbereitete, die er dann auch gewann. Watson besaß die Vision und die Fantasie, all die improvisierten Schläge zu spielen, die für das Links-Golf so unerlässlich sind. Dazu gesellten sich noch Temperament und Talent.

Der Old Course von Ballybunion erfordert vermutlich ebenso viel Improvisation wie jeder andere Links-Kurs auf den Britischen Inseln. Dafür gibt es einen historischen Grund: Als der heutige Kurs 1926 angelegt wurde (obwohl hier schon seit dem späten 19. Jh. Golf gespielt wird), gab es in dieser abgelegenen Region Irlands nicht genug Geld für umfangreiche Erdbewegungen. Deshalb folgte die Anlage den natürlichen Landschaftskonturen, sodass der Kurs über, entlang und zwischen den Dünen verläuft. Viele Grüns liegen daher erhöht und erfordern ein gutes Augenmaß und eine geschickte Hand beim Annäherungsschlag.

Schöne Links-Anlage

Der amerikanische Golfplatzdesigner Robert Trent Jones erhielt in den 1980ern die einzigartige Gelegenheit, einen neuen Kurs für den Klub zu entwerfen. „Als ich das vorgesehene Gelände in Ballybunion sah, wurde ich unbeschreiblich aufgeregt. Ich hielt es für die schönste Links-Landschaft, die ich je gesehen hatte, und vielleicht sogar die schönste der Welt." Der neue Kurs, der Cashen Course, ist spektakulär, aber auch sehr schwierig. Der Old Course ist da sanfter und trotzdem eine Herausforderung für alle Facetten des Golfspiels.

Den Atlantik im Hintergrund

In Ballybunion gilt, vielleicht mehr als auf anderen Plätzen, dass angesichts der Topographie und wechselhafter Winde vom Atlantik die gemessene Länge der Löcher von eher untergeordneter Bedeutung ist. Schon am Anfang geht es mit zwei soliden Par-4, einem langen Par-3 und zwei Par-5 mit drohendem Aus stramm zur Sache. All das ist noch harmlos, bis man zur Annäherung an das 6. Grün kommt, das mit Blick über das Meer auf einer Düne thront.

Das 7. ist ein wunderbares hoch gelegenes Loch parallel zur Küste, während das landeinwärts führende 8. Loch für Watson einen der schwersten Abschläge hat, die er je spielen musste. Die Bunker, Buckel und Senken um das Grün herum sind so bösartig, dass einen ein Rettungsversuch zur Verzweiflung treiben kann.

Das von allen mit größter Spannung angespielte Loch ist das 11., eines der größten bunkerlosen Löcher im Golfsport, aber auch da hat Ballybunion seine Trümpfe noch nicht ausgespielt, ist doch das 15. ein großartiges kurzes Loch, das über raues Terrain auf ein Grün vor dem Hintergrund des Atlantiks führt. Das 16. ist danach ein hübsches Par-5, das zwischen den Dünen landeinwärts ansteigt, bevor das 17. wieder zurück zum Strand führt. Das letzte Loch fällt dagegen etwas einfacher aus.

UNTEN Das 10. Grün und das sich dahinter zwischen den Dünen entlang der Küste erstreckende bunkerlose 11. bieten Links-Golf in Vollendung.

DER KURS

Loch	*Länge (m)*	*Par*
1	366	4
2	401	4
3	201	3
4	484	5
5	505	5
6	349	4
7	384	4
8	140	3
9	417	4
10	330	4
11	412	4
12	183	3
13	444	5
14	123	3
15	194	3
16	456	5
17	344	4
18	347	4
Out	3248	36
In	2834	35
Gesamt	6082	71

VALDERRAMA
CLUB DE GOLF VALDERRAMA, SAN ROQUE, CADIZ, SPANIEN

Valderrama begann seine Existenz als neuer Kurs von Sotogrande, wurde zu Las Aves und dann vom bolivianischen Zinnmagnaten Jaime Ortiz-Patiño gekauft, der sich in der Region zur Ruhe gesetzt hatte. Der ursprüngliche Kurs stammte von Robert Trent Jones, und Ortiz-Patiño holte ihn erneut, um den Kurs so zu verändern, dass er den hohen Ansprüchen der Turniere mit den weltbesten Spielern genügte, die hier stattfinden sollten. Dazu wurden die beiden Neuner umgedreht, um ein stärkeres Finish zu bekommen, das Land wurde gründlich entwässert und schließlich ein See vor dem 17. Grün angelegt. Seitdem fanden hier eine Reihe von Volvo Masters Andalucía-Turnieren, die klassische Abschlussveranstaltung der European Tour, sowie der Ryder Cup 1997 statt.

OBEN Pure Länge genießt in Valderrama keine Priorität, dafür gibt es eine Reihe kurzer, aber schwieriger Zwei-Schlag-Löcher, wie hier das 14.

Das umstrittene 17.

Der Kurs blieb nicht unumstritten, aber Ortiz-Patiño hat den Kritikern zugehört und Probleme behoben. So kam es 1999 am 17. Loch zum Zwischenfall, als Tiger Woods Ball von jenseits der Fahne abprallte und im Wasser landete. Ortiz-Patiño verkleinerte den Buckel auf der rechten Seite des Grüns um 10 cm, hob die Front des Grüns um 4 cm an und überarbeitete die Oberfläche. Der Baumschnitt ist ein nie endender Kampf um die volle Breite der Fairways, aber Ortiz-Patiños Taschen sind tief genug, um Valderrama zu einem der bestgepflegten Kurse Europas zu machen.

Die Gesamtlänge des Kurses ist eher bescheiden, aber das Gelände ist hügelig und der Wind allgegenwärtig, vor allem beim Spiel über Täler, wie beim Par-3-Fünfzehnten. Die Schlägerwahl ist nie leicht und die üppig wachsenden Bäume mögen den Ball am Abschlag schützen, überlassen ihn aber mitten im Flug der Gnade der Böen.

Die Goldene Regel

Bäume säumen das 1. Fairway und deuten schon die Notwendigkeit gerader Schläge auf dem Kurs an. Auf dem 2. steht ein Baum mitten auf dem Fairway, der Baum der Goldenen Regel genannt wird. Er war ursprünglich nicht Teil von Trent Jones' Entwurf und dieser wollte den Baum schon entfernen lassen, aber der damalige Eigentümer, James McMicken, weigerte sich. „Warum?", fragte Trent Jones. „Das ist die Goldene Regel", sagte McMicken. „Und wie lautet die?", fragte Trent. „Ganz einfach", antwortete McMicken. „Ich habe das Gold, ich mache die Regeln!"

Keines der kurzen Löcher ist einfach, wofür das 3. ein gutes Beispiel liefert. Riesige Mengen Erde wurden bewegt, um das 4. zu verbessern und das Grün vom Tee aus sichtbar zu machen. Ein Wasserfall trägt zur Schönheit bei, ist aber auch ein strategisches Hindernis. Der Kurs wechselt regelmäßig die Richtung, und das Spiel auf dem Rest der ersten Neun hängt davon ab, welcher Wind gerade weht, der Poniente oder der Levante.

Am 10. und 11. werden Pros auf einen Birdie setzen, aber das schwere 12. erfordert mit seinem nach hinten geneigten Grün exaktes Augenmaß. Muy Dificil (sehr schwierig) beschreibt das 16. genau, das 17. ist ein spannendes Loch, wenn die besten Spieler das Grün mit zwei Schlägen anspielen, und am letzten Loch muss man sich aus den Bäumen heraus halten und sie idealerweise mit einem Risikoschlag überspielen.

DER KURS

	Loch	Länge (m)	Par
1	Sol y Sombra	356	4
2	El Arbol	385	4
3	El Tunel	171	3
4	La Cascada	516	5
5	Los Altos	348	4
6	El Vallejo	149	3
7	El Mirador	487	4
8	El Bunker	321	4
9	El Muro	405	4
10	El Lago	356	4
11	Un Sueño	500	5
12	Las Camelias	194	3
13	Sin Bunker	368	4
14	La Piedra	338	4
15	El Puerto	206	3
16	Muy Dificil	386	4
17	Los Gabiones	490	5
18	Casa Club	415	4
	Out	3138	35
	In	3253	36
	Gesamt	6391	71

ROYAL MELBOURNE

COMPOSITE COURSE, ROYAL MELBOURNE GOLF CLUB, BLACK ROCK, VICTORIA, AUSTRALIEN

England hat das Heideland von Surrey, Australien den Sandgürtel von Melbourne. Hier entstanden allein dank der Bodenbeschaffenheit und des darauf wachsenden Grases einige der schönsten Inlandplätze der Welt. Das hat man schon früh gewusst, aber das Meisterstück lieferte Royal Melbourne, als man 1926 den R&A um Rat fragte, wer wohl am ehesten geeignet sei, das schöne Gelände zu einem Golfplatz der Weltklasse zu machen. Der R&A schlug Alister MacKenzie vor, der zwei Monate in Australien blieb, was nach Aussage des renommierten Architekten Tom Doak den Kontinent veränderte.

Royal Melbourne hatte so geschickt mit MacKenzie verhandelt, dass man auch an der Beratung verdiente, die MacKenzie anderen Klubs angedeihen ließ, deshalb hatte man ein Interesse daran, ihm so viel zusätzliche Arbeit zu verschaffen wie möglich. Seine Überarbeitungen in Kingston Heath und Royal Adelaide legen beredtes Zeugnis seines Könnens ab, und er erarbeitete Pläne für zahlreiche Klubs und Kurse. Allerdings blieb er nicht lange genug in Australien, um deren Ausführung zu überwachen. Erstaunlicherweise konnte MacKenzie in seinen wenigen Tagen im Royal Melbourne die Unterstützung Alex Russells, des Australian Amateur Champions von 1924, und Mick Morcoms, des Platzwarts von Royal Melbourne, gewinnen. Beide übernahmen schnell seine Prinzipien des Golfplatzdesigns.

Schönster Platz der Südhalbkugel

MacKenzie gestaltete den West Course von Royal Melbourne neu. Russell und Morcombe überarbeiteten den East Course und sie entwarfen auch den Composite Course für Turniere. Der Grund dafür liegt darin, dass man das Spiel innerhalb der Grenzen eines Klubs hält, auf dem sich normalerweise die beiden Kurse kreuzen. Um dem Finish einen passenden Rahmen zu geben, wurde in den vergangenen Jahren die Reihenfolge der Löcher auf dem Composite Course geändert, sodass am Ende sieben Par-4 liegen, von denen nur eines kürzer als 366 m ist.

Neue Technologie und die körperliche Kraft der Spieler sind selbst für Royal Melbourne eine Bedrohung. US Open Champion Michael Campbell spielte 1996 in Royal Melbourne, kam dann 2002 zurück und bemerkte, alle Löcher seien nun zwei Schlägernummern leichter zu spielen. Trotzdem erkennen die meisten Großen des Golf die Einzigartigkeit von Royal Melbourne an. So verbrachte Nick Faldo 2002 Stunden damit, jeden Bunker zu filmen, in der Hoffnung, als aufstrebender Architekt noch etwas lernen zu können.

Klassisches Dogleg

Das Loch, das die meisten Architekten am liebsten gestaltet hätten, ist das 4. des Composite Course, das 6. des West Course, ein Entwurf von MacKenzie. Es ist ein schlichtes Dogleg mit Bunkern im Winkel und weiteren Bunkern um das Grün herum. Dabei ist es nicht ganz so schlicht. Sein Reiz besteht darin, wie es den Landschaftskonturen folgt. MacKenzies Bebunkerung und Grünanlage mögen typisch wirken, aber ihre Ausführung ist großartig. Das ist der Unterschied zwischen einem guten und einem großartigen Loch.

RECHTS Das Par-3-Fünfte des West Course, das auf dem Composite Course als 3. gespielt wird, ist ein fantastisches kurzes Loch mit reichlich Bunkern und einem schnellen, nach hinten geneigten Grün.

RECHTS Der Blick über das Grün des Par-4-Zweiten des East Course, das hier von links angespielt wird, mit MacKenzies klassischem Dogleg, dem 6. des West Course, im Hintergrund.

DER COMPOSITE-KURS

	Loch	Länge (m)	Par
1	3rd West	324	4
2	4th West	455	5
3	5th West	161	3
4	6th West	411	4
5	1st East	304	4
6	2nd East	401	4
7	3rd East	349	4
8	4th East	184	3
9	17th East	509	5
10	2nd West	442	5
11	7th West	134	3
12	10th West	278	4
13	11th West	415	4
14	12th West	424	4
15	17th West	401	4
16	18th West	395	4
17	1st West	391	4
18	18th East	404	4
	Out	3084	36
	In	3269	36
	Gesamt	6353	72

BANFF SPRINGS
STANLEY THOMSON 18, FAIRMONT BANFF SPRINGS, BANFF, ALBERTA, KANADA

Stanley Thomson hat viele der schönsten Golfplätze Kanadas gebaut und Banff zählt definitiv zur Weltklasse. In Banff genoss Thomson den Vorzug, für die Canadian Pacific Railway zu arbeiten, die den vorhandenen Golfkurs ihres riesigen Hotels dem Standard der Luxusunterkunft anpassen wollte. Der Vorteil der Arbeit für die Eisenbahn lag dabei darin, dass man mühelos und relativ preiswert große Mengen Erde bewegen lassen konnte, und Thomson war ein Meister darin, Erde zu einem fantasievollen Golfplatz zu formen.

Große Gesten in großartiger Szenerie

Banff Springs liegt im Herzen der kanadischen Rocky Mountains und der Platz lag zwischen den beiden Bergflüssen Bow und Spray. Hier halfen nur große Gesten, um den Platz gegen einen derart kraftvollen Hintergrund bestehen zu lassen. Thomson versuchte gar nicht erst, mit dem Bergpanorama mitzuhalten, sondern entwickelte seine Technik weiter, die Landschaft zu spiegeln, die er bereits bei Jasper Park (der übrigens für die rivalisierende Canadian National Railway gebaut wurde) verwendet hatte. So konnten die Aufschüttungen um ein Grün herum ein Spiegelbild der dahinterliegenden Bergkette sein oder er nutzte Wasser, um den Hintergrund zu spiegeln, usw. Sein Kunstfertigkeit lag in seinem Gespür für Proportionen und Maßstäbe.

Sein 1927 eröffneter Kurs begann mit einem furchterregenden Drive von einem erhöhten Abschlag im Schatten des 770-Zimmer-Hotels über den Spray hinweg. 1992 wurde allerdings der kanadische Golfarchitekt Bill Robinson engagiert, um einen weiteren 9-Loch-Kurs neben Thomsons Kurs anzulegen. Robinson rührte Thomsons Meisterwerk nicht an,

DER KURS

Loch	Länge (m)	Par
1	395	4
2	164	3
3	490	5
4	182	3
5	394	4
6	348	4
7	558	5
8	144	3
9	466	5
10	206	3
11	388	4
12	411	4
13	212	3
14	409	4
15	439	4
16	385	4
17	351	4
18	535	5
Out	3142	36
In	3335	35
Gesamt	6477	71

sondern baute ein neues Klubhaus für beide Kurse, und so beginnt Thomsons Kurs heute am ehemaligen 5. Loch. Nun könnte man sagen, dass das kaum eine Rolle spielt, aber Rhythmus ist ein wichtiger Bestandteil einer Golfkursanlage, und heute kommt der gefürchtete Drive am 15. Loch, wenn der Spieler reichlich Zeit hatte, sich ordentlich warm zu spielen.

Devil's Cauldron

Das berühmteste Loch in Banff ist das kurze 4., das ehemals als 8. gespielt wurde. Es trägt den Namen Devil's Cauldron und wird von einem Abschlag über einen See hinunter auf ein winziges, dicht von Bunkern umringtes Grün bespielt. Der Mount Rundle liefert hier mit seinen Felsenklippen und baumbestandenen unteren Hängen einen fantastischen Hintergrund.

Die Saison in Banff ist kurz, aber in dieser Zeit fühlt sich der Kurs ausgesprochen schottisch an. Ursprünglich strebte der Kurs mit einer Folge von Löchern entlang dem Bow River einem Höhepunkt zu, die heute als 8. bis 14. gespielt werden – großartige Löcher mit brillanten (aber nicht exzessiven) Wasserhindernissen, kniffligen Bunkern und einer schönen Verbindung zwischen der Anlage des Golfkurses und der beeindruckenden Umgebung. Dies ist Golfplatzarchitektur vom Feinsten.

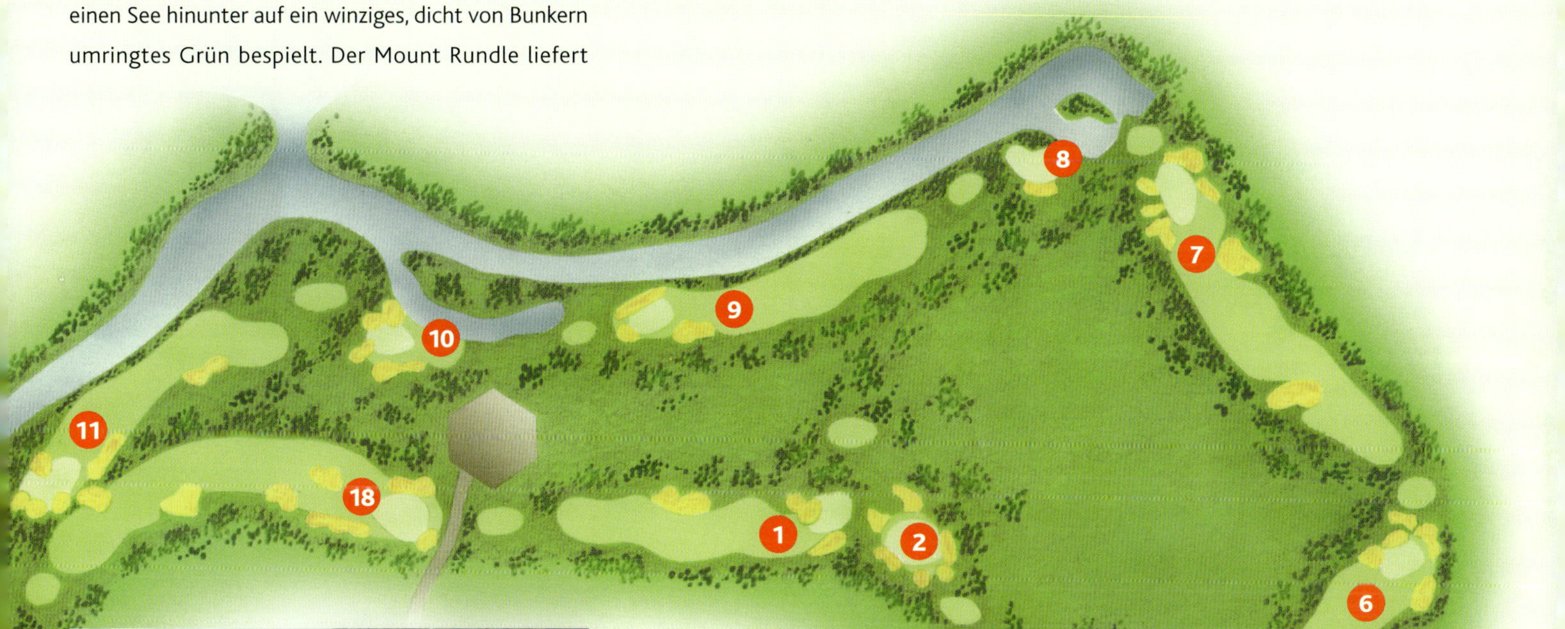

LINKS **Für das 4. von Banff Springs, den Devil's Cauldron, musste Stanley Thompson einen Teil des Berghangs wegsprengen.**

DIE GOLFREGELN

Eine gute Kenntnis der Regeln und der Etikette ist nicht nur unerlässlich, sondern kann Ihnen auch Schläge – und Peinlichkeiten – ersparen. Die Golfregeln werden vom R&A und der USGA verwaltet und interpretiert und gehören zur Grundausstattung jedes Golfers. Das Regelbuch *The Rules of Golf* ist in den meisten Golfklubs erhältlich und liegt auch in deutscher Übersetzung vor. Gerade Anfängern legen wir die folgende Zusammenfassung ans Herz.

DIE REGELN IN KÜRZE

Das Folgende ist eine an einigen Stellen vereinfachte Zusammenfassung der Golfregeln.

ETIKETTE

Die folgenden Punkte sind zwar keine Regeln im eigentlichen Sinn, aber ein wichtiger Teil des Spiels.

- Spielen Sie erst, wenn die Gruppe vor Ihnen außer Reichweite ist.
- Rufen Sie eine Warnung, wenn Ihr Ball jemanden treffen könnte.
- Lenken Sie den Spieler am Schlag nicht durch Bewegungen, Gespräche oder Geräusche ab.
- Stehen Sie beim Putten nicht im Weg.
- Spielen Sie zügig und halten Sie Anschluss an die Gruppe vor Ihnen.
- Lassen Sie schnelleren Gruppen den Vortritt.
- Reparieren Sie Einschlagstellen und beschädigte Grasnarbe.
- Glätten Sie Fußabdrücke im Bunker.
- Werfen Sie Ihren Schläger nicht zu Boden und stützen Sie sich nicht auf den Schläger auf.
- Setzen Sie den Flaggenstock sorgfältig ein.
- Bei schweren Verstößen gegen die Etikette kann die Spielleitung den Spieler disqualifizieren.

DEFINITIONEN

Das Wissen um die Definitionen erleichtert die richtige Anwendung der Regeln. Hier ein Auszug:

Abschlag – der Beginn des Lochs mit zwei Abschlagsmarkierungen.

Gelände – der gesamte Platz ohne Abschlag und Grün sowie ohne Hindernisse.

Hindernis – alle Bunker und Wasserelemente.

Grün – die zum Putten vorbereitete Fläche.

Aus – jeder Teil des Platzes, der von der Spielleitung als außerhalb definiert wird. Der Ball ist im Aus, wenn er die Grenzlinie überquert hat.

Lose hinderliche Naturstoffe – Gegenstände, wie Steine oder Zweige, die weder befestigt noch fest eingelassen sind und nicht am Ball kleben (Tau und Frost sind keine losen Naturstoffe).

Hemmnis – alle künstlichen Gegenstände, mit Ausnahme von:

- Gegenständen zur Markierung des Aus,
- jedem im Aus befindlichen Teil eines künstlichen Gegenstands,
- jeder Konstruktion, die von der Spielleitung zum festen Bestandteil des Platzes erklärt wird.

Zeitweiliges Wasser – jede vorübergehende Ansammlung von Wasser auf dem Platz, die sichtbar ist, bevor oder nachdem der Spieler seine Standposition bezieht.

Boden in Ausbesserung – jeder Teil des Platzes, der von der Spielleitung als solcher gekennzeichnet wird. Dazu zählen auch zur Abholung aufgestapeltes Material und vom Platzpfleger gemachte Löcher, auch wenn sie nicht so gekennzeichnet sind.

Erdgänge grabendes Tier – ein Tier, das einen Bau als Unterkunft oder Schutz anlegt.

Nächstgelegener Punkt der Erleichterung – der Bezugspunkt bei Inanspruchnahme von strafloser Erleichterung. Es ist der dem Ball nächstgelegene Punkt, der nicht näher am Loch ist und an dem das Hindernis nicht mehr besteht.

DIE SPIELREGELN

ALLGEMEINES

Bevor Sie Ihre Runde beginnen:

- Studieren Sie die Platzregeln auf der Zählkarte oder der Anschlagtafel.
- Versehen Sie Ihren Ball mit einem Erkennungszeichen.
- Zählen Sie Ihre Schläger, Sie dürfen nicht mehr als 14 Stück mitnehmen.

Fragen Sie auf der Runde niemanden außer Ihrem Caddie und Ihrem Partner um Rat und geben Sie niemandem einen Rat, außer Ihrem Partner.

Im Spiel sind Übungsschläge nicht erlaubt.

DER ABSCHLAG

Spielen Sie nicht vor der Abschlagsmarkierung.

Sie dürfen Ihren Abschlag um zwei Schlägerlängen hinter die Abschlagsmarkierung verlegen.

Spielen von außerhalb des Abschlags – bei einem Lochspiel gibt es keine Strafe, aber der Gegner kann eine sofortige Wiederholung des Schlags verlangen. Beim Zählspiel erhalten Sie eine Strafe von zwei Schlägen und müssen von innerhalb des Abschlags spielen.

DEN BALL SPIELEN

Spielen Sie den Ball so, wie er liegt. Verbessern Sie nicht seine Lage, den Ort Ihres beabsichtigten Stands oder Schwungs oder die Spiellinie, indem Sie befestigte Gegenstände bewegen oder brechen, außer Sie nehmen redlich Ihren Stand ein oder führen Schlag oder Rückschwung aus. Drücken Sie nichts nieder, um sich eine Standposition gewaltsam herzustellen.

Liegt Ihr Ball im Bunker oder Wasserhindernis, dürfen Sie den Boden des Hindernisses jeder Art oder das Wasser des Wasserhindernisses nicht vor dem Abschwung mit den Händen oder dem Schläger berühren. Der Ball muss geschlagen werden, nicht gestoßen oder gelöffelt.

Falscher Ball (außer in einem Hindernis) – bei einem Lochspiel verlieren Sie das Loch, beim Zählspiel erhalten Sie eine Strafe von zwei Schlägen und müssen dann den richtigen Ball spielen oder nach den Regeln fortfahren.

AUF DEM GRÜN

Sie dürfen Einschlagspuren und alte Lochpfropfen auf Ihrer Puttlinie reparieren, aber keine anderen Schäden, wie Spike-Löcher.

Sie dürfen die Lage Ihres Balls auf dem Grün markieren, ihn aufnehmen und reinigen, sofern Sie ihn exakt auf die gleiche Stelle zurücklegen.

Beim Schlag auf dem Grün sollten Sie dafür sorgen, dass jemand den Flaggenstock entfernt oder anhebt.

Auf dem Grün gespielter Ball trifft den Flaggenstock – beim Lochspiel verlieren Sie das Loch, beim Zählspiel erhalten Sie zwei Strafschläge.

RUHENDER BALL WIRD BEWEGT

Wenn Sie Ihren Ball versehentlich bewegen, unerlaubterweise anheben oder er sich bewegt, nachdem Sie ihn angesprochen haben, erhalten Sie einen Strafschlag und müssen ihn wieder in Position legen.

Nicht zurückgelegter Ball – Im Lochspiel verlieren Sie das Loch, im Zählspiel erhalten Sie eine Gesamtstrafe von zwei Schlägen.

Wird Ihr ruhender Ball von einem anderen Spieler oder Ball bewegt, können Sie ihn straflos wieder zurücklegen.

BALL IN BEWEGUNG WIRD ABGELENKT ODER AUFGEHALTEN

Der von Ihnen gespielte Ball wird von Ihnen, Ihrem Partner oder Caddie abgelenkt oder aufgehalten – im Lochspiel verlieren Sie das Loch, im Zählspiel erhalten Sie eine Strafe von zwei Schlägen und der Ball wird so gespielt, wie er liegt.

Der von Ihnen gespielte Ball wird von einem anderen abgelenkt oder aufgehalten – spielen Sie Ihren Ball straflos so, wie er liegt. Ausnahmen: (a) Lenkt ein Gegner oder sein Caddie den Ball im Lochspiel ab, dürfen Sie den Schlag wiederholen; (b) wird der Ball nach einem Schlag auf dem Grün abgelenkt, müssen Sie den Schlag wiederholen.

Der von Ihnen gespielte Ball wird von einem ruhenden anderen Ball abgelenkt oder aufgehalten – der Ball wird straflos gespielt, wie er liegt. Nur im Zählspiel erhalten Sie eine Strafe von zwei Schlägen, wenn beide Bälle vor dem Schlag auf dem Grün lagen.

DEN BALL AUFNEHMEN, FALLEN LASSEN UND HINLEGEN

Vor dem Aufnehmen muss die Position des Balls, der wieder hingelegt werden soll (z. B. auf dem Grün, um ihn zu reinigen), markiert werden. Wird der Ball aufgenommen, um ihn an anderer Stelle zu platzieren (z. B. einen unspielbaren Ball in zwei Schlägerlängen Abstand fallen lassen), ist eine Markierung nicht vorgeschrieben, aber empfehlenswert.

Stehen Sie beim Fallenlassen aufrecht, halten Sie den Ball mit auf Schulterhöhe ausgestrecktem Arm und lassen Sie ihn los. Trifft der Ball Sie, Ihren Partner, Ihren Caddie oder Ihre Ausrüstung, muss er straflos erneut fallen gelassen werden.

Ein fallen gelassener Ball muss ebenfalls neu fallen gelassen werden, wenn er in ein Hindernis oder daraus heraus, auf ein Grün, ins Aus oder in eine Position mit einem Hindernis rollt, in der eine Erleichterung in Anspruch genommen werden könnte (z. B. durch ein unbewegliches Objekt).

Der Ball muss ebenfalls neu fallen gelassen werden, wenn er mehr als zwei Schlägerlängen vom Ort des Fallenlassens entfernt zur Ruhe kommt oder näher zum Loch zur Ruhe kommt als (a) seine ursprüngliche Lage, (b) der nächstgelegene Punkt der Erleichterung oder (c) der Punkt, an dem der Ball zuletzt die Grenze eines Wasserhindernisses gekreuzt hat. Rollt der Ball in eine dieser Positionen, müssen Sie ihn da ablegen, wo er beim Fallenlassen auf den Boden getroffen ist.

DER BALL UNTERSTÜTZT ODER BEHINDERT DAS SPIEL

Sie dürfen Ihren Ball aufnehmen und jeden anderen Ball aufnehmen lassen, wenn Sie glauben, er könnte einen anderen Spieler unterstützen. Sie dürfen jeden Ball aufnehmen lassen, von dem Sie meinen, er behindere Ihr Spiel.

LOSE HINDERLICHE NATURSTOFFE UND HEMMNISSE

Sie dürfen lose hinderliche Naturstoffe bewegen, es sein denn, Sie und Ihr Ball befinden sich in einem Hindernis. Bewegt sich Ihr Ball durch das Entfernen, muss er zurückgelegt werden (außer auf dem Grün) und Sie erhalten einen Strafschlag.

Bewegliche Hemmnisse (z. B. Harken, Dosen etc.) können bewegt werden. Wird dadurch der Ball bewegt, darf er straflos zurückgelegt werden.

Beachten Sie die Regelung der Platzregeln auf der Zählkarte in Bezug auf unbewegliche Hemmnisse (z. B. befestigte Straßen und Wege).

Erleichterung (außer im Wasserhindernis) – wenn ein unbewegliches Hemmnis (z. B. eine Sprinklerdüse) die Lage des Balls, Ihre Standposition oder Ihren Schwung behindert, dürfen Sie den Ball innerhalb einer Schlägerlänge vom nächstgelegenen Punkt der Erleichterung, aber nicht näher zum Loch als dieser Punkt, fallen lassen. Liegt der Ball auf dem Grün, wird er auf den nächstgelegenen Punkt der Erleichterung gelegt. Es gibt keine Erleichterung für ein Hemmnis auf Ihrer Spiellinie, es sei denn, Ball und Hemmnis liegen auf dem Grün.

Liegt der Ball in einem Bunker, darf der Spieler ihn unter Inkaufnahme eines Strafschlags hinter dem Bunker fallen lassen.

UNGEWÖHNLICH BESCHAFFENER BODEN

Erleichterung (außer im Wasserhindernis) – wenn Ihr Ball von einer ungewöhnlichen Bodenbeschaffenheit (z. B. zeitweiliges Wasser, Boden in Ausbesserung oder ein Loch eines Erdgänge grabenden Tiers) behindert wird, dürfen Sie ihn innerhalb einer Schlägerlänge des nächstgelegenen Punkts der Erleichterung und nicht näher am Loch als dieser Punkt fallen lassen. Auf dem Grün wird er am nächstgelegenen Punkt der Erleichterung fallen gelassen. Es gibt keine Erleichterung für eine Behinderung Ihrer Spiellinie, solange Ihr Ball und der ungewöhnlich beschaffene Boden nicht beide auf dem Grün liegen. Liegt der Ball in einem Bunker und eine vollständige Erleichterung ist nicht möglich, dürfen Sie den Ball an einer möglichst nahen Stelle, aber nicht näher zum Loch fallen lassen, die die größte erzielbare Erleichterung bietet. Alternativ können Sie den Ball unter Inkaufnahme eines Strafschlags hinter dem Bunker fallen lassen.

WASSERHINDERNISSE

Lesen Sie in den Platzregeln auf der Zählkarte nach, ob der See, Teich, Fluss, Graben etc. ein „Wasserhindernis" oder ein „seitliches Wasserhindernis" ist.

Ball im Wasserhindernis (gelbe Stangen und/oder Linien) – spielen Sie den Ball so, wie er liegt, oder nehmen Sie einen Strafschlag in Kauf und

- spielen Sie ihn erneut von der Stelle, von der aus Sie ins Wasser gespielt haben, oder
- lassen Sie ihn in einer geraden Linie zwischen dem Loch und dem Punkt, an dem er die Grenze des Hindernisses gekreuzt hat, hinter dem Wasserhindernis fallen.

Ball im seitlichen Wasserhindernis (rote Stangen und/oder Linien) – zusätzlich zu diesen Möglichkeiten können Sie den Ball unter Inkaufnahme eines Strafschlags fallen lassen. Danach muss er sich innerhalb von zwei Schlägerlängen befinden und darf nicht näher zum Loch liegen als

- der Punkt, an dem der Ball die Grenze zum Hindernis gekreuzt hat, oder
- ein Punkt auf der gegenüberliegenden Seite des Hindernisses in gleicher Entfernung zum Loch.

BALL VERLOREN ODER IM AUS

Überprüfen Sie die Grenzen des Platzes in den Platzregeln auf der Zählkarte.

Geht Ihr Ball außerhalb eines Wasserhindernisses verloren oder ins Aus, müssen Sie unter Inkaufnahme eines Strafschlags einen weiteren Ball von der Stelle des letzten Schlags aus spielen. Sie haben fünf Minuten Zeit, nach dem Ball zu suchen und ihn zu identifizieren, danach gilt er als verloren.

Wenn Sie Ihren Ball für außerhalb eines Wasserhindernisses verloren oder im Aus halten, sollten Sie einen »provisorischen« Ball spielen.

Sie müssen den provisorischen Ball ankündigen und spielen, bevor Sie sich auf die Suche nach dem ursprünglichen Ball machen. Wenn der Ball wirklich verloren oder im Aus ist, müssen Sie unter Inkaufnahme eines Strafschlags mit dem provisorischen Ball weiterspielen. Ist der ursprüngliche Ball nicht verloren oder im Aus, müssen Sie mit diesem Ball weiterspielen.

BALL UNSPIELBAR

Wenn Sie Ihren Ball für unspielbar halten und er außerhalb eines Hindernisses liegt, können Sie unter Inkaufnahme eines Strafschlags

- einen Ball an der Stelle fallen lassen, von der der letzte Schlag gespielt wurde, oder
- einen Ball in beliebiger Entfernung hinter der Stelle fallen lassen, an der der Ball lag, wobei der Punkt auf gerader Linie zwischen dem Loch und der Stelle liegen muss, an der der Ball fallen gelassen wird, oder
- einen Ball innerhalb von zwei Schlägerlängen nicht näher zum Loch von der Stelle, an der er lag, fallen lassen.

Liegt Ihr Ball in einem Bunker, spielen Sie wie oben beschrieben weiter, wobei Sie den Ball bei den letzten beiden Optionen im Bunker fallen lassen müssen.

Liegt Ihr Ball in einem Wasserhindernis, müssen Sie nach der Regel für Wasserhindernisse verfahren, wenn Sie Erleichterung in Anspruch nehmen.

GLOSSAR

Abschwung: Wechsel vom Rückschwung zur Schlagbewegung Richtung Ball bis zum eigentlichen Ballkontakt (Treffmoment); häufig wird der Abschwung durch eine Drehung der Hüften in Zielrichtung eingeleitet, worauf Schultern, Arme und Hände folgen.

Annäherungsschlag: Schlag von der Spielbahn oder aus dem Rough auf das Grün.

Anschneiden: Durch eine von außen nach innen verlaufende Schwungbewegung geschlagener Ball, dessen Flugbahn in einer Kurve von links nach rechts verläuft; fehlerhaft oder mit Absicht geschlagen, um Bäumen, Gewässern und Hindernissen auszuweichen, den Ball um ein Dogleg herumzuschlagen oder ihm Höhe und Backspin zu vermitteln.

Ansprechen: Position des Golfers vor der Schlagausführung.

Ansprechhaltung: Körperhaltung des Golfers – vor allem sein Rückgratwinkel – beim Ansprechen des Balls und während des Schwungs.

Auftreffpunkt (auch Sweetspot): Optimaler Treffpunkt für den Ballkontakt auf der Schlagfläche oder dem Blatt des Putters, meist in der Nähe des Zentrums.

Aus: Bereich außerhalb eines definierten Golfplatzes (normalerweise durch weiße Pfähle markiert), von dem aus das Schlagen des Balls verboten ist.

Ausgelippter Ball: Geputteter Ball, der um den Rand des Lochs läuft, ohne hineinzufallen.

Ausrichtung: Stellung des Golfers in Bezug auf eine imaginäre Verbindungslinie zwischen Ball und Ziel (mit meist paralleler Stellung der Schultern, Hüften und Füße zur Ball-Ziel-Linie).

Away: Golfer, dessen Ball am weitesten vom Loch entfernt ist (egal, ob auf der Spielbahn, dem Grün oder in einem anderen Bereich des Platzes) und der als Erster spielen muss.

Backspin: dt. Rückwärtsdrall; Rückwärtsrotation des fliegenden Balls, sodass der Ball nach der Landung auf dem Grün stoppt und zurückrollt.

Ball-Ziel-Linie (auch Ziellinie oder Zielfluglinie): Imaginäre Linie vom Ball zum Ziel, die der Golfer zur Erleichterung des Zielens visualisiert.

Besserlegen: Platzregel, nach der es Golfern gestattet ist, den Ball auf der Spielbahn um einige Zentimeter in eine bessere Position zu bringen, um nasse und/oder schlammige Lagen zu vermeiden.

Birdie: Punktestand von einem Schlag unter Par an einem Loch.

Biss: Bezeichnung, wie gut ein mit einem Backspin geschlagener Ball nach der Landung auf dem Grün stoppt.

Blinder Schlag (auch blindes Loch): Situation, in der der Golfer sein Ziel auf dem Grün oder der Spielbahn nicht sehen kann.

Bogey: Punktestand von einem Schlag über Par an einem Loch.

Borrow (auch Break): Verlauf, den ein Putt aufgrund der seitlichen und frontalen Neigung des Grüns von seinem direkten Weg zum Loch abweicht.

Brutto: Gesamtzahl der an einem Loch oder in einer Runde benötigten Schläge vor Abzug des Handicaps.

Bump-and-run: Niedriger Annäherungsschlag, bei dem der Ball unter dem Wind gehalten wird, in der Nähe des Grüns landet und zur Fahne hin ausrollt.

Bunker: Natürliche oder künstlich angelegte Vertiefung im Boden der Spielbahn oder in der Nähe des Grüns; meist mit Sand gefüllt, manchmal auch nur mit Erde oder Gras ausgekleidet.

Caddie: Helfer, der die Golfschläger eines Spielers trägt und im Rahmen der Regeln Tipps zur Auswahl der Schläger und zur Spielstrategie gibt.

Carry: Flugdistanz, die ein Ball vom Abschlag bis zu seiner Landung zurücklegt.

Chip-and-run (auch Chip): Kurzer, niedriger Annäherungsschlag aus unmittelbarer Nähe zum Grün auf dasselbe, sodass der Ball nach der Landung zum Loch hin ausrollt; der Schlag ähnelt einem Putt.

Cut: dt. Schnitt; von den Offiziellen nach den ersten 36 Löchern einer 72-Loch-Runde festgelegter Punktestand, der der Reduzierung des Teilnehmerfeldes dient; Spieler, die diesen Stand nicht erreicht haben, werden disqualifiziert, die anderen qualifizieren sich für die nächsten 36 Löcher.

Divot: Ein üblicherweise auf der Spielbahn mit dem Schlägerkopf oder -blatt beim Schlagen des Balls ausgehacktes Rasenstück.

Dogleg: dt. Hundebein; ein Loch, bei dem die Spielbahn abrupt ihre Richtung entweder von links nach rechts oder von rechts nach links ändert, wobei der Winkel meist dort beginnt, wo ein Schlag vom Tee landen würde; manchmal befindet sich in dem Winkel ein Hindernis, etwa ein Baum, sodass es schwierig ist, den Ball darum herum zu schneiden.

Double Bogey: Punktestand von zwei Schlägen über Par an einem Loch.

Double Eagle: Drei Schläge unter Par an einem Loch.

Down: dt. Rückstand; ein Golfer ist down oder liegt zurück, wenn er mehr Schläge absolviert oder mehr Löcher verloren hat als seine Gegner (das Gegenteil ist ahead).

Draw: Niedriger, harter Schlag, bei dem der Ball zu Beginn leicht nach rechts vom Ziel, dann in einer Kurve nach links fliegt und normalerweise nach der Landung über eine lange Strecke rollt.

Drive: dt. Abschlag; vom Tee geschlagener Ball, normalerweise mit einem Driver oder langen Eisen.

Driver: Der längste Schläger mit wenig Loft; wird eingesetzt, um den Ball maximal weit vom Tee, manchmal auch von der Spielbahn aus, abzuschlagen.

Duck Hook: Fehlschlag, bei dem der Ball von rechts nach links abdreht und abrupt absackt oder keine ausreichende Höhe gewinnt.

Dünner Schlag: Schlag, bei dem der Ball im Bereich seiner oberen Hälfte getroffen wird.

Durchschwung: Schlussabschnitt des Schwungs, nach dem Schlagen des Balls, bei dem die Arme und Hände oberhalb der Schultern ihre Endposition (das Finish) erreichen.

Durchspielen: Nach den Golfregeln ist es einer schnelleren Gruppe erlaubt, eine langsamere Gruppe, die das Spiel verzögert oder aufhält, zu überholen (durch sie hindurchzuspielen).

Eagle: Punktestand von zwei Schlägen unter Par an einem Loch.

Ehre: Das Privileg eines Spielers, den Ball als Erster vom Tee abschlagen zu dürfen, weil er am vorhergehenden Loch die wenigsten Schläge hatte.

Eingebetteter Ball: Ball, der bei der Landung im Rough, Sand oder aufgeweichten Rasen stecken bleibt.

Eisen: Schläger mit einem Kopf aus Metall, Stahl, Titan oder Graphit, der für die meisten Schläge zwischen Tee und Grün eingesetzt wird (zu den Eisen gehören auch die Wedges).

Enge Lage: Position des Balls auf einem graslosen Stück Boden.

Erste Neun: Erste neun Löcher eines 18-Loch-Golfplatzes, die auf der Scorekarte als „Aus" gekennzeichnet werden.

Explosionsschlag: Im Bunker eingesetzter Schlag, bei dem das Schlägerblatt durch den Sand hindurch unter den Ball gebracht wird, wodurch dieser in einer Sandwolke herausgeschlagen wird.

Fade: Hoher Schlag, bei dem der Ball in einer leichten Kurve von links nach rechts fliegt, weich landet und nur eine kurze Strecke ausrollt.

Fairway: dt. Spielbahn; kurz geschnittene Rasenfläche zwischen Tee und Grün.

Fairway-Bunker: Gras- oder Sandhindernis auf oder dicht an der Spielbahn.

Fallenlassen: Ball, der ohne Strafschlag regelgerecht neben einem Hindernis fallen gelassen werden darf.

Fetter Schlag: Schlag, bei dem der Ball mit zu viel Boden getroffen wird, wodurch die Flugdistanz des Balls drastisch reduziert wird.

Finish: Die Endposition nach dem Durchschwung.

Flacher Schwung: Rückschwung, bei dem der Schläger eher horizontal als vertikal gegen den Ball geschwungen wird; von einigen Golfern als Fehler betrachtet, obwohl Profispieler wie Ben Hogan und Justin Leonard häufig flache Schwünge einsetzen.

Flaggenstock (auch Fahne): Dünne Stange, die als Zielmarkierung im Loch steckt; oben am Stock ist normalerweise ein farbiger Wimpel mit der Nummer des Lochs befestigt.

Flyer: Jeder Schlag aus dem Rough, der weiter als normal fliegt, oft weil Gras zwischen Schlägerkopf und Ball geraten ist, wodurch die Kontrolle und der Backspin verloren gegangen sind.

Fore: dt. Achtung; Warnruf an Spieler, die Gefahr laufen, von einem Ball getroffen zu werden.

Geschlossener Stand: Meist beim Draw eingesetzter Stand, bei dem der vordere Fuß näher als der hintere an der Ball-Ziel-Linie steht und bei dem Arme, Schultern und Hüften parallel zu diesem Winkel ausgerichtet sind.

Griff: Oberer Teil des Schaftes eines Golfschlägers, aus Leder oder Gummi; auch Art und Weise, wie ein Schläger mit den Händen bzw. Fingern gehalten wird.

Grün: Das Loch umgebende kurz geschnittene Rasenfläche, auf der geputtet wird.

Halber Satz: Schlägersatz, der normalerweise nur aus den geraden oder ungeraden Eisen sowie zwei Hölzern und einem Putter besteht; häufig verwendet von Anfängern, Junioren, Damen oder jedem, der eine leichtere Tasche tragen möchte.

Handicap: dt. Vorgabe; offizielle Zahl, die ein Klub oder Verband an einen Golfer in Einklang mit den internationalen Golfregeln vergibt. Das Handicap gibt die Anzahl der Schläge an, die ein Golfer normalerweise über Par spielt, und bietet ihm die Gelegenheit, in einem Wettkampf diese Zahl von seinem Bruttoergebnis abzuziehen. Handicaps dienen der Bestimmung der wahren Spielstärke eines Golfers und ermöglichen ihm, gegen andere Spieler gleichberechtigt anzutreten.

Hanglage: Ruhelage eines Balls am Hang.

Hindernis: Bunker, Bäche, Gräben oder Gewässer auf einem Golfplatz, die dazu dienen, fehlgeschlagene Bälle aufzufangen, und dem Golfer Strafschläge einbringen. Das Herausspielen des Balls aus einem Hindernis ist schwierig; die dazu eingesetzten Verfahren sind in den internationalen Golfregeln festgelegt.

Hole-high (auch Pin-high): Schlag, bei dem der Ball auf gleicher Höhe wie das Loch liegen bleibt.

Hole-in-one (auch Ass): Direkt vom Tee aus eingelochter Schlag.

Holz: Schläger, der normalerweise für längere Schläge vom Tee oder der Spielbahn aus eingesetzt wird; früher aus Holz, heute meist mit Schäften und Schlägerköpfen aus Stahl, Titan oder Graphit.

Hood: Halten des Schlägers mit geschlossener Schlagfläche (Spitze der Schlagfläche vor der Hacke), wodurch der Loft verkleinert wird.

Hook: dt. Haken; Schlag, bei dem der Ball zunächst nach rechts vom Ziel oder gerade auf dieses zufliegt, dann jedoch scharf nach links abbiegt.

Hosel: Verbindungsstück zwischen Schlägerkopf und Schaft.

Interlocking-Griff: Insbesondere von Spielern mit kleinen Händen oder kurzen Fingern bevorzugte Griffart, bei der der kleine Finger der rechten Hand und der Zeigefinger der linken Hand miteinander verhakt sind.

Kreuzgriff (auch Cross-handed-Griff): Unkonventionelle Methode der Schlägerhaltung, bei der sich die linke Hand unterhalb der rechten Hand befindet; häufig von Golfern eingesetzt, die das Vertrauen in ihren Putt verloren haben, Verspannungen abbauen und ihre Bewegung stabilisieren wollen.

Kurzes Spiel: Alle Schläge aus einem Umkreis von bis zu 90 m um das Grün herum auf dasselbe; zum kurzen Spiel gehören das Pitching, das Chipping, das Bunkerspiel und das Putting.

Lage: Position des ruhenden Balls in Bezug zum Untergrund (z. B. Gras, Sand), die bestimmt, welcher Schlag als nächster ausgeführt werden kann.

Lesen des Grüns: Analyse der Neigung und Konturen der Puttfläche zur Einschätzung der wahrscheinlichen Puttlinie und Puttschnelligkeit.

Lie-Winkel: Winkel zwischen Schlägerschaft und -sohle, wenn diese flach auf dem Boden aufliegt.

Link: Golfplatz am Meer oder an einem größeren Gewässer, normalerweise im Brachland zwischen Strand oder Sanddünen und dem fruchtbareren Innenland gelegen.

Lob: Kurzer, hoch aufs Grün gespielter Ball, um einem Hindernis zu entgehen; der Lob wird mit starkem Backspin geschlagen, um ihn zum abrupten Halt zu bringen.

Loch: Allgemeine Bezeichnung für den gesamten Bereich zwischen Tee und Grün; auch die eigentliche Aushöhlung, in die Golfer den Ball putten.

Loft: Winkel der Schlagfläche (zwischen Schlägerblatt und Sohle bzw. Boden), von dem es abhängt, wie hoch und weit ein Ball fliegt; auch Bezeichnung für die Höhe, mit der ein Golfer den Ball in die Luft schlägt.

Lose Lage: Position des Balls auf Blättern, Zweigen oder Kiefernnadeln.

Lose Naturstoffe: Hinderliche Vegetation, z. B. Steine, Blätter, Zweige usw., die aus der direkten Umgebung des Balls entfernt werden dürfen – manchmal sogar in Bunkern in Einklang mit den Platzregeln, allerdings vorausgesetzt, dass der Ball dabei nicht bewegt wird, was einen Strafschlag nach sich ziehen würde.

Luftschlag: Komplettes Verfehlen des Balls; zählt als Schlag, wenn die Ansprechposition eingenommen wurde oder der Ball vom Tee fällt oder beides zusammen eintritt.

Matchplay: dt. Lochspiel; Wettkampf zwischen zwei Spielern oder Parteien, der durch die Anzahl der gewonnenen oder verlorenen Löcher entschieden wird – im Gegensatz zum Zählspiel, bei dem die Anzahl der Schläge über den Ausgang entscheidet.

Mulligan: Zweiter Schlag, der einem Spieler manchmal als Ausgleich für einen verschlagenen Ball gewährt wird (im Wettkampf offiziell verboten).

Netto: Gesamtpunktestand eines Golfers nach Abzug des Handicaps.

Offener Stand: Meist beim Fade eingesetzter Stand, bei dem der vordere Fuß weiter als der hintere von der Ball-Ziel-Linie entfernt steht und bei dem Arme, Schultern und Hüften parallel zu diesem Winkel ausgerichtet sind.

Golfregeln: Werden vom R & A und der USGA herausgegeben und enthalten in Heften, die außer den Regeln auch die Golfetikette umfassen, die international gültigen Golfregeln.

Overclubbing: Auswahl eines Schlägers, mit dem der Ball weiter als eigentlich beabsichtigt geschlagen wird, was zum Verfehlen des Ziels führt.

Par: Standardanzahl der Schläge, die ein Null-Handicap-Spieler an einem Loch benötigen sollte, meist basierend auf der Länge des jeweiligen Lochs (Löcher bis 228 m Länge: Par 3; bis 434 m Länge: Par 4; längere Löcher: Par 5).

PGA: Abkürzung für „Professional Golfers' Association".

Pitch: Kurzer Annäherungsschlag, normalerweise aus 90 m Entfernung oder weniger, auf das Grün; der Pitch fliegt in einem hohen Bogen, landet weich und rollt nur wenig.

Pitching Wedge: Kurzes Eisen mit hohem Loft, das normalerweise für Annäherungsschläge auf das Grün oder für das Chipping verwendet wird.

Pitchmark: Kleine Delle oder Einschnitt, den ein Schlag ins Grün hinterlassen hat. Die Golfetikette verlangt, dass alle Spieler ihre Pitchmarks beseitigen, bevor sie das Grün verlassen.

Platzplan: Heft mit einem detaillierten Plan der einzelnen Löcher eines Golfplatzes.

Platzregeln: Regeln, die für die besonderen Bedingungen eines bestimmten Golfplatzes gelten und auf der Scorekarte abgedruckt sind.

Play Off: Ein zusätzliches Loch oder mehrere zusätzliche Löcher, nachdem zwei oder mehr Golfer die reguläre Lochanzahl mit einem Unentschieden beendet haben.

Provisorischer Ball: Zweiter Ball, den ein Golfer schlägt, wenn er davon ausgeht, dass sein erster Ball ins Aus oder verloren gegangen ist. Ist dies tatsächlich der Fall, wird der provisorische Ball zum Spielball und der Golfer erhält einen Strafschlag; wird der ursprüngliche Ball gefunden, wird der provisorische Ball wieder aus dem Spiel genommen.

Pull: Fehlschlag, der ohne Kurve gerade nach links fliegt.

Pull-Hook: Fehlschlag, bei dem der Ball nach links wegfliegt und dann aufgrund seines Seitendralls weiter in diese Richtung rollt.

Punch Shot: Tief geschlagener Ball, normalerweise zur Annäherung an ein Grün und um den Ball unter dem Wind zu halten.

Push: Fehlschlag, bei dem der Ball ohne Kurve gerade nach rechts wegfliegt.

Push-Slice: Fehlschlag, bei dem der Ball leicht nach rechts vom Ziel wegfliegt, um dann im Bogen nach rechts weiterzufliegen.

Putter: Kürzester Schläger in der Tasche – mit der Ausnahme der von einigen Golfern derzeit verwendeten längeren Varianten – mit einem Schlagblatt ohne Loft. Der Putter dient primär dazu, den Ball auf dem Grün rollend einzulochen, wird jedoch mitunter auch eingesetzt, um den Ball aus der unmittelbaren Umgebung des Grüns auf dasselbe zu schlagen, und manchmal sogar, um den Ball aus einem fast ebenen Sandhindernis zu schlagen.

Querbunker: Bunker, der sich quer über die Spielbahn erstreckt.

R & A: Abkürzung für den „Royal and Ancient Golf Club of St. Andrews", der zusammen mit der amerikanischen USGA für die offiziellen Golfregeln verantwortlich zeichnet.

Rettungsschlag: Schlag aus dem Rough, aus Bäumen oder anderen schlechten Positionen, um den Ball in eine bessere Position für den nächsten Schlag von der Spielbahn oder dem Grün zu bringen.

Roll: Vom Ball nach der Landung rollend zurückgelegte Strecke.

Rough: dt. Rauhes; unterschiedlich hohes Gras oder anderer Bewuchs beiderseits der Spielbahn; ein Schlag aus dem Rough ist schwierig und stellt insofern eine Art Bestrafung des betroffenen Golfers dar.

Rückschwung: Der erste Schwungabschnitt nach dem Ansprechen, bei dem der Golfer den Schläger vom Ball aus nach hinten führt, von wo aus er den Abschwung einleitet.

Sand Wedge: Bis zur Entwicklung des Lob Wedge das kürzeste Eisen mit dem größten Loft. Heute wird es eingesetzt, um den Ball aus Bunkern zu schlagen, begrenzt auch für das Chipping und Pitching.

Schaft: Langer, zylindrischer Teil des Schlägers zwischen Kopf und Griff; früher aus Holz gefertigt, heute aus Stahl, Metall oder Graphit.

Schlägerkopf: Der breite, im Winkel stehende Teil des Schlägers, mit dem der Ball getroffen wird.

Schlagfläche: Mit Rillen versehener Bereich des Schlägerkopfes oder Blatts, mit dem der Ball geschlagen wird.

Schwungebene: Imaginäre Ebene, die die Schultern des Golfers und den Ball miteinander verbindet und auf der der Golfer den Schwung ausführen sollte.

Schwunggewicht: Gewicht und Balance eines Schlägers; sollte innerhalb eines Schlägersatzes gleich sein.

Schwungvorbereitung: Konstant absolvierte Routine eines Golfers vor dem Schlag oder Putt.

Scorekarte (auch Zählkarte): Karte, die die Platzregeln eines bestimmten Platzes und das Par für jedes Loch enthält (mit seinem Schwierigkeitsgrad); die Karte enthält auch Freiräume für das Eintragen des eigenen Punktestands sowie desjenigen der Mitspieler oder Gegner.

Scratch-Spieler: Golfer mit einem Handicap von null.

Shank: Fehlschlag mit dem Schlägernacken oder dem Verbindungsstück zwischen Schlägerkopf und Schaft (Hosel), wodurch der Ball scharf nach rechts fliegt.

Sky-Schlag: Fehlschlag, bei dem der Ball direkt hoch in den Himmel, aber nicht weit fliegt.

Slice (auch Bananenball): Ball, der zunächst nach links oder gerade auf das Ziel zufliegt, um dann aufgrund seiner Drehung im Uhrzeigersinn scharf nach rechts zu driften.

Snap-Hook: Fehlschlag, der in einem scharfen Bogen von rechts nach links fliegt.

Sohle: Unterer Teil des Schlägerkopfes.

Standard Scratch Score (SSS): Ergebnis, das von einem Scratch-Spieler auf einem bestimmten Platz erwartet wird und meist am ersten Tee und/oder auf der Scorekarte angegeben ist; aufgrund der Wetter- und Platzbedingungen kann der SSS geringfügig vom Par abweichen.

Standposition: Position der Füße des Golfers vor dem Schlag in Relation zur imaginären Ball-Ziel-Linie (rechtwinklig, geschlossen oder geöffnet).

Strafschlag: Ein oder mehrere zusätzliche Schläge, die dem Punktestand hinzugefügt werden, nachdem der Golfer ins Aus geschlagen bzw. einen Ball verloren hat oder nach anderen Regelverletzungen.

Strich: Wuchsrichtung des Grases auf dem Grün.

Sudden Death: Form der Entscheidung, bei der gleichstehende Golfer nach Beendigung des Spiels weitere Löcher spielen; der Spieler, der als Erster ein Loch gewinnt, gewinnt das Spiel.

Target Golf: dt. Zielgolf; die Art Golf, die auf einem Golfplatz gespielt wird, auf dem die Spieler gezwungen sind, den Ball auf Grasflecken inmitten einer Wüsten- oder ungepflegten Landschaft zu spielen.

Tee: 1. Abschlag: Zur Ausführung des ersten Schlags bei jedem Loch vorgesehener Bereich zwischen den Teemarkierungen, einschließlich eines dahinterliegenden imaginären, zwei Schlägerlängen großen Vierecks. 2. Kleiner Holz- oder Plastikstift, auf den der Ball beim Abschlag gelegt wird.

Texas Wedge: Bezeichnung für den Putter, sofern er außerhalb des Grüns oder in einer Sandfalle eingesetzt wird.

Toppen: Fehlerhaftes Treffen der oberen Ballhälfte mit der Unterkante des Schlägerkopfes oder -blattes, wodurch der Ball zunächst geringfügig in den Boden getrieben wird, über eine kurze Distanz niedrig hinaus- und wegfliegt und nach der Landung lange und ungenau ausrollt.

Treffmoment: Augenblick, in dem sich der Schlägerkopf oder das Schlägerblatt und Ball im vollen Schwung treffen.

Triple Bogey: Punktestand von drei Schlägen über Par.

Underclubbing: Auswahl eines Schlägers, mit dem der Ball kürzer als eigentlich beabsichtigt geschlagen wird.

Unspielbare Lage: Ballposition, die das Schwungholen unmöglich macht, meist wegen eines in unmittelbarer Nähe befindlichen Hindernisses, wie z. B. eines Baumes oder Busches; der Golfer sollte in diesem Fall den Ball für „unspielbar" erklären, ihn auf Kosten eines Strafschlags aus seiner Lage befreien und an anderer Stelle fallen lassen.

USGA: Abkürzung für „United States Golf Association", die neben dem R & A für die offiziellen Golfregeln verantwortlich ist.

USPGA: Abkürzung für „United States Professional Golfers' Association".

Vardon-Griff: Häufigste Griffart im Golf, bei der der kleine Finger der rechten Hand den Zeigefinger der linken Hand überlappt (benannt nach dem legendären Golfer Harry Vardon).

Verdeckte Lage: Lage des teilweise oder ganz mit Sand bedeckten Balls im Bunker.

Vierball (auch Best Ball): Wettkampf, bei dem zwei Spieler nur den besseren Punktestand für jedes Loch verwenden.

Vierer: Wettkampf, bei dem abwechselnd schlagende Zweiermannschaften gegeneinander spielen; auch als Bezeichnung für vier gegeneinander spielende Golfer.

Vollständiger Satz: Alle 14 für das Spiel erlaubten Schläger, normalerweise mit drei oder vier Hölzern, sechs, sieben oder acht Eisen, zwei oder drei Wedges und einem Putter.

Vorgelegter Ball: Ball, der absichtlich in Richtung Grün oder irgendeines anderen Zwischenziels kürzer geschlagen wird, um Problemen, wie z.B. einem Bunker oder Wasserhindernis, zu entgehen.

Vorgrün: Rasenfläche um das Grün; kürzer als das Gras der Spielbahn, aber länger als das Gras des Grüns geschnitten.

Wasserhindernis: Jeder See, Fluss, Graben oder anderes Gewässer, wie z. B. ein Sumpf, das durch Pfähle oder Linien auf dem Boden gekennzeichnet ist. Für das Spiel in und um alle Wasserhindernisse gelten besondere Regeln.

Wedeln (auch Wackeln): Eine oder mehrere kurze Schwungbewegungen des Schlägerkopfes unmittelbar vor dem Abschlag vom Tee, zur Reduzierung der Verspannung und/oder als Zielhilfe.

Zählspiel (auch Medal Play): Golfwettkampf, bei dem das Ergebnis eines Spielers für eine ganze Runde – oder mehrere Runden – mit dem Ergebnis anderer Spieler verglichen wird, um den Sieger anhand der wenigsten Schläge zu bestimmen.

Zeitweiliges Wasser: Vorübergehende Wasseransammlung, aus der der Golfer den Ball ohne Strafschlag entfernen darf.

Zweite Neun: Letzten neun Löcher eines 18-Loch-Golfplatzes, die auf der Scorekarte als „In" bezeichnet werden.

REGISTER